·当·代·职·业·教·育·理·论·与·实·践·探·索·丛·书·

丛书主编 赵志群

职业技能评价方法研究

赵志群 黄方慧 高 帆 孙钰林 余越凡 著

清华大学出版社
北京

内 容 简 介

本书是北京市教育科学"十三五规划"优先关注课题"'1+X'证书制度建设中技能评价方法研究"的研究成果,旨在开发基于建构主义和情境学习等先进学习理论的、技能考试与职业能力测评相互补充的、反映综合能力(行动能力)评价要求的、具有高预测效度的综合性技能评价模型和评价方案,为建立科学的技能等级证书制度和"职教高考"提供方法论基础和技术支持。本书主要内容包括提高技能考试和能力测评对工作绩效预测效度的理论,技能考试方案开发实践探索,情境性技能考试题目开发与评价实验。

本书封面贴有清华大学出版社防伪标签,无标签者不得销售。
版权所有,侵权必究。举报:010-62782989,beiqinquan@tup.tsinghua.edu.cn。

图书在版编目(CIP)数据

职业技能评价方法研究/赵志群等著.—北京:清华大学出版社,2024.4
(当代职业教育理论与实践探索丛书)
ISBN 978-7-302-65865-8

Ⅰ.①职… Ⅱ.①赵… Ⅲ.①职业技能-评价-方法研究 Ⅳ.①C975

中国国家版本馆 CIP 数据核字(2024)第 063844 号

责任编辑:刘士平
封面设计:傅瑞学
责任校对:李 梅
责任印制:沈 露

出版发行:清华大学出版社
网　　址:https://www.tup.com.cn,https://www.wqxuetang.com
地　　址:北京清华大学学研大厦 A 座　　邮　编:100084
社 总 机:010-83470000　　邮　购:010-62786544
投稿与读者服务:010-62776969,c-service@tup.tsinghua.edu.cn
质量反馈:010-62772015,zhiliang@tup.tsinghua.edu.cn

印 装 者:三河市铭诚印务有限公司
经　销:全国新华书店
开　本:185mm×230mm　　印　张:20.75　　字　数:336 千字
版　次:2024 年 6 月第 1 版　　印　次:2024 年 6 月第 1 次印刷
定　价:78.00 元

产品编号:104929-01

本书是由北京师范大学承担的北京市教育科学"十三五规划"2020年优先关注课题"'1+X'证书制度建设中技能评价方法研究"（课题编号BDEA2020009）的研究成果。

课题组主要成员

课题组组长　赵志群

团队作者成员　黄方慧　高　帆　孙钰林　张志新　余越凡
　　　　　　　　张宏疆　魏巴德　邓　青　刘　辉　何　勇
　　　　　　　　王　萌　崔钰婷　盛鸿宇　陆胜洁　刘云波
　　　　　　　　庄榕霞　孙芳芳　李　敏

丛 书 总 序

职业教育研究是对职业和与职业相关的教育与培训、职业社会化过程及其影响因素进行的描述、分析、解释、说明、批判或设计，其研究对象是在不同政治、文化、经济和社会背景下获得职业知识、技能、能力和素养的条件、过程和结果。职业教育研究具有很强的应用性特点，它为职业教育的管理机构、教育培训机构、利益相关者（如企业）和公众提供对职业教育规律的解释，其研究热点问题常常与政策环境有密切的联系。以上特点决定了职业教育研究具有两方面的学科特征：一是作为行动指导的教育科学的学科特征；二是关注工作分析和设计的劳动科学的学科特征。

不同国家职业教育研究的重点也有所不同，这主要是因为各国职业教育制度体系之间存在着巨大差别。例如，职业教育在有的国家属于中等教育范畴，在另一些国家则属于高等教育、高中后非高等教育，或者非正规教育或企业岗位培训的范畴。国际公认最早的、有组织的职业教育研究可追溯到19世纪末瑞典的"教育工艺"（pedagogical Slöjd）改革，该成果从1876年开始连续五届在世界博览会上进行展示，并在巴黎世界博览会上获得金牌。当时欧洲和美国的职业教育学者不但将面向工作的教育引入教育创新实践，还将其引入高等学校教师教育研究中，从而使职业教育成为科学研究的正式议题。到20世纪初，欧美职业教育研究已经涵盖了职业教育课程、特定领域技术技能人才能力分析以及职业评价等广泛的领域。

我国在19世纪中叶诞生了具有职业学校性质的实业学堂，职业教育的理论建构可以追溯到清末民初的一些代表人物如黄炎培等的主张，但由于受到战乱及各种政治因素的影响，职业教育的理论研究一直未形成规模和体系。改革开放以后，随着职业教育事业的快速发展，职业教育研究也空前繁荣，目前已初步建立了具有中国特色的职业教育理论框架。

在我国，职业（技术）教育学作为研究职业教育现象、揭示职业教育发展规律的科学，被认为是教育学的一个分支学科。但是，由于职业教育具有复杂性和综合性等跨界特征，职业教育研究远远超过教育科学的范畴，成为一组学科或研究领域的组合，它们既有回顾性的、又有展望性的：前者如职业教育史、比较职业教育学研究等；后者的应用性较强，如职业资格研究（亦称胜任特征研究）、职业教育课程与教学论以及劳动市场和就业研究等。职业教育研究涉及宏观层面的职业教育体系和机制、中观层面的教育培训机构和课程、微观层面的职业学习过程，其研究课题常常由社会、技术和经济的发展状况所决定。例如，过去的职业教育研究主要关注现代职业教育体系建设、职业院校专业建设、课程和教学改革等问题。但是随着信息技术的发展和工作组织方式的变化，职业和工作场所的数字化转型问题引起关注，人们试图发现对职业素质和能力发展具有促进、制约或干扰作用的因素，并发现和解释技术发展、工作实践和职业能力发展之间的关系，与非正规学习有关的问题也成为职业教育研究的重点，如校企合作、产教融合、现代学徒制和工作场所学习等。

随着经济和社会的发展以及改革进程，我国职业教育研究曾经出现过一些阶段性的思潮和研究热点，如农科教结合、高等职业教育发展和职教集团等。在实践中，我们仍受到很多未解问题的困扰，这既包括诸如建立现代职业教育体系和提高职业教育吸引力等宏观层面的问题，也包括课程与教学等中观与微观层面的问题。要想科学、系统地解决这些问题，必须不断提高职业教育研究的质量。

职业教育研究是一个收集、加工和解释职业教育数据的过程，每一步都必须关注"数据的合法性"，一旦数据不准确，就无法保证结论的有效性，所以具有可靠性、有效性和代表性的数据是高质量研究的基础。

职业教育研究多以跨学科和多学科方式进行，至少有以下两方面的目标。

（1）认知性目标。职业教育研究首先是对职业教育本质的认知，如元理论层面的教育学自我认知和反思、与职业有关的人类学反思、职业教育的社会情境分析、现代社会中职业人的角色定位和发展规律等。

（2）开发性和设计性目标。职业教育研究涉及教育制度体系、课程与学习方案、学习资源和学习环境等的分析、设计与完善。它通过理论分析、实证调查和国际比较等方式，在教育学、心理学、管理学等理论基础上，借鉴政策研究、资格研究等研究成果，形成对职业教育制度和机制、专业和教学过程等设计的建议。

职业教育的研究对象涉及工作世界、与工作世界相关的学习过程，以及职业教育体制机制的建立与完善，可以分为三类：一是人类学研究，重点探究技术技能型人才成长和人格发展规律；二是社会科学研究，重点研究相关体制机制的建设和组织发展；三是特定专业（职业）领域工作的学习过程研究和设计。这意味着，职业教育研究需要采用人类学、社会科学以及特定领域（如工程科学）的研究方法，如扎根研究、实验研究、设计和开发方法等。

职业教育研究受到管理体制和社会政治的影响，实际采用的方法很多是"准科学"方法，在很大程度上受到教育政策的影响。职业教育研究成果通常也不是纯粹的科学研究成果，而是各相关利益集团博弈的结果。职业教育研究成果常常被职业教育实践证明之后，才会得到相关管理部门的回应。由此看来，职业教育的研究过程不仅是一个科学研究的过程，更是一个教育实践的过程。

基于以上认识，我们将自己的研究和相关实践成果汇结成集，从2009年开始出版这套"当代职业教育理论与实践探索丛书"，以期为职业教育的"科学研究"与"理性实践"提供一个高水平的对话平台。

时至今日，这套成果不算"丰硕"的丛书已经出版了十余本，对职业教育研究发展做出了实实在在的贡献。丛书第一本《职业教育工学结合一体化课程开发指南》已经重印近20次，其主要内容成为多个国家相关标准或课程开发指导文件的核心；丛书中多本有关职业能力测评的方案和实践的专著开创了我国职业教育大规模诊断量化研究的先河；丛书中有关行动导向学习的讨论为新修订《中华人民共和国职业教育法》将"职业行动能力"作为新时代职业教育人才培养目标做出了贡献；丛书最新出版的《产业工人职业成长的质性分析》是北京师范大学教育学博士论文库收入的第一篇关于职业教育研究的论文，反映了职业教育询证研究的新进展。

总的来说，职业教育研究的目的不是辨析"对"和"错"，也没有固定的参数和标准答案，而是一个求真探索的过程。我们期盼职业教育研究不断走向繁荣，职业教育实践取得更加丰硕的成果，为提高国民素质和促进经济社会发展做出更大的贡献。

北京师范大学

2023 年 12 月 10 日，北京

前　言

《国家职业教育改革实施方案》(以下简称"职教20条")提出在职业院校和应用型本科高校启动"学历+职业技能等级证书"("1+X"证书)试点工作,这是我国在双证书基础上进行证书制度建设的重要探索,它在给职业教育发展带来机遇的同时,也面临着巨大的挑战。回顾历史不难发现,双证书制度之所以没有成功的重要原因是技能考试的质量问题,即技能评价的预测效度不高,没有反映对人才的真实要求,导致最终没有被社会认可。从公布的资料看,目前大家对技能评价的理解很模糊。要想保证"1+X"制度成功实施,就必须保证技能评价方法的科学性,即同时反映"人才的发展性"和"职业规范性"双重目标的要求。按照"职教20条"的规定,"X"要"反映职业活动和个人职业生涯发展所需要的综合能力",这意味着传统"技能"概念发生了巨大变化,即扩大到了"能力"层面,这是"1+X"制度的重大创新,也是最大的技术性困难。

本书是北京市教育科学"十三五规划"2020年优先关注课题"'1+X'证书制度建设中技能评价方法研究"(课题编号BDEA2020009)的研究成果。课题研究的目的是开发基于建构主义和情境学习理论的、技能考试与职业能力测评相互补充的、反映综合能力评价要求的、具有高预测效度的综合性技能评价模型和评价方案,为"1+X"制度实施提供方法论基础和技术支持;利用以上评价模型开发技能评价方案并试点实施,为技能评价组织设计和实施高质量(信度、效度和区分度)的技能评价提供实操性的工具和实践经验。

本课题针对国家职业教育工作重点展开研究,不仅关注具体工具的开发,还着眼于制度建设,具有政策性、相关性、实用性和时效性。一方面,课题从科学性和机制建设角度审视技术技能型人才评价的技术性障碍,综合运用教育学、心理学、资格研究和教育技术等多学科理论展开研究;另一方面,课题综合运用了多种方法,特别是具有"领域"特色的研究方法（如典型实验法等），量化与质性研究相结合，为机制研究提供依据。

本书的内容包括：①提高技能考试和能力测评对工作绩效预测效度的理论研究；②技能考试方案开发，包括现代信息技术在能力测评自动评分等方面的探讨；③情境性技能考试题目的开发与评价实验；④技能评价技术指导文件（草案）的编写与开发。全书分"理论研究"和"实证研究"两个部分。"理论研究"部分包括两章：第一章"职业教育的学业评价"对职业教育学业评价、职业技能考试及职业能力测评进行概述；第二章"有关职业技能/能力评价的理论研究"讨论了职业技能/能力的概念，梳理了职业技能/能力评价研究进程及世界技能大赛和部分发达国家技能考核方案的经验，并展望现代信息技术对技能评价的影响。"实证研究"部分包括四章：第三章"X技能等级证书考试元评价"聚焦X职业技能评价方法的质量，对职业技能评价方法的有效性开展元评价，并对元评价结果进行原因分析；第四章"技能评价方式比较研究——以养老服务为例"对我国目前两种主流技能评价方法进行比较研究，检验不同评价方法对被试未来的工作绩效水平的预测效度；第五章"COMET职业能力测评实践案例"报告了本课题开展的COMET职业能力测评，对技术技能型人才职业能力成长特点及能力发展影响因素和作用机制进行深入分析；第六章为课题开发的"职业技能等级证书考核评价指南（建议稿）"。

本书是课题组集体研究的成果，全书由课题组成员共同撰写。第一章、第二章（除第五节外）、第六章由课题组成员共同执笔；第二章第五节由北京师范大学余越凡执笔；第三章由中国消防救援学院黄方慧执笔；第四章由北京社会管理职业学院孙钰林执笔；第五章由浙江科技学院高帆执笔；全书由北京师范大学赵志群统稿。一些重要的课题成员，如张宏疆、魏巴德、邓青、何勇、陆胜洁、张志新、王萌、盛鸿宇、刘云波、庄榕霞、李敏等，尽管没有具体撰写某一章节，但是为课题工作的组织和实施做出了大量卓有成效的工作。课题研究得到了教育部职业教育发展中心、北京国人通教育科技有限公司、亲子猫（北京）国际教育科技有限公司、杭州瑞亚教育科技有限公司、北京企学研教育科技研究院在相关政策和典型实验等方面的大力支持。

作　者
2023 年 8 月

目　　录

理 论 研 究

第一章　职业教育的学业评价　　/ 3
　　一、学业评价方法：一个被忽视的重要领域　　/ 3
　　　　（一）传统学历教育的课程评价脱离实践　　/ 4
　　　　（二）X 技能等级证书缺乏规范的技能考核方法　　/ 4
　　　　（三）职教高考科学性不足，"指挥棒"作用有待优化　　/ 4
　　　　（四）技能大赛存在评价效度问题　　/ 4
　　二、职业技能考试和职业能力测评　　/ 5
　　　　（一）职业技能考试　　/ 5
　　　　（二）职业能力测评　　/ 7
　　三、学业评价标准　　/ 7
　　　　（一）事实性标准　　/ 8
　　　　（二）社会性标准　　/ 8
　　　　（三）个性化标准　　/ 9
　　四、学业评价方法分类　　/ 9
　　　　（一）量化评价　　/ 9
　　　　（二）质性评价　　/ 10
　　　　（三）混合式评价　　/ 11
　　　　（四）诊断性评价　　/ 12
　　五、"1+X"证书对职业技能评价技术的要求　　/ 12

第二章　有关职业技能/能力评价的理论研究　／　18

一、职业技能/能力的概念　／　18

（一）对能力的理解　／　18

（二）职业能力　／　22

（三）技能与职业技能　／　29

二、职业技能/能力评价研究　／　32

（一）职业技能/能力评价的概念　／　32

（二）职业技能评价方法　／　37

（三）职业技能评价方法的质量　／　47

（四）职业技能评价方法的有效性评价　／　51

（五）总结　／　58

三、世界技能大赛试题的启发　／　59

（一）世界技能大赛的题目与评分标准　／　60

（二）世界技能大赛对 X 技能证书考试的启发　／　64

四、部分发达国家技能考核方案经验借鉴　／　69

（一）德国行会的毕业考试　／　69

（二）英国学徒制的证书考试　／　72

五、基于现代信息技术测评方法的展望　／　75

（一）职业能力测评自动评分的可行性思考　／　75

（二）基于区块链测评答案评阅方法　／　76

（三）多模态学习分析赋能能力测评的可能性　／　78

实 证 研 究

第三章　X 技能等级证书考试元评价　／　87

一、研究设计　／　87

（一）有效性论证框架的构建　／　88

（二）元评价工具的设计　／　88

（三）元评价过程的设计　/　89

二、基于证据的元评价过程　/　90
　　（一）测试分数的有效性　/　90
　　（二）测试分数解释的有效性　/　94
　　（三）测试结果使用的有效性　/　107
　　（四）测试及其结果使用影响的有效性　/　109
　　（五）各级指标达成度数据　/　112
　　（六）小结　/　115

三、元评价结果的分析与讨论　/　118
　　（一）元评价结果　/　118
　　（二）测试分数有效性结果分析　/　121
　　（三）测试分数解释有效性结果分析　/　124
　　（四）测试结果使用的有效性结果分析　/　143
　　（五）测试及其结果使用影响的有效性结果分析　/　145

四、本章总结　/　147

附件：职业技能评价方法有效性框架　/　148

第四章　技能评价方式比较研究——以养老服务为例　/　150

一、研究设计　/　150
　　（一）研究设计的原则　/　150
　　（二）研究目的与假设　/　153
　　（三）研究方法　/　154
　　（四）研究内容与关键点　/　156

二、研究过程　/　157
　　（一）技能评价工具开发　/　157
　　（二）绩效评价的360º问卷开发　/　161
　　（三）技能评价的实施　/　162
　　（四）工作绩效评估的实施　/　164

三、职业技能评价方式比较研究结果 / 165
（一）测评中使用的试题分析 / 165
（二）技能评价的统计指标检验 / 173
（三）基于 COMET 技能评价结果对工作绩效的预测效度检验 / 179
（四）技能评价的成本分析 / 190
（五）小结 / 191

四、结论及建议 / 192
（一）主要结论 / 192
（二）建议与展望 / 197

附件：本项目中采用的职业院校技能大赛养老服务技能赛项试题 / 201

第五章 COMET 职业能力测评实践案例 / 207

一、测评工具的选择与开发 / 207
（一）测评方案的选择 / 207
（二）背景问卷开发 / 208

二、测试过程 / 211
（一）COMET 职业能力测评 / 211
（二）背景问卷调查 / 214

三、测评结果分析 / 222
（一）学生职业能力现状 / 222
（二）职业能力水平的差异表现 / 231
（三）职业能力轮廓结构的差异表现 / 237
（四）职业能力的潜在特征分析 / 242
（五）职业能力发展的关键影响因素识别 / 258
（六）动机、活动、环境因素对职业能力的影响机制探究 / 261

四、研究发现与建议 / 268
（一）研究发现 / 268
（二）建议 / 270

附件：正式问卷的量表 / 274

第六章　职业技能等级证书考核评价指南（建议稿）　/　277

附录一　研学旅行策划与管理职业技能等级考核指导方案（中级）　/　283

附录二　光伏电站运维职业技能（初级）考核实操考试样题　/　291

附录三　在线学习服务职业技能等级证书（中级）考试大纲　/　298

理论研究

第一章　职业教育的学业评价

一、学业评价方法：一个被忽视的重要领域

科学的教育评价对职业教育的健康发展具有重要的意义。2020年10月，中共中央、国务院印发了《深化新时代教育评价改革总体方案》（以下简称《改革方案》），提出建立富有时代特征、彰显中国特色、体现世界水平的教育评价体系的奋斗目标。针对学业评价，该《改革方案》提出完善"学生学业要求""过程性考核与结果性考核有机结合的学业考评制度"，以及"高等职业教育'文化素质+职业技能'考试招生办法"等多方面的任务，这对职业院校学业评价工作提出了更高的要求。

学业评价是指以教育教学目标为依据，运用恰当、有效的工具，系统收集学生在学习过程中认知行为变化的信息和证据，根据一定标准对学生的知识、技能和能力水平做出客观衡量和科学判定的过程。合理的学业评价要体现党和国家的教育方针，尊重和体现学生的个体差异，并激发学生努力实现自身的价值。普通教育学业评价相对简单，通常根据课程标准规定的学习目标，采用相应测量工具进行，如标准参照性测验和成就测验等[1]。职业教育既要迎合劳动力市场的功利性要求，又要实现促进学生生涯发展的教育性目的，其学业评价更为复杂和多样，除课程考试外，还有技能竞（大）赛、对口升学考试和职业能力测评等多种形式。与普通教育相比，职业教育学业评价结果的影响也更大，它直接影响着学生的升学和就业，影响着企业员工招聘及职业院校的发展。目前职业教育的学业评价在方法层面尚存在不少问题，主要表现在以下方面。

---

[1] 钟启泉，汪霞，王文静. 课程与教学论[M]. 上海：华东师范大学出版社，2008：293.

（一）传统学历教育的课程评价脱离实践

院校内的科目考试缺乏可比性，一些地区通过专业测评建立教学质量监控系统，也遇到方法的科学性和经费可及性等困难，即便是发达地区也是如此。例如，广州教育局曾在所属职业学校针对开设最多的 10 门专业基础课和 2 门专业核心技能课进行检测，但检测科目也仅能覆盖全部课程的 18%，难以全面反映学生的综合学业成绩[①]，后未能坚持下来。

（二）X 技能等级证书缺乏规范的技能考核方法

对已发布的 X 职业技能等级标准进行文本分析发现，目前技能评价组织对技能评价方法的科学性尚不敏感，采用的评价方法有些强调操作技能考试（如特殊焊接技术），有些只提到了知识考核（如失智老年人照护），有些尽管关注理论和实践相结合但依然采用笔试，实操考试也有笔试、网络考试等多种方式，一些证书甚至没有提出明确的考核评价方法。

（三）职教高考科学性不足，"指挥棒"作用有待优化

在各地开展的职教高考中，技能考试多针对特定的操作活动，关注技能的熟练度和可测量性，关注该项技能对整体职业能力的甄别和促进作用以及未来工作中的普适性，则少有系统性考量，而且标准含糊，打分随意[②]；专业课考试命题缺乏行业和考试专家参与，难以保证考试效度和区分度[③]。由于缺乏有效的技能测试，很多职教高考的内容主体仍然是文化课和专业理论，这既无法反映行业企业的用人需求，也背离了职业教育宗旨，造成职业院校对专业技能教学的不重视。

（四）技能大赛存在评价效度问题

调查发现，有的技能大赛获奖毕业生职业发展后劲不足，其综合素质与没有参加竞

[①] 柳洁，陈泽宇. SOLO 分类理论在职业教育学业评价领域的应用剖析 [J]. 中国职业技术教育，2018(17)：5-10.

[②] 陈江. 高职院校分类考试招生改革样态：问题与策略 [J]. 高教探索，2019(2)：97-102.

[③] 王乐，林祝亮. 浙江省技能高考的问题及对策研究 [J]. 河南科技学院学报，2018(8)：35-39.

赛的其他同学相比甚至处于劣势[①]。这说明，如果评价方式有缺陷，技能大赛也无法实现提高人才培养质量的初衷。个别省份开展的技能抽查的科学性问题就更多了。

鉴于职业教育学业评价的难度，很多地区把文化课统考作为职业院校（特别是中职）学业评价的主要方式，这有可能造成职业教育"去职业化"趋向，在此美国提供了前车之鉴。2002年，当时的布什政府推出《不让一个孩子掉队法案》，试图解决美国中小学教育质量低下的问题。该法案的实施，虽然提高了学生的阅读和数学成绩，尤其是处境不利的学生，但是极大地削弱了职业课程，甚至很多学校放弃了非考试科目课程，其中就包括很多职业教育课程[②]，导致美国中等职业教育事实上的"消失"。目前，强调文化课统考的《不让一个孩子掉队法案》已经被《每一个学生成功法案》取代，后者提出在基础教育阶段重新发展多样化的课程（包括生涯与技术教育），这为美国重振中等职业教育提供了可能。

综上所述，在职业教育质量保障体系建设过程中，开展科学、规范且实施便捷的学业评价的难度长期被低估，这也凸显了《改革方案》的及时性和重要性。职业教育学业评价必须反映技术技能人才的发展性目标和职业规范的双重要求，这对评价方法提出了巨大挑战。本书将探讨具有职业教育特色的学业评价的方法性特征，以期引发进一步讨论并为具体评价方案设计提供理论基础。

二、职业技能考试和职业能力测评

职业院校学生学业评价离不开对学生职业能力或技能水平的评价，其基本方式是职业技能考试和职业能力测评。

（一）职业技能考试

不同国家有不同的职业技能考试制度，但大多会采用"知识+实践技能"的考核方式。

[①] 苏敏.中职汽车运用与维修技能大赛获奖毕业生追踪调研[J].中国职业技术教育，2020(11)：87-92.

[②] 高原.美国当代标准化测试的命运与教育权利的转移[J].课程·教材·教法，2016(9)：121-127.

我国的职业技能等级（资格）鉴定考试一般也分为理论和实践考核两部分，采用纸笔测试、现场考核、典型作业、模拟操作等形式。职业技能技巧主要通过专家观察评分法确定；对职业规范和工作道德等隐性范畴的内容，则通过对工作过程和工作结果的观察进行考评。国外研究发现，目前职业技能评价中普遍采用的标准化考试的职业效度并不高，因为企业真实的生产服务活动不是简单的操作或线性过程，不能简单按照"对—错"标准或"投入—产出"关系来衡量[①]。

技能大赛是一种社会关注度高、高利害性且特殊的技能考试，不同大赛在赛项设置、评分标准等方面有所不同。职业院校技能大赛常围绕教学标准及生产技术设置赛项，强调工艺难度，这与世界技能大赛有较大区别；世界技能大赛被认为对专业技术水准和职业素质能够进行更为全面的检验[②]，实施成本高昂，但是如果其试题转化应用得好，也可以为职业教育的高质量发展提供有效的借鉴。

当今社会，技术发展对传统的技能考试产生了重要影响。人们发现，除了特别简单的动手操作行为（如点钞或切土豆丝等），采用主观性较强的观察法对复杂技能评价的结果的信度很低，因此在发达国家技能考试中出现的一个共同趋势是采用"表现性评价"，即考生"在特定情境中运用获得的知识完成某项任务，以考查其知识技能掌握程度，或问题解决、交流合作和批判性思考等多种复杂能力的发展状况"[③]。此外，技能的含义也得到了很大拓展，人们更加强调应用知识完成任务和解决问题的能力。《国家职业教育改革实施方案》（简称"职教20条"）明确指出职业技能等级证书要"反映职业活动和个人职业生涯发展所需要的综合能力"，这说明在"1+X"技能证书制度设计中，"技能"和"能力"已经几乎成为同义词，职业技能正在发展成为更强调认知和综合性的职业能力。此外，传统的技能考试费时费力，特别是在开展大规模的技能测试时，要想达到较高的信度和效度要求，测试费用和人员投入会高到令人无法接受的地步（如奥运会体操等项目要求多名裁判同时评分）。因此，很多（大规模）职业技能考试需要向成本较低

---

① Young M. National Qualifications Frameworks as a Global Phenomenon[J]. Journal of Education and Work, 2003, 16(3): 223-237.

② 刘东菊. 世界技能大赛对我国职业院校人才培养启示[J]. 中国职业技术教育, 2012(36): 48-52.

③ 俎媛媛. 美国真实性学生评价及其启示[J]. 教育发展研究, 2007(6): 62-66.

的职业能力测评方向发展（详见第二章）。

（二）职业能力测评

职业能力测评旨在评价应用知识技能解决实际工作中的问题的能力，它与职业技能考试的区别在于：考试针对教学（或职业）标准，考察对学习内容的掌握程度，一般有对错之分，反映教学标准的效度；能力测评评价与特定工作的认知特征和认知水平相关，考察实际工作能力，只有能力水平高低之分而没有标准答案，反映职业要求的效度。

职业能力测评的基本功能是：将能力发展的实际水平及时反馈给教师和学生，帮助其处理学习过程中发生的问题并进行过程优化，是鼓励先进、鞭策后进和调动学习积极性的激励手段。当今社会对技术技能人才的全面发展和综合性要求越来越高，技术技能工作者必须有能力（参与）设计工作计划，按照经济性、创新性和环境可持续发展等综合性要求对工作的过程和成果进行评价。科学的能力测评要用整体化观念看待职业能力，不仅关注工作任务的完成情况，而且关心学生是否能够对工作过程和工作成果进行反思和改进，科学的能力测评应加强对诸如技术敏感性和创新性等高层次实践能力的评价，促进学生的"价值理性"和"事实性评价能力"的发展。

从宏观管理角度看，如果对职业院校学生进行的职业能力测评能够达到大规模质量监控的信度和效度要求，就可以借此进行学校之间甚至区域之间的比较，并对不同学校人才培养过程的优劣进行分析和解释，从而为政府的科学决策提供实证基础。在此，需要研究和开发基于先进学习理论（如建构主义和情境学习理论等）的、技能考试与职业能力测评相互补充的、反映综合能力评价要求的、具有高预测效度的评价模型和评价实施方案，并为职业院校和技能评价组织设计和实施高质量的评价提供实操性的工具和实践经验。

三、学业评价标准

个体的学业成就是学习过程的产出或结果，学业评价旨在对学习者的学业成就水平的高低（学习绩效）进行判定和分级，处于某一级别的人必须满足相关标准的质量要求。

标准是判断质量优劣和满意程度的门槛性要求，可以是一种标杆、价值取向或一项最佳成就记录，如精确性、准确性或与某一样板（人或事）的相符程度。在教学实践中，很多教师往往寄希望于制定绝对"科学合理"的标准，这个目标可能永远也无法实现。莱茵伯格（F. Rheinberg）将学业成就评价标准分为三类，即事实性标准、社会性标准和个性化标准[①]，在此基础上可以界定具体评价指标，其中只有事实性标准属于客观标准。

（一）事实性标准

事实性标准是教学标准（或职业标准）中规定和描述的能力要求，借此可以对学习结果进行客观评价。事实性标准的优点是：评价结果与教学标准要求的关系清晰可见，可以明确判断是否达到了最低要求，从而权威性地证明达到了某一特定要求（如技能等级）。事实性标准可帮助学生进行目标导向和自我管理式学习，但是无法让教师了解学习难度，对学生的进步也不敏感。另外，在实践中经常很难严格和客观定义什么是优秀、良好或者及格（如很多服务和技术过程无法精确评分）。如果学校对学生的成绩分布有要求（正态分布）时，教师还必须根据下面要谈到的社会性标准对考试分数进行修订，这不但会造成结构性困难，而且很容易引发矛盾，为教学设计带来阻碍。

（二）社会性标准

社会性标准是与他人对比时学生表现出来的绩效差异，即学生在一个团体中的相对水平。社会性标准的最大优点是能够识别表现相对较好和较弱的学生，确定能力差异，为开展个性化教学提供基础。其局限性是：可比性只是在特定的团体内有效（班级内部标准）。由于看不到全体成员的共同变化，所以所确定的成绩有可能掩盖全体成员的共同努力或相同的退步，掩盖事实性标准的实现程度，以至失去标准本来的理性和可信度。而且社会性标准无法精确确定考生的分数，这有可能对其学习动机造成消极的影响。

---

① Rheinberg, F. Bezugsnormen und schulische Leistungsbeurteilung[C]//Weinert, F.F. Leistungsmessungen in Schulen. Weinheim：Beltz, 2001：59-71.

（三）个性化标准

个性化标准是与自己的过去进行比较，由此追踪学生的学习和成长过程。个性化标准的优点是：无论是好的还是差的学生都能确定自己的学习状态，自身努力与学习成就之间的关系清晰可见，不同阶段的绩效波动能够可视化，这有利于提高学习者的学习动机。采用个性化标准，后进生不会受到优秀同学的打击，而优秀学生也可以与"过去的自己"相比较。但是个性化标准弱化了学生之间确实存在的差异，使学生失去客观评价自己的信息源，不适合评价外部有特定要求的领域（如入学考试和职业资格考试）。

综上所述，每种评价标准都有其优势和"盲点"，不可能满足学业评价的所有要求，教师在实践中需要利用多种标准并相互补充，学生也应学会利用各种标准进行自我评价。学业评价标准的理想状态是，个性化标准发挥主导作用，但又不忽略其他标准提供的信息；事实性标准与个性化标准相结合，是未来职业教育学业评价发展的趋势。

四、学业评价方法分类

根据不同的背景、需求和目标，学业评价会采用不同的方案，这涉及不同的设计理念、数据收集、分析和结果解释的方法。学业评价有多种分类方法[①]，本文不进行分类学研究，只进行简单的类别阐述，为后面的讨论奠定基础。

（一）量化评价

19世纪中叶人们开始进行大规模的学业成就测验，其标志性事件是赖斯（J. Rice）对33 000名学生进行的拼写能力调查。20世纪30年代，"评价之父"泰勒（R.W. Tyler）采用实验设计模式对教学改革成果进行比较分析，量化评价成为学校教育最重要的学业评价方法。职业教育中采用的量化评价有能力倾向测试、学习成就测试、人格测试和能力测评等多种方法。其中，能力倾向测试对个人的潜在能力进行评价，预测个体能力

---

① 李坤崇. 学业评价：多种评价工具的设计及应用[M]. 上海：华东师范大学出版社，2016.

未来发展倾向；学习成就测试对个体的学业成就进行测试，典型的如考夫曼教育成就测验-Ⅱ（KTEA-Ⅱ）[①]；人格测试通过特定测试量表（如明尼苏达多相人格调查表、艾森克人格问卷等）对个体的心理特征进行测试，如兴趣、动机、态度、气质和性格等[②]；能力测评方法很多，既有单项能力测评方法，也有综合能力测评方法，如BCI方法通过性格问卷对个人能力、自我组织和自我控制能力进行诊断评价[③]，基于等级描述分类的混合式能力评价方法SOLO（structure of the observed learning outcome）通过解答问题的表现特征对人的思维发展进行可视化分析[④]。

量化评价可以避免考官个人主观因素对评价结果的影响，对促成目标达成有较好效果，因此在学业评价中发挥着重要作用。但是科学的量化评价模型很难建立，这极大地影响了评价结果的说服力，而且这些方法在过程性评价中的使用效果往往也不理想，采用互动性更强的质性评价更容易深入理解和解释被观察的现象（详见第二章）。

（二）质性评价

人力资源管理最先开始采用基于胜任特征模型的质性评价方法，如"工作胜任力测评法"（job assessment method，JACM）和"行为锚定修正法"（modified bars method）等。这些方法建有能力模型，但是没有量化工具和流程，致使其操作过于灵活。德国开发实施了数十种职业能力测评方法，其中有很多是质性方法，如行动导向测评方法、单项技能评价方法和能力总结与汇总方法（competence balance）等。我国一些职业院校采用类似方法进行形成性评价，如北京市商业学校以职业素养学分和证明、证章评价方式，记录学生在思想品德、技术技能、文化艺术、体育科技等方面取得的成绩，并在此基础上给学生颁发"职业素养护照"[⑤]。苹果公司A+雏鹰计划在其试点院校校企合作学徒培

[①] 格雷戈里. 心理测量历史、原理及应用[M]. 北京：机械工业出版社，2013：194-195.
[②] 戴海崎，张峰，陈雪枫. 心理与教育测量[M]. 广州：暨南大学出版社，2011：13-14.
[③] Bambeck, J.J. Bambeck-Competence-Instrument[C]//Erpenbeck, J. & von Rosenstiel L. Handbuch Kompetenzmessung. Stuttgart：Schäffer-Poeschel, 2007: 3-22.
[④] 李佳，吴维宁. SOLO分类理论及其教学评价观[J]. 教育评价与测量，2009(2)：16-19.
[⑤] 高靓. 职业素养护照为学生职业发展对标对表. 中国教育新闻网[EB/OL]. http://www.jyb.cn/rmtzcg/xwy/wzxw/201912/t20191230_285442.html, 2019-12-30.

养中建立"学习档案"(portfolios)[①],学习者有意识地搜集证据,记录和反省自己在某一领域的进步,用可靠的证据记录取得的进步并获得绩点。

质性评价的主要缺陷是结果的可比性较差。由于对学生的行为描述、分类、选定能力指标和确定界别的难度较大,所以此类方法对评价人员的专业要求也很高。此外,如果被评价者过于谦虚、夸张或不诚实,评价结果的可信度也会降低。

(三)混合式评价

职业能力是个体从事一个职业时的心理认知特性,波兰尼"隐性知识"理论被广泛接受,间接否定了按照行为主义理念采用纯量化方法进行能力测量的合理性[②],量化与质性相结合的混合式评价成为发展方向,国际有影响的职业能力评价方法均据此建立技能模型和测评模型。

20世纪末开始的PISA等普通教育大规模教育评价项目也引发了全球对职业教育质量评价方式的讨论。讨论得到的一个共识是:职业教育质量控制应实现从"投入导向"向"结果导向"的范式转变,而作为学业成就标志的职业能力是职业教育最重要的"结果"。COMET(competence measurement)职业能力测评是世界上第一个真正实施的大规模职业能力诊断工具,它基于"从初学者到专家"的能力发展逻辑[③]建立包含"级别""内容""行动"三个维度的跨职业能力模型,采用开放性测试题目,确认被测学生的职业能力发展级别,即名义能力、功能性能力、过程性能力和设计能力[④]。教育部督导局制定的《高等职业教育专业评价试点方案(草案)》采用了COMET方案,对三个代表性省份现代物流管理等四个专业的高职学生进行试验性的能力测评。结果显示,COMET能力测评可以较好地确认不同院校学生的职业能力发展水平,其开放性测试题目不仅被企业认可,也广受学生欢迎。

COMET能力测评不仅适合宏观层面和中观层面的学生学业评价,对不同院校的教学质量进行比较,也适合微观层面的教学评价,对教师的教学设计提供指导。COMET

---

① McMullan M. et al. Portfolios and Assessment of Competence[J]. J Adv Nurs, 2003, 41(3): 283-294.
② 石中英. 波兰尼的知识理论及其教育意义[J]. 华东师范大学学报(教科版), 2001(2): 36-45.
③ Dreyfus H.L. & Dreyfus S.E. What artificial experts can and cannot do [J]. AI & society, 1992, 6(1): 18-26.
④ 赵志群,劳耐尔,等. COMET职业能力测评方法手册[M]. 北京:高等教育出版社, 2018.

还被工业和信息化部及世界技能大赛与"一带一路"技能大赛等不同的技能评价工作采纳。在设计能力测评实施方案时需要特别考虑的是，哪些评价手段既能获得大量深入和有效的数据，又不会引发过多的经费和时间投入。在此需要解决的关键问题，一是关于产出和投入的因果关系分析，二是具体评价工具的开发，包括测试题目类型的研究等。

（四）诊断性评价

诊断性评价在我国的相关实践中具有重要的意义。"诊断"的概念起源于医学，本义是通过特定的工具检查病人的病症，并有针对性地开具处方。布鲁姆（B. Bloom）最先在教育领域提出"诊断性评价"概念，即在学习开始之前对学习者现有水平进行评价，强调预防性的"事前行为"[①]。诊断性评价是内部评价方法，其最大特点是采用"协商模式"，即相关人员协商裁定和解决相关问题，从而提高评价结果使用的可能性。诊断不是简单的现状描述，而是通过获得足够深入的信息，揭示学习中存在的问题及其成因，并通过制度化的措施形成持续改进的机制。

进入21世纪，诊断成为引领学校建构反思意识、发现问题、提高效能、促进自主发展的新型教育技术，特别是教育部通过促进建立职业院校"教学诊改"机制的行政措施，使这一思想得到了普及。值得注意的是，诊断不仅仅是收集数据，更重要的是使利益相关者都参与到诊断过程中，共同发现问题、寻找解决策略并实施改进。学业成就的诊断性评价是采用量化或质性工具，根据职业教育利益相关者的共同诉求（"会诊"）对学生在学习中取得的成果和存在的问题（"病情"）进行多维度分析，确认和总结原因（确诊"病因"），并提出解决策略（"开处方"），从而提高学习者的学习能力，以取得更大成功（"健康"）。

五、"1+X"证书对职业技能评价技术的要求

国务院颁布实施的《国家职业教育改革实施方案》提出在职业院校和应用型本科高校启动"学历证书+职业技能等级证书"（即"1+X"证书）试点工作，这是我国在双

---

① 布卢姆. 教育评价[M]. 上海：华东师范大学出版社，1987：10.

证书基础上进行职业证书制度建设的又一次重要探索。2019年4月教育部会同国家发展改革委等制定的《关于在院校实施"学历证书+若干职业技能等级证书"制度试点方案》明确提出"坚持以学生为中心,深化复合型技术技能人才培养培训模式和评价模式改革"的要求,把"1+X"证书制度作为"指导职业教育教学改革,提高人才培养质量,畅通技术技能人才成长通道,拓展就业创业本领"的重要手段,这赋予了"1+X"证书制度在指导人才培养质量提高方面的重大历史使命。

"1+X"证书制度建设在给职业教育发展带来机遇的同时,也面临着诸多挑战。回顾历史我们不难发现,我国双证书制度没有取得完全成功的一个重要原因,就是职业资格证书考试的质量问题,即技能评价结果预测效度不高,没有完全反映企业对技术技能人才的真实要求,以至于最终没有被社会认可。从目前公布的"X"证书试点资料看,业界对技能证书的内容和考试方式的理解还很模糊。要想保证"1+X"证书制度的成功实施,就必须保证"X"技能评价的科学性,即技能评价要满足效度、信度、区分度和客观性等测评技术标准的要求。

职业技能评价是社会组织根据特定职业(或岗位)的技能要求,采用一定测量工具对特定人群进行的考试、测量和评估。传统的技能考试采用"知识+实践技能"的考试方式,其中知识考试一般通过多种方式的笔试进行,实践技能部分通过对考生现场或模拟操作行为过程和结果的观察进行评分。随着人类工作活动复杂程度的提高,技能的内涵发生了深刻的变化,这直接影响了考试的方式和方法。一方面,研究发现,除了简单动手操作行为(如打字录入和点钞等)外,通过观察法进行的技能考试的结果信度很低[1],特别是在对心智技能要求较高的专业领域,这种行为导向的考试的局限性更大,更无法满足信息技术迅猛发展对专业考试的质量要求。另一方面,"引导行动的知识"的诊断方法也是一个巨大的难题。例如,如何确定究竟是哪些具体的知识片段能够决定专业人员可以完成工作任务?如何组合,以及按照什么顺序组合多种知识诊断方法,才能有效地判断出不同类型的知识(如条件知识、因果知识、程序知识

---

[1] Latham G P, Wexley K N. Behavioral observation scales for performance appraisal purpose[J]. Personnel Psychology, 1977(2): 255.

和工具知识）？[①]。解决这些问题，也是利用人工智能技术实现复杂生产过程自动化的基础。

当今社会，信息技术发展在很大程度上改变了我们的工作和生活，互联网和人工智能更是开启了"工业4.0"的新时代。基于信息物理系统（CPS）的智能化、产品全生命周期的全制造流程数字化，催生了高度灵活和个性化生产与服务模式的建立[②]，这对技术技能人才的职业能力和综合素养提出了新的更高的要求。技术人员要在最短时间内熟悉工作过程和工作环境，适时对工况进行准确认知，并做出合理的决策。数字化工作和学习方式扩大了对"人—机协作"模式和生产组织的设计空间，技术人员必须对"可能性世界"进行深入的理解和探索，这需要其具备更优秀的制订计划、判断决策和分析复杂系统的能力，"技术正被深深地嵌入在社会情境中，并为各种复杂价值关系所左右"[③]。这说明,在未来的技能评价过程中，必须用整体化的观念对待工作和技术的关系，在相对弱化简单和重复性操作技能的同时，加强对诸如技术敏感性等高层次实践能力的评价，从而促进学习者的"价值理性"和"事实性评价能力"的发展，这对技能评价技术提出了新的要求。

技能评价是人力资源管理的经典课题，也是一个世界性的难题[④]，"1+X"制度的职业技能评价必须反映技术技能人才的发展性目标和职业规范的双重要求。国际的发展趋势是采用表现性评价方式，即采用在具体工作情境中针对复杂内容的开放性试题[⑤]。这种基于建构主义的考评方式克服了传统标准化测验仅能考查书本知识的弊端，但是需要大量组织和时间投入，这无疑又对教育技术研究提出了新的挑战，即是否有可能开发针对开放性试题的自动评分系统。当前，深度学习等人工智能技术，特别是自然语言处理、复杂网络分析、异常诊断技术在知识产权保护、信息检索等领域已有重要的应

[①] Hacker W. Knowledge Diagnosis[C]//Rauner F, Maclean R. Handbook of Technical and Vocational Education and Training Research. Dordrecht：Springer, 2005：761-766.

[②] Stolle H. "Risiken werden komplexer" [J]. IT & Production, 2015(7+8)：96-97.

[③] 邓波，贺凯. 试论科学知识、技术知识与工程知识[J]. 自然辩证法研究，2007(10)：41-46.

[④] Erpenbeck J, von Rosenstiel L. Handbuch Kompetenzmessung[M]. Stuttgart：Schäffer-Poeschel, 2007：XVII-XL.

[⑤] 诺曼·E. 格伦隆德，基思·沃. 学业成就评测[M]. 北京：教育科学出版社，2011.

用[①]，这为未来的技能考试及其自动化评分系统设计提供了灵感。

鉴于职业教育学业评价的复杂性，简单一种或几种评价方法都不可能完全满足所有评价目的的要求，评价方法的多元化成为必然的发展趋势。纵观人类历史，教育评价理念和方法论发展经历了"科学主义""人文主义"和"后现代主义"三个阶段，这对职业教育学业评价方法的发展也有重要的启发。

（1）19世纪科学技术发展取得了辉煌的成就，其强调证据、关注逻辑和量化设计的认知范式影响着评价方法的发展。基于决定论思想的"科学主义"教育评价通过"科学"手段和量化方法收集信息，形成对评价对象的认识并由此了解事物的"本来面貌"[②]，此类评价强调量化指标和统一标准，注重外部评价，但是对情感态度和创造力等主观因素的评价存在很大局限性。

（2）20世纪中叶，秉承多元化观点的人文主义者发展了质性评价方法。据此，评价不局限于针对纯粹的客观事实，也关注意义、价值和情感等主观因素，管理者的授权、团体凝聚力和合作思想同样重要。斯塔弗尔比姆（D. Stufflebeam）建立的CIPP评价模式就是这种思想的集中反映，即关注评价的背景（context）、投入（input）、过程（process）和产出（product），考虑主观经验在评价中的作用，强调描述性的定性分析[③]。

（3）进入21世纪，后现代主义思想注意到科学主义和人文主义评价观的优势和不足，开始弱化量化分析而重视知识建构、应用条件，以及由此带来的差异，由此提高了质性方法的价值，典型代表是第四代评价、参与式评价和授权评价理论。第四代评价关注社会的多元化现实和多元利益主体的需求；参与式评价立足行动研究，强调促进公民参与评价；授权评价则进一步发展了参与式评价，为利益相关者提供操作性工具，通过讨论过程的量化和可视化实现质性与量化评价的融合，即混合式评价。按照库克（T.D. Cook）的后实证主义多元化评价理论，高质量的评价应提倡利益相关者的多元参与、对相互矛盾的数据进行分析和解释，强调动态建模，并关注不同情境和时间段的评价结

[①] Belov DI. Comparing the performance of eight item preknowledge detection statistics[J]. Applied Psychological Measurement, 2016, 40(2), 33-38.
[②] 克雷斯威尔. 研究设计与写作指导[M]. 重庆：重庆大学出版社，2007：5.
[③] 斯塔弗尔比姆. 方案评价的CIPP模式[A].《教育学文集》(教育评价卷)[C]. 北京：人民教育出版社，1989：313.

论的可推广性①。

在现代职业教育中,学生学业成就的获得是个性化过程,学业评价要为学生提供差异化和多样化的启发,这需要改变传统的认知导向、仅强调产出的评价方式。按照后现代主义评价理念和现代学习理论,学业成就在很大程度上是"人为的设计",并没有一定要遵循的固定标准和特定答案,更多的是要通过与参与者的协商和对话来确定。职业教育学生的学业成就有多种表现形式,可通过工作过程和产品展示,通过再现、重组、迁移和解决问题展现,也可通过创造性、社会性、认知性、生产性和行动导向的工作绩效表现。学业评价过程应当嵌入工作和学习过程中,这既有对个体的评价,也有对集体的评价,需要参与者相互信任和团结合作。学业成就具有价值取向,学业评价需要参与者的理解和反思;学业评价还要确定学生的发展潜力和需要解决的问题,这需要通过机构化和系统化的支持,帮助学生解决自己特有的问题。

目前我国职业教育学业评价的基础仍然是共享价值观,价值多元化还没有受到足够的重视。随着现代职业教育和终身学习体系的建立,以及受教育者的多样化(如高职扩招)发展,未来应当承认和尊重不同的价值取向和要求,职业教育学业评价也会从外部评价转向内部诊断,从一元控制走向多元治理。尽管量化评价方法仍然会占据主导地位,但质性方法会成为重要的补充。

要想开展高质量的学业评价,首先需要反思传统考试存在的理念和技术问题,如果缺乏现代教育理念和教育测量理论的指导,不关心测量的技术指标,那么学业评价就无法支撑高质量职业教育体系的发展。加强相关研究和实践探索,如关注综合职业能力发展,意味着不仅要评价动手操作技能,而且需关注认知和精神运动领域的内容。按照情境学习理论,专业实践能力只能在特定的工作情境中被调查和获知,需要采用案例分析或民族志方法②;指导实践的知识只能在特定情境下才能被辨识,对专业能力的评价需要在真实的工作情境中,以完成典型工作任务的考核方式进行,高技能人才评价需要更

---

① 王景英,梁红梅.后现代主义对教育评价研究的启示[J].东北师范大学学报(哲社版),2002(5):112-118.

② Bader R. Arbeits-und erfahrungsorientiertes Lernen[C]//Dehnbostel P. & Novak H. Arbeits-und erfahrungsorientierte Lernkonzepte. Bielefeld:Bertelsmann, 2000:11-23.

为复杂的考核方法。这里最大的困难是开发情境性考试题目,即有助于确立工作能力的标准化案例性任务,它既要反映重要的企业实践价值,又要能借此评判被试职业能力的高低。例如,一些学校将世界技能大赛标准转化为技能人才标准,通过产教融合方式开发高新技术领域的新赛项,不但满足了高水平高技能人才培养和评价要求的"实用性目标",而且有效促进了学生创新能力的发展,践行了职业教育立德树人,培养具有职业素养和领域特长的、德智体美劳全面发展的社会主义接班人和劳动者的要求。

第二章　有关职业技能/能力评价的理论研究

一、职业技能/能力的概念

作为职业教育的重要指导思想,"以职业能力为基础"是国内外职业教育界的共识,然而大家对"职业能力"的概念却有不同甚至迥异的理解:有的将职业能力定义为"岗位工作能力",有的将其解释为"工作任务的胜任力",而有的则从教育目标视角认为职业能力是"个体当前就业和终身发展所需的能力"[①]。国务院 2019 年印发的《国家职业教育改革实施方案》("职教 20 条")提出,X 技能等级证书应当"反映……综合能力",即 X 证书的技能评价要反映被试的综合能力发展水平,这说明在"1+X"技能证书制度建设的语境中,"技能"和"综合能力"被作为同义词使用。造成这一现象的原因,有可能是教育部、人力资源和社会保障部出于不同的背景、管辖权和话语体系,对"技能等级证书"设计进行协商协调的结果。在进行科学研究时,我们需要对重要的概念进行准确界定,否则无益于问题的彻底解决。

(一)对能力的理解

在职业教育中,"能力"是一个常用但含义相对模糊的概念。由于能力是人的个性特征,而不是显而易见的客观事实,因此不同文化和学科对此有不同理解。英文

---

① 杨黎明. 关于学生职业能力的发展[J]. 职教论坛,2011(3):4-15.

中与汉语"能力"一词对应的有多个词，如 competence、competency、ability 和 skill 等，如 competence 在我国有关核心素养的教育学讨论中被翻译成"素养"，而在管理学和部分心理学文献中被翻译成"胜任特征"或"胜任力"，这就增加了对能力理解的难度。

1. 不同学科的理解

能力是发源于心理学的概念，即"个人在某方面所表现的实际能力，乃是由于他的先天遗传基础，加上后天环境努力学习的结果"[①]。德国职业教育学领域开展的职业能力研究具有重要的意义。魏纳特（F.E. Weinert）将能力定义为"个体或包括多个人的群体所拥有的、能成功满足复杂需求的前提条件"[②]。据此，能力不仅包含认知内容，也包括动机、道德和意志等成分。

人力资源开发对能力的理解与具体的工作绩效相关[③]。例如，诺顿（B. Norton）将能力定义为"工人在完成一项给定职业任务取得的知识、技能和态度方面的成就"[④]。资格发展管理（qualification development management）工作组将能力定义为"（与其他概念，如才能、技能、本领或资格相近），个体通过对事务进行安排而获得的自我组织的才能"[⑤]。对于此类定义，教育学家认为其忽视了内化过程的他律性原则，否者缺乏某种技能就会被解释为个性缺陷了[⑥]。20世纪60年代，著名公共知识分子乔姆斯基在语言学中对"能力"和"绩效"进行了系统研究。他用能力表示一般意义的语言能力，用绩效说明对语言的实际运用，并分析了产生"绩效错误"的因素[⑦]。他对"能力"和"绩效"进行的明确区分，为职业能力研究提供了重要的依据。

---

① 张春兴. 现代心理学[M]. 上海：上海人民出版社，1994：403.
② Weinert F E. Concept of competence[C]//Rychen D S, Salganik L H. Defining and Selecting Key Competencies. Seattle, Bern：Hogrefe & Huber, 2001：45-65.
③ 在人力资源管理和组织心理学文献中，competence 一词常被翻译为"胜任力"或"胜任特征"。
④ Norton R E. DACUM Handbook[M]. The National Centre on Education and Training for Employment. Columbus/Ohio：The Ohio State University, 1997.
⑤ Erpenbeck J. & von Rosenstiel L. 2003. Handbuch Kompetenzmessung[M]. Stuttgart：Schaeffer-Poeschel.
⑥ Bolder A. Arbeit, Qualifikation und Kompetenz[C]//Tippelt, R. Handbuch Bildungsforschung. Opladen：Leske + Budrich, 2002：651-674.
⑦ 诺姆·乔姆斯基. 乔姆斯基语言学文集[M]. 长沙：湖南教育出版社，2006.

2. 不同国家的理解

由于语言的原因，英国对"能力"的定义具有重要的国际影响。英国"国家职业资格标准"（National Vocational Qualifications, NVQs）用学习结果（outcome）来定义能力，其基本理念是：如果学习者能够完成一项工作任务，那么也就具备了这项能力，能力是通过考核展现出来的按照一定结构组织的知识、技能和绩效要求，这反映了行为主义的理念。

在德国，维纳特（F.E. Weinert）将能力定义为"个体或包括多个人的群体所拥有的、能成功满足复杂需求的前提条件"①。据此，能力不仅包含认知方面的内容，也包括动机、道德、意志和社会方面的成分。人只有在深入研究和处理一个领域（domain）的事宜时才能获得能力，因此能力遵循所谓的"领域特殊性"原则。"能力是指个人在特定的领域独立发展知识和技能的能动性和本领，从而达到一个可以用'专家智能'来描述的高水平阶段"②。德国对能力的定义强调"行动"，即"通过对事实的理解、反思以及对动机和问题状况的判断来开发现实"③。在复杂问题情境中按照专业要求和道德正确地去行动④，这种理解是偏建构主义和情境主义的。

我国对能力的认识在很大程度上受到不同发达国家的影响，并演化出综合职业能力、职业素养等多种概念。

3. 不同的能力观

人们按照不同的方法论对能力进行解释，由此形成了不同的能力观。桑伯格（J. Sandberg）把对能力的认识划分为三种类型，即行为主义导向、理性主义研究传统和解释性研究方法⑤。匡瑛按照不同的心理学理论流派对职业能力的概念进行了归类⑥。

---

① Weinert F. E. Concept of competence[C]//Rychen D.S. & Salganik L.H. Defining and Selecting Key Competencies. Seattle, Bern：Hogrefe & Huber, 2001：45-65.

② Bergmann B. Arbeitsimmanente Kompetenzentwicklung[C]//B. Bergman, A. Fritsch, P. Göpfert. Kompetenzentwicklung und Berufsarbeit. Münster：Waxmann, 2000：11-39.

③ Bader R. Berufliche Handlungskompetenz[J]. Die Berufsbildende Schule, 1989, 41(2)：74.

④ Ertl H, Sloane P F. Curriculare Entwicklungsarbeiten zwischen Lernfeld und Funktionsfeld[J]. ZBW, Beiheft, 2006, 19：117-127.

⑤ Sandberg J. Understanding Human Competence at Work[J]. Academy of Management Journal, 2000(1)：9-25.

⑥ 匡瑛. 究竟什么是职业能力[J]. 江苏高教，2010(1)：131-133，136.

哈格（P. Hager）把能力研究归结为三种能力观指导下的行动，这种分类方式至今仍然具有重要意义[①]。

（1）行为主义的能力观

行为主义的能力观用完成一项具体任务所需的行为定义能力，也称为基于任务的能力观，它的形成和 CBE 有密切的联系。CBE 的理念诞生于 20 世纪 60 年代美国教师教育项目，后来逐渐被推广到多个国家，特别是在盎格鲁文化国家，其理论基础是泰勒（F.W. Taylor）的科学管理原则和行为主义目标运动。泰勒通过工作分析确定工人的操作能力；行为主义目标运动则鼓励教师把教学目标表述成可观察的学生的行为变化，通过对外显行为变化的判断确定教学目标是否达成。行为主义能力观指导下的职业教育强调通过行为目标的实现提高技能，不关心任务（能力点）之间的联系，也较少或无法关注心理特征在完成任务中的作用。

（2）基于一般个性特征的能力观

基于一般个性特征的能力观即关注个体完成任务所需要的、重要的一般个性特征。其假设是：在工作中表现出色的人具有一些共同的个性特征，如方法能力和交流能力等。具有这些特征的人可将其恰当地应用在具体任务中，并能将其迁移到多个或全部工作情境中。它不考虑能力应用的情境，认为能力是"一般层次"的、独立于具体情境之外的知识和技能。这种能力观是"去情境化"的，违背了多元智能理论。专家智能研究（expertise research）还发现，专家的能力具有领域特殊性特征；尽管可以（在一定程度上）对工作能力进行描述，但这并不一定能帮助人们完成具体的工作任务[②]。

（3）综合的能力观

综合能力观认为，能力是在一系列具有典型意义的工作任务情境中表现出的知识、才能、技能和态度的综合。人的一般个性特征和相关职业情境有密切联系，只有这样才能反映职业实践的整体性要求。保登（J. A. Bowden）将能力划分为五个层次，即一般性能力、行为能力、补充性能力、整合性能力和整体性能力，后三个层次不同程度地体

---

① Hager P. Competency Standards[J]. The Vocational Aspect of Education, 1995, 47：2,141-151.

② Röben P. Arbeitsprozesswissen und Expertise[C]//Petersen, W. et. al. IT-gestützte Facharbeit. Baden-Baden：Nomos, 2001：43-57.

现了相关性特点，反映了综合性程度不同的能力①。最新的能力研究对能力的理解多数是综合性的，如有关工作过程知识和综合职业能力测评的研究，这反映了综合能力观的认知发展趋向②。

对职业能力的不同认识，演绎出了不同的职教课程、教学和评价体系，职业教育机构也会有不同的工作策略。如采用行为主义能力标准表述，因为技能表述直接明确，职业院校容易与企业交流。但是由于仅强调操作性的技能培训，有可能丧失（部分）教育性目标，如以人为本和全面素质提高；如果按照综合职业能力的理解，可以为学生奠定较宽的职业生涯发展基础，但是会对校企合作等外部机制和实施条件提出专门要求。

（二）职业能力

1. 职业能力的一般概念

职业能力是与职业相关的认知能力特征。国际上普遍认为职业是一种典型的德国式社会组织方式③，德国的职业能力研究成果具有重要的参考价值。德国职业能力的概念最早出现在罗特（H. Roth）主编的《教育人类学》辞典中，他把职业能力分成自我能力、专业能力、方法能力和社会能力④，以后德国有关职业能力的讨论多数是在此基础上进行的。德国通过《职业教育条例》（Ausbildungsordnung）确定了职业教育结业考试应具备的职业能力，包括职业知识、技能和资格。据此，职业能力是完成一个职业的典型工作任务所需的认知能力、行动能力和主观潜力。职业能力强调对工作的认知和行动，这超出了针对具体任务的技能技巧的范畴。埃鹏贝克（J. Erpenbeck）这样解释职业能力：人可以自己或在他人帮助下发展形成有关事件的本领；行为主体生成和发展这些本领需要一定的环境；能力涉及个体的动机，关系到主体接受挑战而不是回避和拒绝挑战的

---

① Bowden J. A. Competency-Based Education — Neither a Panacea nor a Pariah. http://crm.hct.ac.ae/events/archive/tend/018bowden.html，1997.

② 刘洋，和震. 职业能力研究进展综述 [C]// 北京师范大学. 职业与成人教育研究新进展. 北京：北京师范大学出版社，2012：45-73.

③ Dostal W. Occupational Research[C]//Rauner, F. & Maclean, R. Handbook of TVET Research. Dordrecht：Springer, 2008：162-169.

④ 张春兴. 现代心理学 [M]. 上海：上海人民出版社，1994：403.

意愿[1]。

英语中对职业能力的理解有所不同,指完成工作任务的能力和绩效,是职业教育培训中知识和技能的学习结果。英语中常常把能力和技能作为同义词使用,据此,职业能力是"人们在程序化的资格考试中展示出来的技能"[2],尽管职业能力有时也包括"态度"因素。英国职业资格标准按照这一理念建立了能力结构体系,如某一级别的职业资格包括若干项能力单元(unit),每个单元包括若干个学习产出(learning outcome),每个学习产出通过一系列评价指标描述。由于英语的国际影响,这种行为主义的能力概念在国际上有广泛影响,也起到很大作用,如澳大利亚的培训包便是类似理念的反映。在实施职业资格考试制度的国家,为了资格考试的可行,人们普遍把工作任务分解成为一系列可观察、可描述的能力点。

作为职业教育培养目标的组成部分,我国从以下角度对职业能力进行理解。

(1)从宏观教育目标看,职业能力是指某一职业所需的专业能力和非专业能力的总和,是个体当前就业和终身发展所需的能力[3]。

(2)狭义的职业能力指岗位能力或完成特定工作任务的能力;广义的职业能力指某一职业(或岗位群)共同的基础能力,是经过学习完成某种职业活动的可能性或潜力[4]。

(3)在课程开发实践中,职业能力常常被解释为完成某一工作任务的胜任力[5]。行为主义的能力分析一般会列举岗位工作所要求的能力点,但情境主义和建构主义的人类学能力研究,则更关注工作环境、实践共同体和隐性知识的经验性学习,强调对工作行动的"深描(thick description)"[6]。近年来,我国职业教育界开始关注职业能力的综合性和整体性特征,这体现在很多政府发布的文件如"职教20条"中。

---

[1] Erpenbeck J. & von Rosenstiel L. 2003. Handbuch Kompetenzmessung. Stuttgart: Schaeffer-Poeschel.

[2] Ertl H, Sloane P F. Curriculare Entwicklungsarbeit zwischen Lernfeld und Funsktionsfeld[J]. ZBW, 2006(Beiheft 19): 117-127.

[3] 杨黎明. 关于学生职业能力的发展[J]. 职教论坛, 2011(3): 4-15.

[4] 孟广平. 能力·能力本位教育与职业技术教育课程开发[J]. 职业技术教育, 2000(12).

[5] 徐国庆. 解读职业能力[J]. 职教论坛, 2005(36).

[6] Lave J. Cognition in practice: Mind, mathematics and culture in everyday life[M]. New York: Cambridge University Press, 1988: 12.

2. 职业行动能力/综合职业能力

职业教育的成功标志是其毕业生能按照职业规范从事该职业的工作，即具有功能性特征。职业标准（或课程标准）一般都对从业者应具备的职业能力进行了不同详细程度的描述，职业能力是通过"以职业形式进行的行动"表现出来的，因此是"职业行动能力"[①]。

职业行动能力是起源于德国的职业教育学概念，它是与职业相关的认知能力特征，指人在其一生中如何通过获取、发展和运用相关的能力、方法、知识、观点和价值观，在复杂和不确定的职业环境下设计出目标清晰、灵活多变、理性、有自我批判和反思能力和负责任的行动，因此也被称为"完整的行动能力"[②]。从1996年开始，德国文教部长联席会（KMK）颁布的职业学校《框架教学计划》确定职业行动能力是"个人在特定职业、社会和私人情境中，进行缜密而恰当的思考并对个人和社会负责任行事的意愿和本领"[③]，这体现了设计导向职业教育思想的基本内涵[④]。

20世纪90年代，职业行动能力刚被介绍到中国时，为了与英语国家CBE（Competence-based Education）中的能力概念进行区分，被解释性地翻译成了"综合职业能力"。2020年我国新修订的《职业教育法》第二条，特别说明职业教育是"使受教育者具备……职业综合素质和行动能力而实施的教育"。在有关讨论中，一般把行动能力划分为专业能力、方法能力和社会能力。有的为了强调个性发展目标，还增加了个性能力的维度（见图2-1）。

（1）专业能力：即职业业务范围内的能力，指在专业知识和技能基础上，在特定方法引导下，按照专业要求有目的地独立解决问题并对结果加以评判的意愿和本领。

[①] 职业行动能力与技能的不同表现在：技能通过完成细分的某一项子任务表现出来，而职业行动能力强调有意识性，通过完成完整的任务表现出来。

[②] Pätzold G, Busian A. Lernortkooperation als Mittel zur Entwicklung von Lehr-Lern-Arrangements[C]//Euler, D. Handbuch der Lernortkooperation, Band 1. Bielefeld：W. Bertelsmann, 2004：504.

[③] KMK. Handreichungen für die Erarbeitung von Rahmenlehrplänen der Kultusminister-konferenz für den berufsbezogenen Unterricht in der Berufsschule und ihre Abstimmung mit Ausbildungsordnungen des Bundes für anerkannte Ausbildungsberufe[S]. Dokument 15. 09. 2000, Bonn, 2000.

[④] Rauner F. Gestaltung von Arbeit und Technik[C]//Annold R, Lipsmeier A. Handbuch der Berufsbildung. Opladen：Keske + Budrich, 1995：52-72.

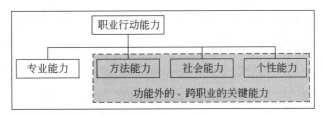

图 2-1 职业能力的组成

（2）方法能力：指针对工作任务独立制定问题解决方案并加以实施的意愿和本领，强调解决问题的目标针对性、计划性和获得成果的程序性。

（3）社会能力：指与他人的交往和合作能力，是经历和构建社会关系、理解奉献和冲突，并负责任地与他人相处的意愿和本领。相关讨论还涉及交流与沟通能力、语言表达能力和跨文化能力等概念。

（4）个性能力：个体发挥才能和动机及提高工作效率的能力，是对职场或生活中出现的机会做出解释和评判，并拓展才能且不断进步的意愿。

这种对能力维度的划分方式不是绝对或唯一的，因为这既不可行，在教育理论上也不合适，会破坏人格的统一。职业发展的成功，意味着各种能力能够有效结合和协同发展。综合职业能力不但帮助学习者做好职业准备，也为其个体发展和进入社会生活做好准备，是评价职业教育质量的最重要的指标。

3. 与职业能力相关的重要概念

在职业教育实践中，有一些与职业能力联系紧密但含义不同的概念，理解这些概念对确定职业教育人才培养目标具有重要的意义。

（1）智力

智力是一般的心理能力，"包含推理、计划、问题解决、抽象思维、理解复杂思想、快速学习和从经验中学习等能力"[1]。智力的概念很复杂，有人把智力定量并归结为一个数，如智商；有的则认为智力具有多种成分，可分别加以测量；还有的认为按照不同的经验范围，每个人都有多种不同的智力，这反映了不同的能力观。

---

[1] Gottfredson L S. Mainstream science on intelligence: An editorial with 52 signatories, history, and bibliography [J]. Intelligence, 1997(24): 13-23.

加德纳（H. Gardner）于1983年出版《智能的结构》，提出多元智能理论，认为智能是一种生理和心理的潜能，这种潜能在个人经验、文化和动机的影响下，在一定程度上得以实现。据此，每个人身上至少存在8种智能（力），即数理逻辑智能、语言智能、音乐智能、自然智能、空间智能、身体与动觉智能、人际智能和内省智能[①]。多元智能理论倡导全面的、多样化的人才观，认为每个学生都有一种或数种优势智力，只要教育得法，每个学生都能成为某方面的人才，这为职业教育提供了重要的学习理论基础。我国传统偏重数理逻辑和语言智力培养的智力观和教学观，对多样化的人才培养关注不够，职业教育正是纠正这一偏差的有效手段。同样，职业教育的评价方式也应当走向多样化的、情境化的真实性和增值评价。

（2）非认知技能

"非认知技能"是与"认知技能"相对应的人格心理学概念，也被称为"人格特征"或"非智力因素"，指智力因素以外的，同时能够对个体经济社会表现产生影响的个体特征，如情感、意志、兴趣、性格、动机和信念等。

非认知技能常被用于教育经济学和社会学等领域的研究。人力资本学家舒尔茨（T. W. Schultz）最先提出了"应对非均衡的能力"概念，指劳动者在经济非均衡环境中具有重要意义的、与生产技能无直接关联的能力[②]。调查发现，雇主普遍重视劳动者在工作中表现出来的诸如稳定、可靠性等特征；学生具备的如毅力、自尊、乐观、抵抗诱惑等非认知技能，对其在学校学习及以后工作的工资收入和社会行为具有重要的影响[③]。这意味着，非认知技能对职业教育学习者的学业成就、就业和生涯发展及社会行为有影响，它可以通过后天的投资和（教育）干预行为获得提高和改善。心理学和社会学更多地使用人格特征、情绪等概念展开相关研究。

（3）关键能力与核心素养

20世纪中叶，社会水平分工弱化，职业和岗位间界限模糊，对职业资格要求做

---

① Gardner H, Hatch T. Multiple Intelligences Go to School[J]. Educational Reseacher, 1989, 18(8)：6.
② Schultz W T. The Value of Ability to Deal with Disequilibria[J]. Journal of Economic Literature, 1975, 13(3)：827-846.
③ Heckman J J, Rubinstein Y. The Importance of Noncognitive Skills：Lessons from the GED Testing Program[J]. American Economic Review, 2001, 91(2)：145-149.

出具体预测变得更加困难，自动化技术更是加剧了人们将来有可能被机器取代的恐惧。社会学家梅滕斯（D. Mertens）在研究职业适应性问题时提出了关键能力（key competence）的概念，即"与具体工作任务和专门技能或知识无关的，但对现代生产和社会顺利运行起着关键作用的能力"[1]。德国联邦职业教育研究所和西门子公司在典型实验基础上，开发了世界上第一个培养关键能力的系统化教学方案，即"以项目和迁移为导向的教学"（Projekt - und Transferorientierte Ausbildung，PETRA）方案。它把关键能力分为"组织与完成生产、练习任务""信息交流与合作""应用科学的学习和工作方法""独立性与责任心"和"承受力"五类[2]。

关键能力概念受到了很多国家的重视，国内外有很多类似概念描述非专业或跨专业的能力，如"通用能力"和"核心能力（核心素养或核心技能）"等。由于西方语言中对 competence、skill 和 qualification 等很难区分，因此也产生了多种同义词或近义词。英国 1979 年提出核心技能概念，并于 20 世纪 90 年代在"通用国家职业资格"（GNVQ）框架内实施了相应的培训认证。

21 世纪初，世界经济合作与发展组织（OECD）的研究项目"素养界定与选择：理论与概念基础"（DeSeCo）对全世界产生了重要的影响，包括对我国的基础教育。我国基础教育界对核心素养也开展了大量研究[3]，这与职业教育的关键能力研究相比并没有本质区别。1998 年，我国当时的劳动和社会保障部在文件中将能力划分为"职业特定技能、行业通用能力、核心能力"三个层次，确定了 8 项核心能力（交流表达、数字应用、创新革新、自我提高、与人合作、解决问题、信息处理、外语应用），并开展了相应的培训和颁证。

（4）设计能力

20 世纪 80 年代末，《对技术和工作的社会设计》研究报告提出了"培养设计工作世界和技术的能力"，即"设计导向"理念。设计导向理论在劳耐尔（F. Rauner）等职

---

[1] Mertens D. Schlüsselqualifikationen—These zur Schulung für eine moderne Gesellschaft[J]. Mitteilungen aus der Arbeitsmarkt- und Berufsforschung, Nürnberg IAB, 1974(7): 36-43.

[2] Klein U. PETRA Projekt-und Transferorientierte Ausbildung[M]. München: Siemens-Aktionges, 1990: 27-33.

[3] 张华. 论核心素养的内涵[J]. 全球教育展望，2016(4).

业教育改革家的努力下逐渐发展成熟,被德国议会和文教部长联席会议确定为职业教育的指导思想。设计导向职业教育的核心理论是:在教育、工作和技术三者之间没有谁决定谁的简单关系,在技术的可能性和社会需求之间存在着人为的和个性化的"设计"空间。教育通过多元文化取向对社会愿望产生影响,从而参与设计技术和工作的发展。应当有意识地促使职业教育对工作组织发展和技术进步产生的积极影响,从而实现职业教育从"适应导向"向"设计导向"的战略转变。据此,设计能力是"本着对社会和生态负责的态度,参与设计工作世界的能力"[①]。

设计导向理论把技术发展作为社会过程看待,是以人为本和建构主义理论在职业教育中的具体发展,也是职业教育针对工作世界的结构性变化产生的积极反应。它体现了技术发展与经济、社会、生态利益及价值观之间的协调,不但为职业教育改革提供了思想工具,也对国际职业教育教师培养、职业教育创新研究产生了深远的影响。

对(职业)能力的多种认识和划分方式为职业教育实践带来不少困扰。例如,很多院校甚至管理部门无法区分一些基本概念,造成培养目标表述上的困难和偏差;又如核心素养概念与多元智力理论有矛盾,与公认的"领域相关性"原则和情境原则也不相符,这为教育实践,特别是课程建设带来了困扰。

(5)工作绩效

绩效是管理学,尤其是人力资源管理领域的常用概念,代表着"产教融合"中"产业界"一方的评价标准。梳理文献发现,学界分别从结果或产出、行为、能力及综合性四个层面对绩效给出定义。①在结果或产出层面的定义,如"绩效是……可评价的行为以及结果"[②];②行为层面的定义,如"绩效是在个体控制下的、对组织目标具有贡献的行动或行为"[③];③在能力层面的定义有"绩效是员工适应组织发展、技术变化和全球一

---

① Rauner F. Gestaltung von Arbeit und Technik[C]//Annold, R. & Lipsmeier, A. Handbuch der Berufsbildung. Opladen: Keske + Budrich, 1995: 52-72.

② 杨杰,方俐洛,凌文栓.关于绩效评价若干基本问题的思考[J].自然辩证法通讯,2001(2):40-46.

③ Rotundo M., Sackett, P. R. the Relative Importance of Task, Citizenship, and Counterproductive Performance to Global Ratings of Job Performance [J]. Journal of Applied Psychology, 2002(1): 66-80.

体化的能力"[①]；④而综合性的绩效定义则包括："绩效是影响组织目标实现的员工行为的集合"[②]。本研究将工作绩效理解为：提供的产品或服务达到长期持久的符合社会、用人单位和服务对象需求的程度。

（三）技能与职业技能

1. 技能

技能是与能力密切相关的概念，但是它们有不同的理论渊源，如能力起源于教育学和心理学研究，而技能来自经济学（人力资源开发）领域。一般认为，能力是个体对自身以及职业和社会承担责任的才能；技能是可利用的学习成果，是所学本领在个体、职业和社会领域范围内的可用性，不强调认知和精神运动领域的目标。在职业描述中，一般通过技能等级的方式来确定和描述职业资格，因此职业技能和职业资格往往伴生在一起，其核心是绩效。

基于不同的文化背景或理论视角，人们对技能有不同的理解。在心理学领域，技能被认为是在一定目标指导下，学习者基于已有知识和经验基础，通过反复练习形成的规则性的动作体系，是"智力活动方式和肢体动作方式的复杂系统"，包括外显的肢体操作动作和内隐的认知活动[③]，即动作技能和心智技能。动作技能是指熟练的身体活动能力，心智技能是指使用规则和概念做事的能力。在教育学领域，技能被认为是个体在已有的知识和经验的基础上，通过练习形成的执行某种任务的活动方式[④]。按照人力资源管理的观点，人是资源，要在劳动中创造价值，技能是人在劳动中创造价值的关键支撑，因此技能是"人在意识支配下所具有的肢体动作能力"[⑤]。

技能和能力的区别表现在：①技能是由工作任务的客观要求决定的，能力是完

[①] Pulakos E. D., Scmmit N.& Dorsey D. W. et al. Predicting Adaptive Performance：Future Test of a Model of Adaptability [J]. Human Resource, 2000(4)：299-323.

[②] Zhang Y.,Le Pine J., Buckman B., et al. It's Not Fairor Is It? The Role of Justice and Leadership in Explaining Work Stress or Job Performance Relationships[J]. Academy of Management Journal, 2014, 57(3)：6.

[③] 朱智贤.心理学大辞典[M].北京：北京师范大学出版社，1989：300.

[④] 顾明远.教育大词典[M].上海：上海教育出版社，1991.

[⑤] 劳动和社会保障部培训就业司　职业技能鉴定中心组织编写.国家职业技能鉴定教程[M].北京：北京广播学院出版社，2003.

成一组任务所需的含主观因素的认知和行动的潜力;②技能可通过训练获得,与素质(人格)无关,能力与素质发展密切相关,包含对工作的理解、评估和反思;③技能可在考试中被一项一项地表现出来,可以被标准化,但能力却是以认知和智力为基础的①。

过去人们一般比较关注技能的动作性和体能,把智能与体能分割开来。但是随着社会的发展,人们开始把技能作为由外显的肢体操作的动作体系和内隐的认知活动体系构成的整体,既强调"操作技能",也关注"智力技能"。前者由大脑控制肌体运动来完成,后者指在头脑中对事物进行分析、综合、抽象、概括等的智力活动。较低级的技能如果经过有目的、有组织的反复练习,动作就会趋向自动化,从而达到较为高级的技巧性技能阶段。这时,技能和能力的区别已经很小了。

2. 职业技能

职业技能是从事一项职业所必需的客观条件,是"职业活动中运用专业知识和经验,通过练习或实践而形成的操作系统或行为模式"②,人是技能的载体,以肢体动作和智力动作方式展示,通过学习和练习形成③。在人力资源管理中,职业技能作为人在职业活动范围内的技能,"以就业活动的相关性来界定"④。职业技能一般通过技能等级方式来描述。低级的技能经过有目的、有组织的反复练习,动作会趋向自动化,从而达到较为高级的技巧性技能阶段。

技能和能力的区别表现在:技能可以标准化,可以在考试中表现出来,获得了技能的人成为资格的载体。职业能力是以特有的人类智力和个性智力为基础由专业人员展现的那一部分能力。能力发展是人的素质(人格)发展的组成部分,但技能学习不是素质人格发展的内容,只是适应工作要求的前提⑤。区分能力和技能有重要的意义,

---

① Erpenbeck J, von Rosenstiel L. Handbuch Kompetenzmessung[M]. Stuttgart:Schäffer-Poeschel,2003:Ⅺ.
② 吴江. 职业技能开发导论[M]. 北京:中国劳动出版社,1998:22.
③ 赵志群,等. COMET职业能力测评方法手册[M]. 北京:高等教育出版社,2018:10.
④ 劳动和社会保障部培训就业司职业技能鉴定中心. 国家职业技能鉴定教程[M]. 北京:北京广播学院出版社,2003:4.
⑤ Hartig J. & Klieme, E. Kompetenz und Kompetenzdiagnostik[C]//Schweizer, K. Leistung und Leistungsdignostik. Berlin:Springer,2006:127-143.

这体现了职业教育的不同目标取向,即是满足现实岗位的需要,还是确保并扩展学习者个体在未来生涯中的认知和行动能力,归根到底就是处理"教育"和"培训"的关系。

在制度经济学研究中,采用技能的概念讨论一个国家的职业教育模式与经济发展的关系,按照不同国家的"技能形成模式"(skill formulation),把发达国家的技能形成体系分为国家主义、集体主义和市场主义等模式。新人力资本理论把能力分为认知技能、非认知技能、通过教育和培训获得的专业技能及健康等要素[1]。在此,技能也被视为一种综合性的能力。

随着社会和技术的发展,职业技能的含义也在变化。2019年国务院"职教20条"和2019年教育部等四部门颁布的《关于在院校实施"学历证书+若干职业技能等级证书"制度试点方案》将"技能"理解为"综合能力",认为X职业技能等级证书"是职业技能水平的凭证,反映职业活动和个人职业生涯发展所需要的综合能力";强调"对学习者职业技能进行综合评价",应"如实反映学习者职业技术能力",重点考核"完成典型工作任务能力"。《欧洲资格框架》(European Qualification Framework)也把"技能"理解为"学习者应用知识以完成任务和解决问题的能力",包括认知技能和操作技能[2]。可见,"职业技能"的"能力化"理解已经成为一种趋势,尽管这些概念的不准确使用"在自然科学或工程科学领域是无法想象的"[3]。

本研究在借鉴已有研究的基础上,结合当前国家政策文件中关于职业技能相关的表述,认为职业技能是学习者在特定的任务情境中,完成职业典型工作任务所体现的,满足职业活动、个人职业生涯发展、社会和岗位(群)所需求的职业技术能力(综合能力),包括职业认知技能和职业操作技能[4]。

---

[1] Heckman J J, Corbin C O. Capabilities and Skills[J]. Journal of Human Development and Capabilities, 2016, 17(3): 342-359.

[2] 吴雪萍,张科丽. 促进资格互认的欧洲资格框架探究[J]. 高等教育研究,2009,(12): 102-106.

[3] Dehnbostel P., Holz, H., Nocak, H. & Schemme, D. Mitten im Arbeitsprozess: Lerninseln[M]. Bielefeld: Bertelsmann, 2001.

[4] 这种对"职业技能"的操作性定义尚不严谨,目的只是便于开展实践研究和调查。

二、职业技能/能力评价研究

（一）职业技能/能力评价的概念

1. 职业技能评价

评价是依照一定价值标准，通过系统地收集资料，对评价对象的质量、水平、效益及其社会意义进行价值判断的过程[1]。在教育测量与评价中，评价是指对事物或人进行价值衡量和判断的过程[2]。格兰郎德（N. E. Gronlund）认为评价包含测量（定量描述）、非测量（定性描述）与价值判断[3]。美国评价专家古贝（E. G. Guba）和林肯（Y. S. Lincoln）把评价的发展分为四个时期，分别为测量时期、描述时期、判断时期和建构时期[4]。测量时期的评价是通过技术进行的数据收集，即测量；描述时期的评价是在测量的基础上对结果与目标的关系进行描述；判断时期的评价是在测量和描述的基础上进行价值判断；建构时期的评价是通过"协商"而形成的"心理建构"，在对事物客观事实的测量、描述和判断基础上，与利益相关群体沟通、协商进而达成共同建构的过程。综上可见，虽然人们对"评价"的内涵有不同的表述，但"评价"都包括信息收集和价值判断两个过程。无论评价发展到哪个时期，人们对评价的理解都离不开信息收集的过程。信息收集的方法有定性、定量和混合式方法。

测量是根据一定规则对事物进行量上的确定与描述[5]，强调采用定量方法进行量化信息的收集。关于评价与测量的关系，黄光扬认为测量是一种以量化为主要特征的事实判断，而评价的主要特征是作出价值判断，从这个意义上来讲，可以将测量视为评价的事实基础。同时他也指出，虽然评价似乎比测量更综合，但是没必要把两者视为不同的

---

[1] 陶西平，张秀媛，李吉会. 教育评价辞典 [M]. 北京：北京师范大学出版社，1998.
[2] 黄光扬. 教育测量与评价 [M]. 上海：华东师范大学出版社，2012.
[3] 格兰郎德. 教学测量与评价 [M]. 石家庄市：河北教育出版社，1997：4-5.
[4] 埃贡 G. 古贝，伊冯娜 S. 林肯. 第四代评估 [M]. 北京：中国人民大学出版社，2008：2-23.
[5] 黄光扬. 教育测量与评价 [M]. 上海：华东师范大学出版社，2012：2.

活动,认为评价一定要以测量为基础。在实践中,人们并没有刻意区分"评价""测量""测验"和"测试"等词的含义[①]。我们既可以说"评价学生的能力"或"测量学生的能力",也可以说"学生能力测试/测验"。此外,测量中也有价值判断,测量的数量化结果如果不按照测量目的进行分析、解释和评价,是毫无意义的[②]。一些标准化的测量/测试/考试(如个性诊断测验、职业能力倾向测试等)本身就包含对测量结果进行价值判断的过程。

在语言测试中,对语言能力的评价或测量,通常是用"测试"一词来表示。语言学家巴赫曼(L. Bachman)认为 assessment、measurement、test、evaluation 在本质上都是同一种活动,即信息收集[③]。教育项目中经常使用"测试"进行评价,例如通过测试确定学生的强弱项、选拔、分班等。本研究强调职业技能信息收集方法在技术上的科学性和有效性。一般意义上的"评价"含义过于宽泛,不能准确表达研究的重点——信息收集方法在技术方面的有效性。借鉴语言测试的表述,本研究采用"测试"一词表示职业技能信息收集的方法,即根据一定标准和要求,采用一定工具对学习者的学习成果进行测量、描述和评价。"职业技能评价"是对职业技能的"测试"或"测量",是社会组织根据特定职业(或岗位)的资格和(或)能力要求,采用一定工具对特定人群进行的测量、描述和评价。在职业教育中,学习者通过职业院校的课程学习和工作场所的非正式学习两种途径获得职业技能,对学习成果的评价即为职业技能评价,包括职业技能考试和能力测评两种方式。

2. X 证书的职业技能评价

目前,关于 X 职业技能评价的研究还仅局限于宏观层面的制度、政策、内涵和意义的探讨,未深入到实施层面(如方法)。如孙善学从"1+X"证书制度创新的意义方面进行相关的解读[④];徐国庆从人才培养模式的角度对"1+X"证书制度的内涵及意义

---

① 格兰郎德. 教学测量与评价[M]. 石家庄市:河北教育出版社,1997:3.
② 王汉澜. 教育测量学[M]. 开封:河南大学出版社,1989:4.
③ Bachman L. F. Statistical Analyses for Language Assessment[M]. Cambridge:Cambridge University Press,2004:6-7, 9.
④ 孙善学. 对"1+X"证书制度的几点认识[J]. 中国职业技术教育,2019(7):72-76.

进行解读[1]；唐以志从制度设计的角度阐释"1+X"的内涵和特征[2]；闫智勇等人从治理的角度论述"1+X"证书制度的意义和需要规避的误区[3]；许远论述如何在"1+X"证书制度下进行"课证融合"教材的开发[4]；李政主要论述"1+X"证书制度的背景、定位和未来可能的试点策略[5]；潘海生等人对第一批和第二批发布的X职业技能标准进行文本分析，从标准和结构的角度阐述"1"和"X"的本质内涵[6]；赵陶然对首批证书标准进行分析，对"1+X"证书间的等价性进行探讨[7]；赵志群等通过对当前已发布的职业技能标准进行分析发现，不同证书方案中对技能评价的内容和形式的理解很模糊[8]。在已有研究中，也未发现对X职业技能评价的元评价的研究。

截至2020年9月，教育部已经公布了四批共471个X职业技能等级证书试点。全国各地的证书试点工作已经陆续开始实施，特别是较早的第一批和第二批证书试点，已经完成了多次考试。但是目前还未有研究对这些已经开始实施的X职业技能考试的有效性进行评价。如果职业技能评价方案缺乏科学性，那么就难以保证X职业技能评价结果的可信度，进而也无法保证其证书的质量。

我们通过对已发布的X职业技能等级证书的标准和评价组织公布的公开资料进行文本分析发现，目前各评价组织主要采用"考试"的方法进行职业技能评价，并且将"考试"分为两部分：理论考试和实践考试。有些证书将两部分的考试结合起来通过笔试的方式进行考核，例如建筑信息模型（BIM）证书和传感网应用开发证书。大部分证书试点采取将理论考试和实操考试分开的考核方式，其中理论考试大多是以理论知识为主，

---

[1] 徐国庆，伏梦瑶."1+X"是智能化时代职业教育人才培养模式的重要创新[J].教育发展研究，2019，39(7)：21-26.

[2] 唐以志.1+X证书制度：新时代职业教育制度设计的创新[J].中国职业技术教育，2019(16)：5-11.

[3] 闫智勇，姜大源，吴全全.1+X证书制度的治理意蕴及误区规避[J].教育与职业，2019(15)：5-12.

[4] 许远.基于"1+X证书"的"课证融合"教材开发研究[J].职业教育研究，2019(7)：32-40.

[5] 李政.职业教育1+X证书制度：背景、定位与试点策略——《国家职业教育改革实施方案》解读[J].职教通讯，2019(3)：30-35.

[6] 潘海生，李阳.职业教育1+X证书的外在表征与本质解构——基于15份职业技能标准的文本分析[J].中国职业技术教育，2020(6)：5-12.

[7] 赵陶然.对首批试点"1+X"职业技能等级证书及其等价性的思考[J].职教通讯，2020(2)：16-22.

[8] 赵志群，孙钰林，罗喜娜."1+X"证书制度建设对技术技能人才评价的挑战——世界技能大赛试题的启发[J].中国电化教育，2020(2)：8-14.

试题类型以客观题(如单项选择题、多项选择题和判断题)为主,个别考试会增设填空题、简答题和论述题,如汽车运用与维修(含智能新能源汽车)。实操考试的考核方式有两种,一种是通过笔试完成情景性任务,如电子商务数据分析证书;另一种是通过实际操作的方式进行考核,如老年照护和母婴护理职业等级证书。文本分析的信息如表2-1所示。

表2-1 第一、二批X职业技能等级证书评价方法和考核形式

证书名称	方法	考核形式	题型	考试时间	合格的标准
建筑信息模型(BIM)	考试	理论知识+专业技能(初级和中级均为机考;高级采用机考和评审相结合)	初级和中级:理论知识20%+专业技能80%;高级:理论知识40%+专业技能60%,关于考试题型未查到相关公开信息资料	各级别考试时间均为180分钟	两部分合在一起考,满分为100分,60分及以上合格
Web前端开发	考试	理论考试+实操考试(均为上机考试形式)	理论考试:单选+多选+判断;实操考试:3~5道实践性试题,包括案例分析、软件代码编码或网页效果呈现等	理论考试:90分钟;实操考试:150分钟	理论和实践两部分的满分均为100分,考试均达到60分及以上为合格
老年照护职业	考试	理论考试+实操考试(理论考试为机考,实操考试为现场操作)	理论考试:客观题、案例分析试题、情境任务试题;实操考试:实操试题,每3名考生一组,2名评分员	理论考试:90分钟;实操考试:30分钟	采取百分制,两部分考试均达到60分及以上为合格
汽车运用与维修(含智能新能源汽车)	标准化考试	理论知识+实践技能	理论考试(实务笔试):80道题,包括判断题、单选题、多选题,中级在初级题型的基础上会增加填空题和简答题,高级在中级题型基础上还会增加论述题;实操考核:4个模块	理论考试(实务笔试)90分钟;实操考核200分钟	理论考试:60分及格;实操考试:75分及格
电子商务数据分析	考试	理论考试+实操考试(均采用闭卷机考方式)	理论考试:65道题、其中单选30道、多选20道、判断15道;实操考试:24道情景任务实操题	理论考试:60分钟实操考试:150分钟	考试总成绩为100分,理论部分占40%,实操部分占60%,最终成绩达到60分及以上为合格
网店运营	考试	知识考核+技能考核	知识考核:100道题,其中单选50道、多选30道、判断20道	知识考核:60分钟;技能考核:初级150分钟、中级120分钟、高级200分钟	知识与技能两部分考试的满分均为100分,均达到60分为合格

续表

证书名称	方法	考核形式	题 型	考试时间	合格的标准
工业机器人应用编程	考试	理论考核+实操考核（两部分考试分开完成，理论考核由试点院校自主组织完成，通过在线考试方式完成；实操考核为线下考核）。其他信息未查到相关的公开资料			
特殊焊接技术	考试	理论考试（上机考试）+实操考试（理论考试合格才能进入技能操作考核）	理论考试：客观题+主观题	理论考试：90分钟；技能实操考试：180分钟	两部分考试的满分均为100分，理论考试60分通过，实操考试75分通过，均通过方为合格。
智能财税	考试	无纸化考试	考试包括3个科目，每个科目题型包括单选题、多选题、判断题和操作题	科目一：90分钟；科目二：90分钟；科目三：90分钟	每个科目满分为100分，60分通过，三科都通过才算合格
母婴护理	考试	理论知识考试（机考）+实操技能考试（口述+操作）	理论知识考试：100道题，其中约80%的单项选择题、20%的判断题；实操技能考试：共3道题，约40%的口述题，60%的"口试+操作题"	理论知识考试：60分钟；实操技能考核：15~20分钟—人	两部分考试均达到60分及以上为合格
传感网应用开发	考试	理论部分（闭卷）+实操部分（开卷）	理论部分：30道单选题，占30分；实操部分：综合实操题，占70分	初级：150分钟；中级：180分钟	两部分合在一起满分为100分，未查到关于合格的标准的公开信息
失智老年人照护	标准化考试	照护实务+实践能力	题型包括单选、多选、判断；其中照护实务共200道题，实践能力共120道题	照护实务：90分钟；实操考试：90分钟	两部分考试满分均为100分，两部分成绩均为60分及以上为合格
云计算应用	标准化考试	理论部分+实操部分（均为在线考试）	初级：单选题30道、多选10道，实操题15道；中级：单选题20道、多选题20道、实操题18道	两部分合在一起考。初级：180分钟；中级：240分钟	1000分制，未查到合格的相关说明

说明：由于篇幅有限，表格仅列出第一批和第二批共15个职业技能评价所采取的评价方法的相关信息。

资料来源：已发布的职业技能标准、职业技能等级证书信息管理服务平台（https://vslc.ncb.edu.cn/csr-home）、各评价组织的网站。

（二）职业技能评价方法

目前国内外职业教育领域已发展出多种职业技能评价方法，这些方法可以分为职业技能考试和职业能力测评两类。职业技能考试考查考生对学习内容的掌握程度，有对错之分，针对教学标准或技能等级标准，反映现有标准的效度；职业能力测评评价考生与特定工作相关的认知特征和认知水平，没有标准答案，只有水平高低之分，针对能力发展状况，反映职业的效度[①]。

1. 职业技能考试

考试是用来确定人在某方面的知识和能力是否达到了规定的标准、预测人的能力发展倾向的评价方法，考试内容一般为特定的知识、技能和技巧。考试是最基本和常用的技能评价方式，包括职业技能（资格）鉴定考试、技能大赛、职业教育高考（技能高考）和毕业／结业考试等。

（1）职业技能（资格）鉴定考试

纵观当前建立职业资格制度的国家，资格考试也是职业教育考试的重要方式。不同国家的技能鉴定制度有所不同，但大都采用"知识＋实践技能"的考核方式。我国职业技能鉴定考试包括理论和实践考核两个部分，它以国家职业标准为参照，采用纸笔测试、现场考核、典型作业、模拟操作等形式进行。对很多职业而言，手工技能技巧具有重要的意义，技能技巧考试主要采用专家观察评分法。对于隐性知识和工作道德范畴的内容，一般通过对工作过程和工作结果的观察进行考评。观察是最古老的能力评价方法。按照行为主义理论，通过工作分析可以将抽象概念进行操作化定义，并据此对能力进行评价。人力资源管理中常用观察法进行绩效评估，例如按照关键事件法，主管人员根据员工平时表现出的最佳或不良行为记录进行绩效评价[②]。随着人类工作活动复杂程度的提高，除了那些特别简单的操作行为（如伐木或点钞等），通过主观性较强的观察法得出的结果的信度越来越低[③]。

---

① 赵志群，孙钰林，罗喜娜．"1+X"证书制度建设对技术技能人才评价的挑战——世界技能大赛试题的启发 [J]．中国电化教育，2020(2)：8-14．

② 王玫．员工绩效的评价 [J]．通信企业管理，2002(11)：65-66．

③ Latham G. P., Wexley, K. N. Behavioral observation scales for performance appraisal purpose[J]. Personnel Psychology, 1977, 30(2)：255．

（2）技能大赛

技能大（竞）赛是一种特殊的技能考试，在国际上有世界技能大赛（WorldSkills），在我国有全国性职业技能大赛，包括全国职业院校技能大赛（ChinaSkills）、全国行业职业技能竞赛（原中国技能大赛）、全国职工职业技能大赛。全国职业院校技能大赛由教育部于2008年发起，参赛者为职业院校的学生和教师，大赛分为中职学生组、高职学生组和教师组，每年举办一次①。全国行业职业技能竞赛（原中国技能大赛）由人力资源和社会保障部主办，参赛者包括所有技能人才（在职、在校），该竞赛同时也是世界技能大赛全国选拔赛。全国职工职业技能大赛是由中华全国总工会主办，每三年举办一届，参赛者是各行业的在职员工，获奖者有机会被评为"全国五一劳动奖章""全国技术能手"称号。

世界技能大赛是全球最有影响力的技能竞赛，它与我国的技能大赛在赛项设置、评分标准等方面有很多不同。前者依据职业发展情况设置赛项，重视产品质量和技术精度；后者围绕教学标准及生产实际设置项目，强调工艺难度。从评分标准上看，世界技能大赛使用CIS系统，包括主观分和客观分，而我国的技能大赛没有明确区分主观分和客观分，成绩评定一般由赛项裁判组负责②。相比之下，世界技能大赛的标准更严格，是对专业技术水准和职业素质的全方位检验③。徐国庆也认为世界技能大赛的规则设计更科学、更能反映实际的技能水平，当前全国技能大赛扭曲了学校人才培养过程，为参赛而进行的部分技能的强化训练并非全面人才的培养，而是"另一种形式的应试教育"④。胡蓉认为当前职业院校技能大赛违背了应有的价值，存在目的功利化、育人功能缺失、赛教分离等问题⑤。苏敏通过对全国技能大赛获奖毕业生进行追踪调查发现，获奖学生的职业发展后劲不足⑥。

---

① 程宇. "国赛"十年：将职业教育改革进行到底——2008—2017年全国职业院校技能大赛回顾与展望[J]. 职业技术教育，2017, 38(18)：21-27.
② 刘东菊. 世界技能大赛与我国职业院校技能大赛的比较研究[J]. 职教论坛，2013(22)：86-91.
③ 刘东菊. 世界技能大赛对我国职业院校人才培养启示[J]. 中国职业技术教育，2012(36)：48-52.
④ 徐国庆. 技能大赛应主要面向企业员工[J]. 职教论坛，2017(36)：1.
⑤ 胡蓉，易晓冬，覃兵. 偏离与回归：高职院校技能竞赛审视与优化路径[J]. 职业技术教育，2016, 37(6)：49-52.
⑥ 苏敏. 中职汽车运用与维修技能大赛获奖毕业生追踪调研[J]. 中国职业技术教育，2020(11)：87-92.

（3）职业教育高考（技能高考）

目前，我国职业教育还未形成全国统一的"职教高考"模式。各省市根据自身的情况制定招生考试办法，开展相关的实践工作。目前存在多种不同形式的招生考试模式，李小娃将其分为三类，即基础模式、主导模式和政策模式[①]。其中，基础模式指全国统一的普通高考；主导模式即自主招生模式，如各高职院校在探索中形成的"单独招生""单招单录""对口招生""中高职贯通招生""技能拔尖人才"等考试招生形式；政策模式即分类考试，招生考试根据生源类型、高职院校类型进行设计，实施"文化素质＋职业技能"考试模式，如"技能高考"。孙善学根据职业院校招生对象的不同将招生考试分为4大类6种考试方式：针对普通高中考生的普通高考、单独招生考试和综合评价；针对中职考生的对口招生考试；针对初中毕业考生的中高职贯通招生考试；针对特殊人才的"技能拔尖人才免试"招生考试[②]。又如湖北省从2011年开始在全省范围内实施针对中职毕业生的"技能高考"，实施"知识＋技能"考试方式，以技能考试为主、文化考试为辅，这是一个有意义的尝试。但是这种考试需要大量人员和设备，时间和经济成本较高[③]。如果没有足够的财政经费支持，恐难长久发展下去。此外，技能考试尚缺乏具体评价指标和有效的评价体系，在录取公平性上也存在问题[④]。

综上所述，目前的"文化素质＋职业技能"评价方式尚未形成统一的考试标准和内容，考试大纲的制定和试题命题由各省主考院校负责，在评价技术上存在以下问题：①命题质量不高，主观性强，测试命题过程缺少企业行业、考试学、教育统计学的相关领域专家的参与[⑤]，难度、区分度、信度、效度难以保证[⑥]；②缺乏具体、合理、有效的评价指

---

① 李小娃.高职院校考试招生制度变迁与改革趋势[J].职业技术教育，2017，38(34)：8-13.
② 孙善学.完善职教高考制度的思考与建议[J].中国高教研究，2020(3)：92-97.
③ 刘欣，冯典钰.职业教育"技能高考"政策的执行力分析——以湖北省为例[J].教育研究与实验，2015(3)：63-67.
④ 杨岭."技能高考"的发展困境与改革策略——以湖北省为例[J].中国考试，2013(3)：58-62.
⑤ 王乐，林祝亮.浙江省技能高考的问题及对策研究——以电子电工类为例[J].河南科技学院学报，2018，38(8)：35-39.
⑥ 邵坚钢，张定华，许乐清.基于综合素质评价的高职提前招生研究[J].中国职业技术教育，2017(18)：53-56.

标和评价体系[1]；③职业技能操作考试缺乏统一评判标准、组织统一测试难度大[2]，大部分中职生职业技能测试很难达到考核预期效果[3]；④部分职业院校的技能测试管理松散、内容空疏、打分随意、流于形式，测试结果缺乏公平性[4]；⑤缺乏综合考查维度，危及教育公平性[5]。

2019年颁布的《国家职业教育改革实施方案》提出实施"职教高考"招生考试模式，强调"文化素质+职业技能"评价。由于职业教育专业种类繁多，在大规模的"职教高考"中建立统一的技能考试模型不科学，也不现实。目前的技能考试主要根据观察结果进行评分，要想满足信度和效度要求，测试费用和人员投入会高到令人无法接受的地步。需要指出的是，20世纪后半叶，西方国家开始推广"标准化考试"体系，教育技术系统论研究甚至在系统理论基础上建立了程序化测试的理论模式[6]。但是后来的实践证明，职业教育"标准化能力考试"是不成功的。甚至有研究发现，标准化考试恰恰是造成学生综合能力欠佳的一个重要原因，由于职业教育目标和内容不是单纯的技术或经济活动，所以不能简单地按照"对—错"标准或"投入—产出"关系进行衡量[7]。

（4）毕业/结业考试

在欧洲传统的学徒制中，学徒结业考试（也称出师或伙计考试）是最早的有组织的职业技能评价，一般针对满师工件和典型作品进行。它采用以律为准、法度检验方法，除技术工艺标准等客观内容外，还考察质量意识、宗教道德等主观方面的内容[8]。

缺乏毕（结）业考试是我国职业教育质量保障制度的一个重大缺陷。很多采用"2+1"

---

[1] 杨岭."技能高考"的发展困境与改革策略——以湖北省为例[J]. 中国考试, 2013(3): 58-62.

[2] 雷炜. 深化高职院校招生模式改革的思考——以浙江省为例[J]. 中国高教研究, 2016(10): 98-102.

[3] 陈江. 高职院校分类考试招生改革样态：问题与策略[J]. 高教探索, 2019(2): 97-102.

[4] 王伟宜, 罗立祝. 高职院校分类考试改革：理论、经验与对策[J]. 中国高教研究, 2014(11): 89-93.

[5] 田纯亚, 覃章成. 湖北省技能高考政策解读与思考[J]. 职业技术教育, 2012, 33(25): 24-28.

[6] Frank H. Kybernetische Grundlagen der Pädagogik[M]. Baden-Baden: Agis, 1969.

[7] Young M. National Qualifications Frameworks as a Global Phenomenon: a Comparative Perspective[J]. Journal of Education and Work. 2003, 16(3): 223-237.

[8] 关晶. 西方学徒制的历史演变及思考[J]. 华东师范大学学报(教育科学版), 2010, 28(1): 81-90.

和"2.5+0.5"培养模式的职业院校的学生在实习后往往没有经过任何质量检验就领到了毕业证，这在很大程度上影响了职业教育学历证书的含金量。国际上，德国工商行会（IHK）和手工业行会（HWK）的职业教育毕业考试（Abschlußprüfung）久负盛名，它在考试结构、内容和组织实施方面构建了完整的体系。德国毕业考试分为两部分，第一部分考试在第二学年结束时举行，只有通过了第一部分的考试才能参加第二部分的考试，第二部分考试在职业教育结束时举行，两部分考试分别占总成绩的40%、60%。第一部分考试通过设计一个综合性任务，考核学生独立完成该任务的能力，考试形式包括实操、口试和笔试三种。第二部分考试是根据职业资格的要求设计工作任务（企业真实工作任务或实践性任务），考核学生完成实际工作任务的能力[1]。英国的职业教育毕业考试以职业资格证书为载体，考核的内容是技能导向的课业任务，主要采用观察法、作品评价法、提问法。

非限定性的考试内容和考试过程对人的磨砺，使德国的结业考试超越了一般人所解读的"技能"考试层面，而是进入了开放性的能力境域[2]。近年来，强调综合化和过程导向的新型毕业考试模式在德国取得了较大突破，可以更有效地应对"工业4.0"的挑战[3]。人力资源和社会保障部支持的广州市高级工技能等级鉴定考试改革项目[4]，借鉴了能力测评理念和部分方法，是我国相关领域的重要探索。

2. 职业能力测评

现代社会对人才提出了更高的要求，职业技能评价不仅关注人的职业技能发展结果，而且关注职业技能发展的过程。这样，职业技能评价在"考试"基础上发展出了第二种方式，即"能力测评"。能力测评可用于评估学生应用知识和技能解决实际问题的能力，测评的主要内容是职业认知能力，测评方法有质性、量化和混合式方法。

（1）质性能力测评方法

人力资源管理最先开始进行技能测评方法的研究，典型的是基于胜任特征模型的测

---

[1] 黄方慧，赵志群. 德国职业教育毕业考试质量控制经验及其借鉴[J]. 职业技术教育，2015，36(32)：74-77.

[2] 闫宁. 高等职业教育学生学业评价研究[D]. 西安：陕西师范大学，2012：33-41.

[3] Spath D., Ganschar, O., Gerlach, S. et al. Produktionsarbeit der Zukunft - Industrie 4.0[R]. Stuttgart, 2013, 46：6.

[4] 辜东莲. 学生职业能力测评实证研究[M]. 北京：中国劳动社会保障出版社，2013.

评方法，如"工作胜任力测评法"和"行为锚定修正法"等①。这些方法属于质性方法，尽管建立了能力模型，但是没有系统的量化工具和流程，致使操作灵活性过大，不适合用来进行影响重大的大规模人员选拔。

① 行动导向的测评方法。如Kasseler能力分类模型法：按照专业能力、方法能力、社会能力和个人能力建立能力分类体系，针对员工在组织中的创新性等个性特征进行评价。此方法可在实际工作环境中进行，用于小范围的组织内部诊断，但很难对常规职业能力进行有效测评，也无法进行普适化处理②。

② 单项能力评价方法。如学习潜能评价中心法（Lernpotential-Assessment Center, LP-AC）：采用来自客户和竞争对手的问题，通过模拟工作情境评估领导者的学习和发展潜能，用两次测试体现的学习能力差异预测取得工作成就的前景③。该方法可用于人员选拔，但对空间、时间有特定要求，需要的人力、物力成本较大④。

③ 能力总结与汇总方法（competence balance）。这是一种职业院校的形成性职业能力评估方法，可用于过程性评估，如能力护照、学生能力坊、学习档案评估法等。"能力护照"（Qualipass）是指学生总结描述自己已掌握的能力和知识，包括实习、社团活动和创新活动成果，并将活动成果上传到学校网站上获得评价结果，并积攒绩点⑤。北京中职学校的"能力护照"就是类似的成功探索。在"能力坊"（Kompetenzwerkstatt）中，学生共同设计专业工作项目并在教师指导下完成，最终获得相应证书⑥。"学习档案"（Portfolios）评估中，学习者有意识地搜集证据，记录和反省自己在特定领域的进步，

---

① 国际人力资源管理研究院(IHRI)编委会. 人力资源经理胜任素质模型[M]. 北京：机械工业出版社，2005：1-41.

② Kaufeld S. Betriebliche Optimierungsaufgaben als Gegenstand der Kompetenzmessung[J]. Lernen & lehren, 2005(78)：68-76.

③ Sarges W. Lernpotential-Assessment Center[A]. Sarges, W. Weiterentwicklungen der Assessment Centre-Methode [C]. Göttingen：Hogrefe, 2001：97-108.

④ Haasler B., Erpenbeck, J. Assessing Vocational Competences [A]. Rauner, F., Maclean, R. Handbook of TVET[C]. Dordrecht：Springer, 2008.766-774.

⑤ Gerber P. Ergebnisbericht der Pilotphase zur Einführung des Qualipasses in Baden-Württemberg [R]. Freundenberg：Weinheim Freundenberg Stiftung,2001.

⑥ Lang-von Wins, T., Thelen, N., Triebel, C. Kompetenz für Schüler und Jugendliche[A]. Erpenbeck, J., Von Rosenstiel, L. Handbuch Kompetenzmessung[C]. Stuttgart：Schäffer-Poeschel. 2001. 422-428.

用可靠的证据记录取得的进步并获得绩点[1]。此类方法的缺陷是结果缺乏可比性。如果评估者过于谦虚、夸张或不诚实,评价结果的可信度就会很差。尽管可通过外部因素对其进行一些修正,但这些方法更多地还是作为其他评估方法的补充。

总的来讲,质性职业能力测评方法存在以下问题。①过程复杂,成本高昂。如胜任特征模型开发流程复杂,尽管一些企业在采用标杆分析法时简化了操作,但由于主观性过强而难以满足信度要求;②缺乏对指标体系的信度和效度验证,多数量化检验都是基于已有的能力模型,并没有涉及模型未涵盖的特征[2]。③对评价人员的专业要求很高,而且在行为描述、分类和选定能力指标时难度很大。

(2)量化能力测评方法

为了避免考官个人的主观影响并提高评价结果的信度,人们采用量化方法对能力进行测评,如各种通过量表对与能力相关的特质进行测评的方法,包括智力测试、能力倾向测试、成就测试、人格测试,成就动机量表(LMI- Leistungsmotivationsinventar)、情绪能力量表(ECI2-Emotional Competency Inventory)等。智力测试是通过智力量表(如斯坦福—比奈量表、韦克斯勒智力量表、瑞文推理测验)对个体智力(认知能力)的高低进行的测试。能力倾向测试是对个人潜在的能力进行测试,并预测能力发展的倾向。成就测试是对个体的学业成就的测试,如考夫曼教育成就测验-Ⅱ(KTEA-Ⅱ)[3]。人格测试是通过特定的测试量表(如内向—外向量表、明尼苏达多相人格调查表、艾森克人格问卷等)对个体的心理特征如兴趣、动机、态度、气质、性格等[4]进行测试。BCI(Bambeck-Competence-Instrument)能力测评工具,通过个性化的性格问卷,对个人能力、自我组织、自我控制能力进行诊断评估[5]。

但是,职业能力是个体的心理特性,很难采用纯量化方法进行评价。波兰尼的"隐

---

[1] Mc Mullan, M., Endacott, R., Gray, M. A. et al. Portfolios and Assessment of Competence[J]. J Adv Nurs, 2003, 41(3): 283-294.

[2] 王重鸣,陈民科. 管理胜任力特征分析[J]. 心理科学,2002(5): 513-516,637.

[3] 罗伯特 J. 格雷戈里. 心理测量历史、原理及应用[M]. 北京: 机械工业出版社,2013: 194-195.

[4] 戴海崎,张峰,陈雪枫. 心理与教育测量[M]. 广州: 暨南大学出版社,2011: 13-14.

[5] Bambeck J.J. Bambeck-Competence-Instrument[A]. Erpenbeck, J., von Rosenstiel L. Handbuch Kompetenzmessung[C]. Stuttgart: Schäffer-Poeschel, 2007: 3-22.

性知识"理论被广泛接受,它否定了完全按照行为主义理念进行能力测量的做法①,特别是在开放性和互动性较强的"次级"(secondary)工作领域,如维修和护理等,即工作者必须根据不断变化的具体情况做出决定,"这里看重的不是忠实地执行既有计划,而是有独创性的工作"②。因此,量化与质性相结合的混合式方法成为能力测评的最佳途径。

(3)混合能力测评方法

与质性和量化方法相比,混合式测评方法是目前采用和研究较多的职业能力评价方法,国际有影响的有 ASCOT、SOLO 和 COMET 等方法,它们均采用心理测量技术建立能力模型和测评模型。

① ASCOT(Technology-based Assessment of Skills and Competences in VET)。ASCOT 即德国联邦教研部支持的职业能力测评研究项目③,它按照项目反应理论建立能力模型,将专业能力划分为"一般认知能力""跨职业的相关工作能力"和"职业专业能力"三个维度,将能力内容划分为"孤立的知识和技能""系统关联""理论构建"和"科学化程序"并最终形成指标体系。ASCOT 有两类测评任务,即"专业任务"和"关联任务",前者针对特定的职业,后者对应通用能力和一般策略性要求④。ASCOT 的创新在于:A.按照《国际教育分类标准》(ISCED 2006)和《国际职业分类标准》(ISCO 2008)建立确定国际化工作任务分析流程;B.能力模型针对一般认知能力,不涉及具体职业内容,具有跨职业特性;C.利用虚拟测试情境开展测评节省了成本,提高了效度和被试参与测试的兴趣。从测评效度要求看,ASCOT 存在以下问题:A.能力模型突出认知特征,没有充分考虑职业学习的规律;B.网络测试系统的工作导航为被试提供了完成任务的线索,与真实工作情境不符,降低了测评效度;C.能力要求碎片化和行为化倾向明显,仅对测试题目进行(item)简单的"对"或"错"判断,没有反映真实工作世界中解决方案的

---

① 石中英.波兰尼的知识理论及其教育意义 [J].华东师范大学学报(教育科学版),2001(2):36-45.
② Brater M. Künstlerische Übungen in der Berufsausbildung [A]. Projektgruppe Handlungslernen. Handlungslernen in der beruflichen Bildung[C]. Wetzlar: W.-von Siemens-Schule, 1984:62-86.
③ BMBF. Berufliche Kompetenzen sichtbar machen[EB/OL]. http://www.bmbf.de/pub/fl yer_forschungsinitiative_ascot.pdf/. 2020-02-10.
④ Winther I. E., Achtenhagen, F. Measurement of vocational competencies. Empirical research in vocational education and training [J]. 2009(1):85-102.

复杂性要求。这说明，项目反应理论不完全适用于职业能力测评①，该方法在德国受到了科学界和企业实践的双重质疑。

② SOLO（Structure of the Observed Learning Outcome）。SOLO 是香港大学开发的以等级描述为特征的分类理论和混合式技能评价方式，其基础是皮亚杰的认知发展阶段论。SOLO 关注"思维结构"，通过解答问题或完成任务的表现特征实现人的思维发展的可视化；不同专业的问题据此进行思维层次划分，可以显示被试对某一具体问题的认识水平，有利于检测教学效果②。SOLO 能力测评针对学习内容设计，兼顾知识技能点和能力考查，符合职业教育关注发展和岗位胜任力的双重目标要求。广州曾按照 SOLO 开展汽车维修专业的职业基础能力测试③。从现有文献看，这种测试本质上还是行为主义的技能测试，并没有考虑"情境性"要求，而且信度和效度检验都有问题。按照多元智能理论，能力具有很强的领域（domain）特殊性特征；从"情境无涉"向"情境关联"转变，是能力测评方法发展的根本趋势，这是科学的能力评价方案必须考虑的④。

③ COMET（Competence Measurement）技能测评。COMET 技能测评是由德国不来梅大学和北京师范大学等联合开发的大规模职业技能诊断工具。它以"从初学者到专家"（from novice to expert）的技能发展逻辑规律⑤为基础，建立了包含"级别""内容"和"行动"三个维度的跨职业技能模型，其中级别维度为测评结果提供解释框架，内容维度确定测评内容范围，行动维度确定完成测试任务的过程。测评采用开放性测试题目，反映职业实践共同体的典型工作任务。职业技能级别分四个等级，即名义能力、功能性能力、过程性能力和整体化的设计能力，职业学习内容分为四个范围，即职业入门教育、职业关联性教育、职业功能性教育和知识系统化的专业教育。COMET 用 8 项能力指标对任务解决方案进行解释和评价，这 8 项指标是：直观性／展示；功能性；使用价值

---

① 周瑛仪，赵志群. 德国职业能力测评项目 ASCOT 述评 [J]. 职教论坛，2015(21)：10-14.
② 李佳，吴维宁. SOLO 分类理论及其教学评价观 [J]. 教育评价与测量，2009(2)：16-19.
③ 柳洁，陈泽宇. SOLO 分类理论在职业教育学业评价领域的应用剖析 [J]. 中国职业技术教育，2018(17)：5-10.
④ 余会春. 教学评价的范式转换及高校教学评估的走向 [J]. 大学教育科学，2009(1)：64-67.
⑤ Dreyfus H. L., Dreyfus, S. E. What artificial experts can and cannot do [J]. AI & society, 1992：6(1), 18-26.

导向；经济性；企业生产流程和工作过程导向；社会接受度；环保性；创造性①。2017—2018年，教育部职业教育中心研究所在制定《高等职业教育专业评估试点方案》时采用了COMET方法，对高职学生综合职业技能进行试验性测评，在模具设计与制造等四个专业，选择东部、中部和西部地区代表性省份不同发展历史和发展水平的高职院校进行测评。实践证明，COMET能力测评结果与相关效标相比有很高的一致性，可以较好地区分不同院校学生职业能力的发展水平，不但为行政部门提供了有关人才培养质量的实证依据，还为职业院校加强内涵建设提供了建议。开放性的测试题目不仅被企业认可，而且很受学生欢迎。以职业资格考试作为效标，COMET能力测评结果与效标相关性得到了验证。在对COMET能力测评的预测效度进行检验时发现，不同专业的职业认知技能对职业行动的影响机制存在差异②，如设计性较强的工作（软件开发和检修等）的"设计型行为"与"目的理性型行为"之间③存在差异。对COEMT能力测评提出的挑战还包括是否或如何在此基础上进行技能考试；如果在大规模的"职教高考"和专业评估中开展职业技能测评，开放性问题的评分费工费时，未来是否可以利用其他技术手段如人工智能技术实现自动评分。

3. 已有研究的启示

综上所述可以发现，我国现有技能评价方法无论是技能考试，还是技能测评方法都存在一定问题，特别是在评价技术上。技能考试面临的最主要技术问题是：缺乏考试学或教育测量与评价的理论指导，导致在命题、评分等环节很难保证考试的公平与科学。具体体现在：①国内现有的技能大赛，缺乏规范的评分标准和评分体系，在比赛任务设置和评分标准的制定上缺乏相关的教育测量与评价理论指导；②职业资格（技能）考试命题质量不高，内容陈旧，缺乏相关的教育测量与评价理论指导；③职业教育招生考试还未形成统一的考试标准和内容，在测评技术上存在命题质量不高、缺乏考试学的相关理论指导和教育统计学的技术支撑，难以保证考试的信度、效度、难度和区分度等技术

---

① 赵志群，劳耐尔. COMET职业能力测评方法手册[M]. 北京：高等教育出版社，2018：53-61.
② 周瑛仪. 大规模职业能力测评的预测效度[D]. 北京：北京师范大学，2015：123.
③ Brater M. Künstlerische Übungen in der Berufsausbildung [A]. Projektgruppe Handlungslernen. Handlungslernen in der beruflichen Bildung [C]. Wetzlar：W.-von Siemens-Schule,1984：62-86.

要求；缺乏科学合理的评价体系和标准，难以保证考试的公平性与科学性。国内外在开展职业能力测评时，在一定程度上考虑到了教育测量与评价的相关技术标准，例如对COMET能力评价方法开展信度和效度的检验，使其达到教育与心理测量中的相关技术标准。但是，无论是定量、定性还是混合技能评价方法都存在一些局限性：①定量测评方法虽然能够达到很高的信度，但是并不是所有的东西都能够通过量化的方式进行测量，效度无法保证；②定性测评方法实施起来比较灵活，但主观性太强，成本较高，不适合大规模的测评；③混合测评方法，对测评开发者要求很高，且开展大规模测试时需要耗费大量的时间和人力资本，测试成本较高。

目前国内外对这些职业技能评价方法有效性方面的研究较弱。虽然个别技能评价方法考虑到测试工具本身的效度问题，例如COMET、ASCOT等能力测评方法，但大部分的技能考试对考试效度的关注不够。什么是有效的技能评价方法，应该遵循哪些质量原则或标准，这些尚且缺乏系统的研究。瑞士联邦职业教育与技术办公室（BBT）虽曾委托阿莫斯（J. Amos）及其团队对1998—2002年基础职业培训的学徒毕业考试中的笔试、口试和实操考试进行评价[①]，但他们更关注的是考生在考试中的通过率，以及三种考试形式的优缺点和适切度，对评价方法的技术方面的有效性尚关注不足。

（三）职业技能评价方法的质量

1. 相关重要概念

（1）有效性

在教育与心理测量中，效度即指有效性（validity），反映评价方法的有效性。目前对于测试方法的有效性与质量有两种理解。一种观点认为有效性（效度）不等同于质量，测试方法的质量除了有效性（效度）还有很多其他因素，如信度、区分度、难度等；另一种观点认为评价方法有效性（效度）高即代表评价方法质量高，因为无论评价方法质量标准中有多少指标，其中信度和效度都是最重要的[②]。在教育与心理测量中，一般把

[①] Amos J., Amsler, F., Martin, M., Metzger, C. Evaluation von Abschlussprüfungen der beruflichen Grundausbildung[R]. Basel：Büro für Kommunikation, 2003：22.

[②] 谢小庆. 测验效度概念的新发展[J]. 考试研究，2013(3)：56-64.

信度作为效度的必要但不充分条件。在基于证据或论证的效度验证过程中，信度是效度验证的一部分。

本研究中的有效性关注信度和效度，满足《教育与心理测量标准》中有关信度和效度相关要求，即代表有效性高。职业技能评价方法的有效性是指职业技能评价方法或方案在多大程度上满足信度和效度的相关要求。

（2）元评价

元评价是对评价的评价，也称元评估或再评价。美国评估协会（AEA）在制定评估指导原则时采用了斯塔弗尔比姆（L. D. Stufflebeam）的定义，认为元评价是通过获取描述性和判断性信息，以指导评价并报告其优缺点的过程[1]。在国内，元评价被认为是"对评价技术的质量及其结论进行评价的各种活动"[2]；是按照一定标准或原则对教育评价工作本身进行评价的活动，其目的是对评价工作的质量进行判断，规范与完善教育评估，从而发挥评估的积极功能[3]。本研究认为元评价是通过一定方法或工具收集评价的相关信息，并对评价的质量进行评价的活动。

有效性元评价与效度验证的区别在于评价主体不同。效度验证一般是测试的设计者或机构通过收集测试数据对测试的效度进行检验，通常是自我举证；有效性元评价是第三方根据一定的评价工具，对测试的有效性进行评价，由测试的设计者或机构提供证据。

2. 职业技能评价方法的有效性指标

在职业教育、教育与心理测量研究中尚未形成评价方法有效性指标体系或框架，但是语言测试在对测试质量研究方面已经有很多理论，可以为职业教育研究提供借鉴。例如，早在1996年，巴赫曼（L. Bachman）和帕尔默（A. Palmer）就已经提出了语言测试"有用性"质量框架，据此可以寻找适合职业技能评价方法的有效性指标。

（1）职业教育评价方法质量的研究

德国作为职业教育发达国家，其在职业技能评价方法质量方面具有研究传统。库

---

[1] Stufflebeam D. L. A meta-evaluation [R]. Western Michigan University, School of education, 1974：159-161.

[2] 简明国际教育百科全书·教育测量与评价 [M]. 北京：教育科学出版社，1992：65.

[3] 袁振国. 教育评价与测量 [M]. 北京：教育科学出版社，2001：203.

宾格（K. D. Kubinger）认为技能评价方法的质量标准为效度、信度和客观性[1]。特劳温（U. Trautwein）认同库宾格的观点，认为标准化的认知技能测评需要满足的教育和心理测量标准包括客观性、信度和效度[2]。格拉布纳(R. H. Grabner)和斯特恩（E. Stern）提出量化的认知技能测评方法，需满足心理测量所需的标准，即客观性、信度和效度[3]。目前德国职业教育毕业考试采用的考试质量标准（Gütekriterien）包括效度、信度、客观性和经济性[4]。效度是指测试能够准确记录要记录的特征的能力。根据德国联邦职业教育法，要记录的特征是获得职业行动能力的程度。信度是指准确记录考试成绩的程度，例如，测量误差大小。客观性是指考试结果不依赖外部环境、条件和考官。此外，还有考试实施和评分的客观性，如考试时间、考试允许的辅助工具等。经济性是指在设计和选择考试方法时，在其他标准相同的情况下，要考虑测试的成本（时间、人力、物力等）。

瑞士职业教育技能评价方法的有效性标准与德国相近。圣加仑大学梅茨格（C. Metzger）等把职业技能评价质量标准分为四个方面，即效度、信度、公平性和经济性，其中效度和信度是后两者的前提[5]。阿莫斯（J. Amos）等在对木匠、汽车维修工、IT 员、零售业务员、厨师和美发师等职业的学徒毕业考试质量的评价中，也采用了该质量评价标准[6]。在我国职业教育领域，仅有对个别职业技能评价方法的信度和效度进行检验的

---

[1] Kubinger D. K. Psychologische Diagnostik：Theorie und Praxis psychologischen Diagnostizierens[M]. Göttingen：Hogrefe, 2009.

[2] Trautwein U. Measuring Cognitive Competencies[A]. German Data Forum (RAtSWD) . Building on progress：Expanding the research infrastructure for the social, economic, and behavioral sciences. Vol.2[C]. Farmington Hills, Mich.：Budrich UniPress 2010. 769-782.

[3] Grabner H. R., Stern E. Measuring Cognitive Ability[A]. German Data Forum (RAtSWD). Building on progress：Expanding the research infrastructure for the social, economic, and behavioral sciences.Vol.2[C]. Farmington Hills, Mich.：Budrich UniPress 2010：753-768.

[4] BIBB.Prüfungskriterien[EB/OL]. https://www.prueferportal.org/de/prueferportal_74235.php, 2020-07-15.

[5] Metzger C., Dörig R., Waibel R. Gültig prüfen[A]. Modell und Empfehlungen für die Sekundarstufe II unter besonderer Berücksichtigung der kaufmännischen Lehrabschluss- und Berufsmaturitätsprüfungen[C]. St. Gallen：Institut für Wirtschaftspädagogik, 1998.

[6] Amos J., Amsler F., Martin M., Metzger C. Evaluation von Abschlussprüfungen der beruflichen Grundausbildung[R]. Basel：Büro für Kommunikation, 2003：22.

研究。例如,周瑛仪对 COMET 的预测效度进行了研究[①],田甜对 COMET 的效标关联效度进行了研究[②]。但未形成职业技能评价方法有效性的评价指标和效性框架。

(2)教育与心理测量中评价方法质量的研究

在教育与心理测量研究中通常认为,只有满足教育和心理测量标准的测试或评价方法,在技术上才是科学、可信和高质量的。美国教育研究协会(AERA)、美国心理学协会(APA)、全美教育测量学会(NCME)共同制定了《教育和心理测试标准》,为教育和心理测量领域开展科学有效的测试提供了"质量准则",包括信度、效度、公平性等。其中,信度和效度被认为是测试质量的重要指标[③]。此外,难度、区分度、公平性等也被认为是影响测试质量的指标。例如张厚粲认为,只有借助心理教育测量学理论和统计学技术,对考试的多方面特质如难度、题目区分度、信度、效度、公平性等进行检验,才能保证考试的质量和科学性[④]。

在如何判断技能评价方法有效性的问题上已经形成了比较成熟的技术标准,例如《教育和心理测试标准》(以下简称《标准》)、美国教育考试服务中心开发的《质量与公平标准》。《标准》定义了评价测试材料、结果和实践的标准,是评价与测量专业人士必备的参考文件之一,适用于教育学、心理学和其他领域的专业人员。《标准》(2014 年版)主要包括以下内容:效度、信度、公平性、测验的设计与开发、分数、量表、常模、分数关联及分数线;施测、评分、分数报告和解释;测试的支持性文件;考生的权利和责任;测试使用者的权利和责任等。尽管该《标准》指导了人们进行测试的开发、实施、评分和分数解释等过程,但是这也只是一般性测试标准,手册并没有明确告知人们该如何使用和应用这些标准。

美国教育考试服务中心(Educational Testing Service,ETS)在遵循《标准》的基础上,提出专门针对教育产品的质量标准并附操作说明,即《质量与公平标准》(ETS Standards for Quality and Fairness,SQF)。该标准致力于帮助教育服务的设计和开发,

---

① 周瑛仪. 大规模职业能力测评的预测效度研究 [D]. 北京:北京师范大学,2015.
② 田甜. 基于 COMET 的护理专业学生职业能力测评的有效性研究 [D]. 北京:北京师范大学,2016.
③ 漆书青,戴海崎,丁树良. 现代教育与心理测量学原理 [M]. 北京:高等教育出版社,2002.
④ 张厚粲. 教育测量学:高考科学化的技术保障 [J]. 中国考试,2017(8):4-7.

以及提供技术上合理、公平、可行和有用的产品和服务，并帮助人们评估这些产品和服务的质量。SQF 涉及 13 个一级标准，即企业的责任，是广泛适用的标准，包括：非测试产品和服务，效度，公平，信度，测试的设计与开发，等值、关联、常模及分数线，测试的管理，评分，测试结果的报告，测试的使用，考生的权利和责任。

（3）语言测试中评价方法质量的研究

在所有领域的测试中，语言测试非常关注评价方法的质量，特别是技术质量，主要以教育和心理测量理论（如信度理论和效度理论）为基础开展测试有效性的研究，并将信度与效度作为语言测试质量的重要指标。巴赫曼（L. Bachman）等提出"有用性"测试的质量指标包括信度、效度、真实性、交互性、可操作性、影响[1]，其中信度和效度被认为是最重要的质量指标，而效度又是最中之重。这些指标在我国语言测试的有效性研究中影响很大，早期大部分的语言测试研究都采用该框架作为有效性研究的理论框架[2]。

（4）已有研究的启示

无论是德国和瑞士的职业技能评价质量标准，还是教育与心理测量及语言测试中的评价质量标准，信度和效度都是最基本也是最重要的质量指标。本研究试图建立通用、统一的有效性框架。影响职业技能评价方法有效性的因素有很多，包括技术性和非技术性因素，而且 X 职业技能等级证书众多，不同证书的评价方法的侧重点或评价内容不同，很难形成统一的标准，但是仍然可以从评价技术的信度和效度指标出发，构建统一的职业技能评价方法有效性框架。

（四）职业技能评价方法的有效性评价

对评价方法在评价技术上是否有效的评价主要有两种方式，即元评价和效度验证。元评价是对评价的评价，效度验证是教育与心理测量中用来验证测量方法/工具是否有效的方法。元评价通常由第三方开展，效度验证通常由测试的设计者进行或者测试开发

---

[1] Bachman L. F., Palmer S. A. Language Testing in Practice: Designing and Developing Useful Language Test[M]. Oford: Oxford University Press,1996.

[2] 韩宝成，罗凯洲. 语言测试效度及其验证模式的嬗变 [J]. 外语教学与研究，2013，45(3)：411-425，481.

者委托其他组织实施，基于证据或论证的效度验证方式是未来的发展趋势。目前在教育与心理测量中，基于论证的效度研究不多，但是基于证据／论证的语言测试效度研究有很多，而且形成了比较成熟的效度论证模式，这对本研究有重要的启发。

1. 元评价

（1）元评价的内涵

元评价（meta-evaluation）即评价的评价，也称元评估或再评估，其思想最早来源于奥拉塔（T. P. Orata）提出的"评估的评估"[1]。斯克里文（S. M.Scriven）使用"元评价"指代评估教育产品计划的评价，将元评价定义为对评估系统或评估方法的评价[2]。斯塔弗尔比姆（L. D. Stufflebeam）认为元评估是对评估活动过程的描述，是以一套良好的评估方案为依据而做出的评判，并提出了元评估的操作性定义：元评估是通过获取描述性和判断性信息，以指导评估并报告其优缺点的过程[3]。这些信息包括评估的准确性、可行性、效用性和适切性，评估体系的性质、行为能力、真实性、认可度、社会责任等。美国评估协会（AEA）在制定评估指导原则时也采用了该定义。国内对元评价也有不同的解释，如任务其实是按照一定标准或原则对教育评价工作本身进行评价的活动[4]。本研究认为元评价是通过一定方法或工具收集评价的相关信息，并对评价的质量进行评价的活动。

（2）元评价的指标

国际上比较通用的元评价标准是美国教育评价标准联合委员会（JCSEE）开发的标准。1981年版的标准用四个维度概括了教育评估活动质量的要素，即实用性、可行性、合理性和准确性。亚伯勒（B. D. Yarbrough）等基于JCSEE的元评估标准开发深化了五个维度的元评估标准尺度，分别是实用性、可行性、合理性、精确性以及评估问责标准[5]。2018年JCSEE发布的新的项目评估方案中采纳了亚伯勒的维度，增加了

---

[1] Orata P. T. Evaluating Evaluation[J]. The Journal of Educational Research, 1940, 2：183-209.

[2] Scriven M. S. An introduction to meta-evaluation[R]. Educational Products Report, 1969：36-38.

[3] Stufflebeam D. L. A meta-evaluation [R]. Western Michigan University, School of education, 1974：159-161.

[4] 袁振国. 教育评价与测量 [M]. 北京：教育科学出版社，2001：203.

[5] Yarbrough D. B., Shulha, L. M., Hopson, R. K., Caruthers, F. A. The program evaluation standards：A guide for evaluators and evaluation users (3rd ed.) [M]. Thousand Oaks, CA：Sage, 2011.

评估问责标准①（表2-2）。德国评估协会（DeGEval）也出版了《评估标准》（Standards für Evaluation）（2016）提出的评估的四个标准，即实用性、可行性、公平性和准确性②（表2-3）。

表2-2　JCSEE方案评估标准（2018）

一级指标	二级指标
实用性	U1 评估者的可信度；U2 利益相关者的确定；U3 协商目的；U4 明确的价值观；U5 相关信息；U6 有意义的过程和产品；U7 沟通和报告的及时性与恰当性；U8 对后果和影响的关注
可行性	F1 项目管理；F2 实用的程序；F3 背景的可行性；F4 资源的使用
合理性	P1 响应和包容性定位；P2 正式协议；P3 人权与尊重；P4 清晰与公平；P5 透明度和披露；P6 利益冲突；P7 财政责任
准确性	A1 合理的结论和决策；A2 信息的有效性；A3 信息的可靠性；A4 明确计划和背景说明；A5 信息管理；A6 合理的设计和分析；A7 明确评估推理；A8 沟通和报告
评估问责	E1 评估文件；E2 内部元评估；E3 外部元评估

表2-3　德国评估标准（2016）

一级指标	二级指标
实用性	N1 确定利益相关者；N2 明确评估目的；N3 评估人员的能力和信誉；N4 信息的选择和范围；N5 价值的透明度；N6 报告的完整性与清晰度；N7 评估的及时性；N8 评估的使用
可行性	D1 适当的程序；D2 接受度；D3 评估的效率
公平性	F1 正式协议；F2 个人权利的保护；F3 全面公正的考试；F4 公正地实施和报告；F5 结果和报告的公开
准确性	G1 评估对象的描述；G2 背景分析；G3 目的和程序的描述；G4 信息来源的说明；G5 信息的有效性和可靠性；G6 系统错误检查；G7 定性和定量信息的分析；G8 合理的评估和结论；G9 元评估

通过以上比较可以看出，实用性、可行性、合理性和准确性是元评价的基础性指标，也是核心标准③。但当前元评价更多的是对项目或方案的评价，并不适合直接用来对技能评价方法的有效性进行评价，因而还需要构建适合的元评价指标。

---

① Joint Committee on Standards for Educational Evaluation. Program Evaluation Standards (2018) [EB/OL]. https://evaluation-standards.org/program/ ,2020-05-20.

② Gesellschaft für Evaluation e.V. Standards für Evaluation (2016) [EB/OL]. https://www.degeval.org/degeval-standards-alt/kurzfassung/,220-05-10.

③ Speer S. Peer Evaluation and its Blurred Boundaries：Results from a Meta-evaluation in Initial Vocational Education and Training [J]. Evaluation, 2010, 16(4)：413-430.

2. 效度验证

效度验证是对评价方法的效度检验，效度验证方法与效度理论有直接联系。效度理论发展经历了三个阶段，即由单一效度观到分类效度观，再到整体效度观[1]。不同效度理论对效度本质的认识不同，产生了不同的效度验证模式。例如在单一效度观下，通常用相关性代表效度（即与效标的相关），即效标效度。该模式的最大问题是很难找到符合要求的效标，也很难保证所选择效标的效度。按照分类效度观，人们通常对各类别的效度进行分别验证。

整体效度观（unified view of validity）最初由梅西克（S. Messick）提出，他认为效度可以充分和恰当地支持测试分数的解释和测试的使用[2]。这种理解将内容效度、效度、效标关联效度整合到一个综合效度框架中，通过收集效度各方面证据进行效度验证，效度验证成为一个基于证据的论证过程。克隆巴赫（J. L. Cronbach）认为基于论证的效度验证是对所有证据对预期的分数解释和使用进行整体评价，提供了对预期考试的解释和使用的全面评估[3]。《教育和心理测试标准》（1999年版）指出："效度是证据和理论支持测试成绩解释的程度……效度验证是提出合理证据支持对考试分数的解释和考试的使用的过程"[4]。2014年版《教育和心理测试标准》认为效度是"证据和理论对考试的分数解释的支持程度"，并且申明：使用不合格的短语"测试效度"是错误的[5]。因为在整体效度观下，测试效度验证的不是测量工具本身，而是关于如何解释与使用成绩的一系列声明或主张。这种以论证或基于证据的方式进行的效度验证的理念，目前在国际教

---

[1] Kane M. Current concerns in validity theory[J]. Journal of Educational Measurement, 2001, 38: 319-342.

[2] Messick S. Validity [A]//Linn, R. L. ed. Educational Measurement (3rd ed)[C]. New York: American Council on Educational and Macmillan, 1989: 13-103.

[3] Cronbach L. J. Five perspectives on validity argument[A]//Wainer H., Braun H. Test validity[C]. Hillsdale, NJ: Lawrence Erlba, 1988: 3-17.

[4] American Educational Research Association, American Psychological Association, National Council on Measurement in Education. Standards for educational and psychological testing [M]. Washington, DC: American Psychological Association, 1999: 9.

[5] American Educational Research Association, American Psychological Association, National Council on Measurement in Education (AERA, APA, & NCME). Standards for educational and psychological testing[S]. Washington, DC: American Educational Research Association, 2014.

育与心理测量领域已经被普遍接受,但是相关实践还有待推广,目前主要有凯恩(T. M. Kane)提出的解释使用论证模式。效度验证在语言测试中的实践研究较多,主要有韦尔(J. C. Weir)基于证据的社会认知模式、沙佩勒(A. C. Chapelle)等基于论证的效度验证模式、AUA测试使用论证模式等。

(1)Kane解释使用论证模式

凯恩(T. M. Kane)基于整体效度观提出了解释性论证的效度验证思想,首先建立与分数解释相关的推论和假设,再通过收集、评估和呈现相关证据阐明一种工具有效性的框架①。他提出基于论证的效度验证模式——"解释使用论证"(Interpretation/Use Argument,IUA)②,分为两部分:解释性论证和效度论证。

解释性论证是为"效度论证"搭建推理框架,类似于一个理论框架(图2-2)。

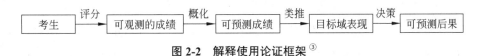

图2-2 解释使用论证框架③

效度论证是收集证据对"理论框架"进行验证,包括四大主张和四个环节的推理过程,即评分、概化、类推和决策。通过"评分"可以从考生表现中获得卷面分数(可观测成绩),对观测的成绩进行"概化"进而推论出预测成绩,对预测成绩进行类推可以获得目标域表现,根据目标域表现做出合适的决策④。

凯恩效度验证模式在医学教育领域得到广泛应用,吉特默(D. H. Gitomer)等据此对教师教育绩效评估中的信度和效度证据进行了评估⑤。它解决了效度验证"从哪里开始""如何进行"及"何时结束"的问题,即从构建IUA开始,论证IUA是过程,论证完毕结束。但是该效度验证模式没有详细指南指导如何实施,非教育测量领域的专业人员很

---

① Kane M. T. An Argument-based approach to validity[J]. Psychological Bulletin, 1992(3):527-535.
② Brennan R. L. Educational Measurement (4th ed.) [M]. Westport, CT:Praeger, 2006.
③ Kane M.T. Validation[A]//Brennan, R. L. ed. Educational Measurement (4th ed) [C]. Westport CT:Praeger, 2006:17-64.
④ Kane M. T. Validating the interpretations and uses of test scores[J]. Journal of Educational Measurement, 2013,50(1):1-73.
⑤ Gitomer H. D., Mart inez F. J., Battey D. et al. Assessing the Assessment:Evidence of Reliability and Validity in the edTPA[J]. American Educational Research Journal, 2019:1-29.

难驾驭。而且构建 IUA 推理链需要专业背景，因此更适合于专业考试机构进行效度验证。

（2）基于证据的社会认知模式

韦尔（J. C. Weir）基于整体效度观提出了"社会认知框架"（socio-cognitive framework，SCF）[1]，主要围绕考生的作答反应，对考生表现、分数解释与考试使用的效度进行全面论证。该框架根据测试前后时间不同将效度分为前期效度和后期效度。前期效度指在测试前考虑的效度，包括情景效度和理论效度；后期效度指在测试后考虑的效度，包括评分效度、后果效度和效标关联效度。该框架应用剑桥英语考试和普思英语考试（Aptis）等。SCF 涉及面广，但各要素之间的逻辑关系并不清晰。它沿用了分类效度观的效度类别概念，这与当前教育与心理测量领域的主流思想有所违背。

（3）基于论证的效度验证模式

沙佩勒（A. C. Chapelle）等在影响力较大的托福考试改革中，应用凯恩效度论证模式进行效度验证[2]。他们对凯恩模式进行了拓展，增加了"目标域定义"和"解释"推论，认为"目标域定义"作为效度验证的起点，能帮助人们明确测试范围；在考生预期分数和理论构念之间增加"解释"推论，能进一步强调测试构念的重要性。该效度验证模式增加了推理链，但对使用者提出了更高的要求。沙佩勒等人的效度验证框架如图 2-3 所示。

图 2-3　沙佩勒等人的效度验证框架

（4）AUA 测试使用论证模式

巴赫曼（L. Bachman）和帕尔默（A. Palmer）1996 年提出"测试有用性模型"（test usefulness model，TUM），用"有用性"代表测试的质量，认为效度验证的对象是测试质量，包括信度、构念效度、真实性、交互性、影响和可行性六个要素。后来，他们借鉴梅西

---

[1] Weir C. J. Language Testing and Validation：An Evidence-Based Approach [M]. Basingstoke：Palgrave Macmillan, 2005：3-41.

[2] Chapelle C. A. The TOEFL validity argument[A]. Chapelle, C. A., Enright, M. K. Jamieson, J. M. eds. Building a validity argument for the Test of English as a Foreign Language[M]. New York：Routledge, 2008：1-25.

克整体效度思想和凯恩效度验证模式，提出了测试使用论证模式（AUA）。AUA 涵盖了 TUM 的主要内容，并使原本独立的要素（信度、构念效度、真实性、交互性、影响和可行性）在新框架内以支持各种主张的理据形成一个有机整体[①]（图 2-4）。

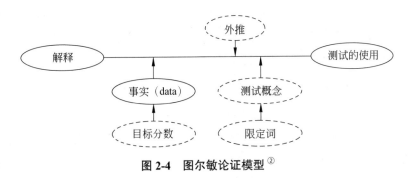

图 2-4　图尔敏论证模型[②]

AUA 测试通过从事实到主张的推理进行效度论证。推理是由事实推导主张的过程，推理过程应有理由做支撑，理由需要相关证据加以证明。推理的可靠性取决于证据的可靠性和反驳是否成立，关键看反驳证据是否确凿。AUA 测试主要围绕测试记录、分数解释、测试决策和测试影响这项主张展开推理论证。AUA 测试使用论证框架在语言测试领域得到了广泛的应用。

3. 已有研究的启示

元评价是对评价的评价，需要先构建评价指标，再依据这些指标对评价方法进行评价。目前国际上已有元评价指标主要是针对项目的评价，不适合从评价技术层面对评价方法的有效性进行评价。效度验证是对评价方法技术层面的有效性进行评价，其使用的验证框架更适合用来作为本研究元评价的指标。

随着效度理论的发展，效度验证模式也在发生变化，未来更注重基于论证的效度验证模式。基于论证的效度验证模式主要在教育和心理测量、语言测试中有所研究。凯恩（T. M. Kane）提出解释使用论证的效度验证模式，在语言测试中有较多实践，目前主要有三种效度验证模式，基于论证的效度验证模式是未来的发展趋势。例如，医学教育领域也开始使用基于论证的效度模式进行效度验证。对比四种基于论证的效度验证模式

---

① 徐启龙. AUA 框架——语言测评理论的新发展[J]. 外语电化教学，2012(1)：37-41.

② Toulmin S. E. The uses of argument[M]. Cambridge：Cambridge University Press,1958.

发现，凯恩的解释论证模式和沙佩勒等基于论证的效度验证模式，虽然推理链清晰，但推理链构建对于非专业人士而言比较困难。韦尔的社会认知效度验证模式有局限性，无法体现整体效度观。AUA 测试使用的论证框架是在借鉴现有论证模式的优点的基础上，以整体效度观构建的系统、可操作的程序，被认为是更完善的基于论证的效度验证模式。从实用性而言，非专业人士也能根据 AUA 测试使用框架轻松建立测试效度框架。因此，本研究借鉴 AUA 框架构建职业技能评价方法的有效性框架。

那么语言测试 AUA 是否适用于职业教育呢？首先，语言能力与职业技能都是抽象的概念，无法直接测量，都需要通过构建能力／技能对抽象能力或技能的测量。其次，AUA 测试使用论证框架的理论基础是教育和心理测量的信度理论和效度理论，与职业技能评价有相同的理论基础。最后，通过对语言测试发展史的跟踪分析可以发现，语言测试方法基于人们对语言能力理解的不同而不同。语言测试方法从对知识的测试到对分类技能的测试、缺乏情境的综合测试，再发展到目前强调情境性语言交际能力的测试，其发展逻辑与职业技能评价的发展逻辑几乎完全相同，因此语言测试的 AUA 测试使用的论证框架也应当适用于职业技能评价。

（五）总结

通过对 X 职业技能评价和已有的国内外职业技能考试和能力测评方法，以及其他领域技能评价方法的有效性研究进行分析，发现以下问题。

1. 国内外职业技能评价方法研究现状

国内外在职业技能评价方面已经开展了很多的实践探索，形成了多种职业技能评价方法，为技能人才质量评价提供了可供选择的方法，但这些方法存在诸多问题，其中最主要的是方法的科学性。技能考试方法的设计大多依据个人经验，缺乏理论指导，特别是教育和心理测量的相关理论，如信度理论、效度理论。部分职业技能评价方法考虑到了效度，如 COMET 能力测评方法，但更多是基于从分类效度观进行效度验证；在职业教育领域还未有研究从整体效度观出发，进行基于论证或证据的效度验证。目前尽管 X 职业技能评价广受关注，但是对 X 职业技能评价的研究还停留在制度、意义和内涵的研究层面，尚且缺乏对 X 技能评价方法及其有效性的相关研究。德国和瑞士对职业教育毕业考试评价进行了研究，但在技能评价方法的有效性研究方面还比较弱，未形成职业技能评价方法的有效性框架。

2. 关于评价方法的有效性指标

目前在职业教育、教育与心理测量和语言测试中均有关于评价方法有效性的指标。分析发现，信度和效度理论是评价一项测试质量好坏的重要标准，此外还有难度、区分度等要求。在信度和效度指标中，效度又是重中之重。在建立通用的、统一的有效性框架时，影响技能评价方法有效性的因素有很多，包括技术性和非技术性因素。不同技能评价方法的侧重点或评价内容不同，很难形成统一的标准。已有研究启发我们，可以从评价技术层面的信度和效度角度考虑构建统一的评价方法有效性框架。在构建技能评价方法的有效性框架时，建议主要从评价技术层面考虑信度和效度两项指标。

3. 关于技能评价方法有效性的评价方式

对技能评价方法有效性的评价方式有两种：效度验证和元评价，基于论证的效度验证是未来效度验证的发展趋势。目前在教育与心理测量和语言测试中都有相关研究，但教育与心理测量的研究较少，语言测试开展研究和实践更为丰富。基于论证的效度验证有四种模式，从可行性、操作便利性、适用性等角度对比四种效度验证模式发现，AUA测试使用论证模式更适合作为对职业技能评价方法有效性评价的分析框架（目前没有发现其他领域有相关经验可以借鉴）。语言测试与职业技能评价都是对抽象能力/技能的测试，测试背后的测量理论基础和逻辑相通，语言测试效度验证涉及的指标可以迁移到职业教育领域。

元评价是对评价方法进行质量评价的另一种方式。目前的元评价主要关注对项目或方案的评价，对评价技术层面的有效性关注不多，不太适合作为本研究有效性框架中的指标。本研究借鉴元评价方式对职业技能评价方法的有效性进行评价，是从第三方角度对评价方法的有效性进行评价，而不是从评价设计者的角度出发，"元评价"一词比"效度验证"更合适。

三、世界技能大赛试题的启发

在技能评价领域,技能大(竞)赛是一种特殊的考试方式。世界技能大赛（WorldSkills Competition，下文简称世赛）是全世界范围内规模最大、影响力最大的职业技能竞赛，被誉为"世界技能的奥林匹克",一个国家或地区在世赛中取得的成绩在一定程度上代表了该国或该地区的技能发展水平。世赛也促进了全球青年技能工作者(主要是职业院校学生)技能的提升。对于专业技术水平和职业素质的检验,世赛有一整套更为准确和全面的评价方法[①],对世赛的考试题目设计开展研究,可以为"1+X"证书制度的建立和发展提供方法和技术上的支持。

(一)世界技能大赛的题目与评分标准

技能竞赛是为了了解职业教育培训的成效,利用竞争形式对职业技能进行评价和激励的社会活动。与我国目前重要的技能考试,如职业院校技能大赛和高职院校招生的技能高考相比,世赛在竞赛目的、赛项设置、考核环境、考核内容和评分标准等方面有很多独特的做法[②]。限于篇幅,本文只讨论世赛的考核内容和评分标准对技能考试设计的启发。

1. 反映典型工作任务的竞赛题目

世赛赛项涉及信息与通信技术、制造与工程技术、创意艺术与时尚等国民经济的六大主要领域,包括企业生产和社会生活所需的多数技能。世赛试题设计的基本理念是:职业技能无法通过一道考试题来考查和甄别,每个赛项的试题都是由一组内容相互关联的题目组成的,被称为"模块"。如第44届世赛"商务软件解决方案"赛项试题由5个模块组成,比赛时间共计20小时。其中,模块一"分析和设计软件解决方案(4小时)"要求选手按照给定商业案例,使用系统建模技术进行分析、确定软件功能模块、绘制核心业务流程UML图、绘制数据库ER图、设计数据字典并完成数据分析与处理;模块二"开发软件解决方案(13小时)"要求对功能进行代码实现,开发客户端服务器系统、网络和移动终端接口;模块三"测试软件解决方案(1小时)"对所开发的系统进行全面测试,编制测试报告;模块四"编写软件解决方案技术文档(1小时)",为日后软件系统升级维护提供指导;模块五"制作解决方案PPT(1小时)"总结提炼开发思路、系统实现的功能。可以看出,世赛题目是一个工作过程结构完整的综合性工作任务。

---

① 刘东菊. 世界技能大赛对我国职业院校人才培养启示[J]. 中国职业技术教育,2012(36):48-52.
② 世界技能大赛中国组委会. 技能之巅——世界技能大赛与中国[M] 北京:中国人力资源和社会保障出版集团,2017:9.

总体来说，世赛试题体现了人文主义的技术观，它将社会价值融入技术的设计与使用过程中，完整地展现了技术与社会文化间的互动，体现了技术的自然属性和社会属性的统一①。又如世赛"网络设计"赛项有四个模块，分别是"设计""布局""客户端"和"服务器端"。其中"客户端"又分为两个子模块，即"客户端A—拼图"和"客户端B—奥林匹克竞赛"。前者需要3小时完成，占总分值的14.75%；后者需要2小时完成，占总分值的10.25%，两项合计占总分值的25%。试题内容要点如表2-4所示。

表2-4 世界技能大赛网络设计赛项"客户端模块"赛题的内容

模　块	基　本　要　求
客户端A—拼图	启动应用程序 使用应用程序 应用程序结果 为了展示网页设计技巧，你决定创建一个名为自定义拼图的小型网页应用程序。用户可以提交图片来创建拼图，拼图的数量由开始时选择的难度级别决定。挑战在于通过在尽可能短的时间内旋转和重新定位碎片来重建原始图像。每个难度等级都有一个单独的等级，当用户成功地重建拼图时会显示出来 你可以请一位朋友构建应用程序的布局和数据库，以适应不同的级别。你的任务是根据提供给你的需求开发应用程序的功能
客户端A—拼图； 客户端B—奥林匹克竞赛	奔跑者 道路 路标和终点要求 要开发一个开放源代码的游戏，允许一个玩家去控制奥运圣火火炬手迈向里约热内卢的奥运圣火坛的跨国接力行程。在这个游戏中，火炬手沿预先设定的路线，沿途需避开多个障碍物，经过多个巴西著名地标景点。设计者已准备好游戏的用户界面，现在你的工作是继续开发前段游戏功能，包括动画、游戏控制及用户交互

可以看出，世赛试题是按照职业的"典型工作任务"（professional task，建立在工业社会学理论基础上的职业教育学概念）理念设计的，即"代表着一个职业的专业化水平的任务"。网络设计赛项是编程工程师或程序员职业的典型工作任务，它有以下特征：①工作过程结构完整，包括获取信息、制订计划、决策、实施、检查控制和评估反思等环节；②涉及所有的工作要素，如工作的对象、工具、材料、工作方法、工作组织形

---

① 王伯鲁.技术究竟是什么？——广义技术世界的理论阐释[M].北京：科学出版社，2006.

式和工作要求；③工作的结果或工作流程具有一定的开放性；④能够促进从业者职业能力的发展[①]。尽管世赛试题会提前半年公布，但是最终比赛时具体内容和要求仍然会有30%的变化。完成此类任务需要很强的综合职业能力，特别是获取信息、学习新知和解决问题的能力，这对选手的专业知识、技能和技巧，以及学习能力提出了很大挑战。由于比赛现场有很大的发挥空间，选手还需要有较强的现场反应能力和创新能力。

2. 涉及范围广的分析性量规

为了判断工作表现和任务完成情况，技能考试一般会采用两种不同类型的量规，即"整体性量规"和"分析性量规"。世赛采用分析性量规，其特点是内容精确，对细节进行详细的描述。如网络设计赛项满分100分，分163个评分点，其中最大的评分点3分，最小评分点仅为0.15分。在我们分析的两个模块"客户端A—拼图"和"客户端B—奥林匹克竞赛"中，最大的评分点为2，最小为0.15。如评分点"应用程序中提供的动画的质量（旋转件、提升件、显示模态）"赋分0.7分，分4个等级，即"所有事件都没有动画""使用简单或较差的动画""有些动画很好，有些则很差"和"所有的动画都很好"，借此可以准确评分。可以看出，世赛的评分方式与我国传统技术技能考试有较大差别。后者一般采用整体性量规，综合考虑多方面要求，概括性强但不够精细。例如，湖北省的技能高考是我国目前组织较为严密，设计精致的技能高考，代表着我国的高水平技能考试设计。2019年湖北省计算机类技能高考的"操作"部分共有8个考核项目，如电子表格处理、幻灯片制作、计算机网络应用等，它们都是根据总体结果进行评判的。尽管在其他一些操作性比较强的专业如汽车维修中加入了操作安全方面的要求，如"造成人身、设备重大事故……立即终止考试，扣8分"等[②]，但这里采用的仍然是整体性量规。

分析性量规不是简单的操作技能标准，也不是用来考核学生书本知识的积累水平，而是来源于企业生产实际或产品质量的真实技术标准，它不仅针对最终作品的完成情况和技术水平，而且关注整个工作过程的质量，反映行业的规范性要求[③]，这不但为主观

---

① 赵志群.职业教育工学结合一体化课程开发指南[M].北京：清华大学出版社，2009：33.
② 湖北省技能高考计算机类专业委员会.2019年湖北省中等职业学校毕业生技能高考计算机类技能考试大纲[DB/OL].https://www.docin.com/p-1114393047.html?docfrom=rrela，2019-12-19.
③ 俎媛媛.真实性学生评价研究[D].上海：华东师范大学，2007：114.

性评分提供了质量保障，也为职业素养的评估提供了可能。

3. 采用真实性评价方式

传统的技能考试通过行为观察法和标准化考试衡量考生对专业知识和技能的掌握程度，而世赛通过与现实工作世界类似的真实性任务，让选手应用专业知识、技能和策略解决问题，展现其对知识的理解水平和应用能力[1]，这反映了"真实性评价策略"，即通过完成与工作情境相似的真实性任务展示知识技能的应用能力[2]。从以上案例可以看出，世赛试题反映的基于情境学习理论的真实性评价策略的特点是：①基于工作实践中具有完整工作过程的真实工作任务，不把职业活动分割成更小的子任务或操作单元；②评价标准包括内容标准、过程标准和价值标准等多个维度，按照企业要求进行全面评估，而不仅仅考核知识技能点的学习获得；③评价量规细致全面，包括评分标准陈述和等级达成度。通过真实性工作任务考查解决专业问题的能力，可反映选手对复杂工作的理解和把握程度及相关实践经验，这克服了传统标准化考试仅能考查低水平书本知识和孤立操作技能的局限性[3]，体现了职业的效度。

世赛评分标准按照企业实际工艺标准和产品精度要求制定，这与我国通常做法不同，后者主要围绕教育主管部门或学校制定的教学标准建立标准体系。真实性评价不仅关注工作结果，还关注工作中的技能细节，其评价的环境、方式和内容均需反映真实工作世界的要求，这体现了建构主义学习理念，即知识是在具体工作情境中由主体建构的。

4. 主观评分和客观评分相互补充

正常情况下，典型工作任务没有唯一正确的答案或工艺流程，如软件开发和网络设计等，裁判的个人偏好和主观感受都会对评判结果产生重要影响。为了降低评分的随意性，提高评分信度和可操作性，世赛采用了主观评分和客观评分两种评分标准。如"路标和终点要求"部分有六个客观分评分点，两个主观分评分点。主观评分标准分为四档，如在"道路尽头奔跑的山丘的动画质量"这个主观评价指标下，"没有动画或跑步者直

---

[1] Wiggins G.A true test: toward more authentic and equitable assessment[J].Phi Delta Kappan, 2011, (7): 81-93.

[2] 俎媛媛.美国真实性学生评价及其启示[J].教育发展研究，2007(6)：62-66.

[3] 田中耕治.教育评价[M].北京：北京师范大学出版社，2011：69-71.

接出现在山顶"得 0 分,"跑步者在爬山时呈现出非常单一或较差的动画与相同的跑步动作"得 1 分,"跑步者爬山呈现出良好的动画效果"得 2 分,"跑步者沿着跑道爬山时呈现了一个出色的动画"得 3 分。三名裁判同时打分,当评分相差大于 1 时,差异较大的两名裁判需说明理由并降低分差,以保证评分者之间的信度。

客观分有严格的评判依据,也分两类。一类是"是""否"判断,如"游戏打开时会显示欢迎屏幕";另一类规定明确的扣分点,如"在每场比赛中,必须有 5 个或以上障碍物在路上,随机放置在跑步场",每错过一个障碍扣 0.10,障碍物位置不随机扣 0.25。与此相比,我国传统技能考试通常采用主观评分。例如,同样是设计类的技能大赛,全国高职院校服装设计与工艺技能大赛评分标准有 6 个评分项,如"服装整体效果美观;规格准确,比例协调;工艺精致,松度平衡"。但什么是"工艺精致,整体效果美观",评分标准中未有说明,裁判需根据经验进行主观评判[①]。可以看出,建立主、客观评分标准相互补充的评分标准,可更好地反映企业的实际,这不仅有利于考查被试学生的专业知识和技能,也有利于综合职业能力的评价。

(二)世界技能大赛对 X 技能证书考试的启发

当前我国的技能考试方法存在很多问题,在技术上还很难完全支撑"1+X"制度的建立和发展,这表现在考试的理念和方法方面。世赛作为国际高水平的技能考试,为 X 证书制度的考试设计提供了范例。

1. 全面理解当代社会中的"技能"

技能是个体在已有知识和经验基础上,经过练习形成的规则性的动作体系,是"智力活动方式和肢体动作方式的复杂系统"[②]。在现代技术和社会条件下,技能的含义得到了极大的丰富。世赛的题目说明,技能已扩大到了"能力"的范畴。事实上,英文的 skill 与能力(competence)几乎是同义的,能力是"人们在程序化的资格考试中展示出来的技能"[③]。技能的能力化发展趋势也反映在《欧洲资格框架》(European Qualification

---

① 罗喜娜. 我国职业院校技能大赛与世界技能大赛的比较研究[D]. 北京:北京师范大学,2019:30.
② 朱智贤. 心理学大辞典[M]. 北京:北京师范大学出版社,1989:300.
③ Ertl H, Sloane PF. Curriculare Entwicklungsarbeit zwischen Lernfeld und Funsktionsfeld[J]. ZBW, 2006(Beiheft 19):117-127.

第二章 有关职业技能/能力评价的理论研究

Framework)等国际有重要影响的法律法规文献中。据此,技能是"学习者应用知识以完成任务和解决问题的能力",包括认知技能和操作技能[1]。国务院"职教20条"明确指出"院校内实施的职业技能等级证书……反映职业活动和个人职业生涯发展所需要的综合能力"。X证书的技能考试应当反映被试的综合能力发展水平,这意味着不仅要评价动手操作技能,还要评价认知技能(或称为心智技能)。由于认知技能具有动作对象的观念性、动作执行的内潜性和动作结构的简缩性等复杂性特征[2],所以对认知技能的鉴定无法通过简单的操作技能考试实现,这是"1+X"制度建设的一个主要技术性困难,在此必须关注有关能力评价的理论和实践。

2. 真实性评价的试题设计策略

从国际上看,建立技能等级(资格)证书最早是从经济学和人力资源管理的角度考虑的,主要采用行为主义评价方式,如英国的国家职业资格证书制度(NVQs)等。据此,技能作为"可利用的学习成果",具有统一性和可被测量的特征;技能考试旨在考察"经过有目的、有组织反复练习形成的自动化的动作和技巧"[3]。在现代社会,这种行为主义的操作技能考试无疑有很大的局限性,因为即便是雇主理解的技能也包含一些其他属性,如可靠性、无监督工作的能力和稳定性等[4],这些无法通过行为观察评定的要素,恰恰是综合能力的重要组成部分。

在教育学视野中,技能考试需要关注认知和精神运动领域的内容,甚至个性化发展特征。例如,按照情境学习理论,从事一项工作所需能力是在特定工作情境中被调查和获知的,这只能采用案例分析或民族志方法来评估[5];属于隐性知识范畴的工作过程知识也只能在特定情境下才能被辨识出来。高质量的技能考试需要在真实的工作情境中(以情境考试方式)进行,这是世赛对我们的重要启发。当然,针对不同级别技能的评

---

[1] 吴雪萍,张科丽.促进资格互认的欧洲资格框架探究[J].高等教育研究,2009(12):102-106.
[2] 冯忠良,伍新春,等.教育心理学[M].北京:人民教育出版社,2015:398.
[3] Stasz C. Assessing skills for work: two perspectives[J]. Oxford Economic Papers, 2001,(3): 385-405.
[4] Oliver J, Turton J.Is there a shortage of skilled labour[J]. British Journal of Industrial Relations, 2010, (2): 195-200.
[5] Bader R.Arbeits- und erfahrungsorientiertes Lernen[A].Dehnbostel P, Novak H. Arbeits-und erfahrungsorientierte Lernkonzepte[C]. Bielefeld: Bertelsmann, 2000: 11-23.

价方法有所不同：对初、中级技能的评价相对简单，而对高技能人才的评价需要更复杂的综合性方法，有时甚至需要依据学习档案和工作业绩等成长记录①。基于真实性评价理念的操作技能和认知技能发展考试范式，对 X 证书制度中较高级别和高新技术领域的技能认证，具有直接的指导作用。

3. 考试的重点是"行动能力"

"职教 20 条"要求 X 证书要反映综合能力发展水平，即反映与生涯发展相关的方法、知识、技能和价值观，这只能在具体的职业行动（action）中表现出来，即 X 证书考试要考查学生的职业行动能力。

行动理论认为，"行动"和"行为"的最大区别在于是否具有意向性。行为是单纯的肢体运用，而行动具有意向性和社会属性，是在一定社会语境下的行动②，即在行动之前分析问题、寻找可能的解决方案、比较判断并做出行动决策；在行动过程中遇到新情况时修正原来的行动方案或制定新的行动方案③。行动过程就是能力的发展过程，需要遵守书面或经验性学习的规则。相应地，职业行动能力是"个人在特定职业、社会和私人情境中，进行缜密而恰当的思考并对个人和社会负责任行事的意愿和本领"④。对行动能力的评价，只能采用综合性工作任务考试形式，考查考生在工作中的规划、实施、控制调试和总结反思的能力。

我国传统技能考试常把复杂任务简化成小的子任务，并对考试设备做一些人为的设定（预设故障等），这在提高可行性的同时，却大大降低了任务的复杂性，因为碎片化的子任务和标准化试题无法体现综合能力的整体性要求⑤。如何不把综合性任务分解成子任务（即符合亚里士多德的"整体大于部分之和"思想）而又能进行技能考试，世赛的考试题目和评分方法无疑具有重要的指导作用。职业行动能力概念的推广，使职业教

---

① 孙茜. 论技师评价内容和评价方法的多元化 [J]. 绿色环保建材，2015(7)：68-69.

② 盛晓明，吴彩强. 行动、因果和自我—塞尔行动哲学述评 [J]. 浙江大学学报（人文社会科学版）. 2007，37(3)：143-150.

③ 张帆. 意向性与社会语境：对行动的哲学分析 [N]. 中国社会科学报，2010-10-12(6).

④ KMK. Erarbeitung von Rahmenlehrplänen für den berufsbezogenen Unterricht in der Berufsschule und ihre Abstimmung mit Ausbildungsordnungen vom 15.09.2000[M]. Bonn：KMK, 2000.

⑤ Borch H, Weißmann H. Auftragsorientierte Ausbildung[A]. Jenewein K. Lernen und Arbeiten in der dualen Berufsausbildung[C]. Bremen：Donat, 1999：227-251.

育从"技能训练"发展到"能力发展",反映了社会发展对技术技能人才要求的变化和提高。

4. 借鉴职业能力测评理论和方法

现代化的职业能力评价不仅关注能力发展的结果,而且关注能力发展过程,这就在传统技能考试基础上发展出了第二种能力评价方式,即"能力测评"。二者的区别是:"考试"针对教学标准,考查对学习内容的掌握程度,有对错之分,反映了课程的效度;"测评"评价与特定工作相关的认知特征和认知水平,针对职业能力发展状况,只有水平高低之分而没有标准答案,反映职业的效度。尽管两者有很大区别,但是能力测评方法仍然能为技能考试的方法设计提供参考。

职业能力测评旨在评估学生应用专业知识和技能解决实际工作问题的能力,可采用质性、量化和混合式的评价方法。质性方法可对被评价者的内隐特征进行考查[1],常见的如能力总结汇总法(Competence Balance)和能力护照(Qualipass)等。此类方法实施起来比较复杂,对评价人员的专业要求较高,与职业院校的过程性评价有很大联系,可作为院校实施"1+X"制度的参考和补充性工具。纯量化方法很难用于有效的技能评价,目前较多地采用混合式测评方法,国际有影响的能力测评方法如COMET[2]、ASCOT[3]和SOLO[4]均采用心理测量技术建立测评模型。实践证明,以"从初学者到专家"(from novice to expert)能力发展逻辑为基础建立的COMET职业能力测评法有较高的评价效度,其开放性的测试题目也被企业和学生所认可。这提醒我们,应考虑参照能力测评方法建立X技能考试模型,包括考试组织流程和评分模式(笔试、实操和口试),以及全方位呈现考试结果的方式,既保证专业内容效度,又满足科学性要求。

5. 情境性考试题目的开发

行动能力评价的最大困难是开发情境性考试题目,即有助于观察和确立工作能力及

---

[1] 张竞成,张甲华. 基于行为业绩的高技能人才评价[M]. 北京:清华大学出版社,2010:76-77.
[2] Rauner F, Heinemann L, et al. Competence development and assessment in TVET [M]. Berlin: Springer, 2012:27-30.
[3] Winther E., Achtenhagen, F. Measurement of vocational competencies[J]. Empirical research in vocational education and training, 2009(1):85-102.
[4] 李佳,吴维宁. SOLO分类理论及其教学评价观[J]. 教育评价与测量,2009(2):16-19.

态度的标准化案例性任务，它既要反映重要的实践价值，又要能借此评判被试的职业技能的高低。专家智能（expertise）研究发现，只有完成典型工作任务过程中的问题解决方式才可以被抽象化和普世化，并被迁移到类似的工作任务中，对职业能力（技能）的全面评价只能在完成典型任务的过程中进行①。教育家格鲁施卡（A. Gruschka）在发展性任务（developmental tasks）理论基础上定义了情境性考试任务，即被试在真实工作条件下进行工作，通过对其工作行为、工作成果的观察和必要时对特殊工作环节的解释，评价其职业能力发展水平，通过解决（或未成功解决）问题的方式，揭示实践问题解决策略，包括职业学习策略、专业化的工作策略和专业合作策略等②。在情境考试中，考生以规划形式制订项目方案并详细说明理由，做实施准备，并将计划付诸实施；在口试中考生展示工作结果，对工作结果和过程进行自我评估，对实施结果偏离计划的情况进行说明。情境性考试与真实的工作过程联系紧密，这不仅能对个体的职业能力进行评价，也为职业教育的课程和教学改革提供了重要的启发。

在信息化和智能化时代，一个社会组织在履行其管理和生产职能、建立高效的生产、服务和组织管理模式时，经济技术指标已经不是唯一的决策依据，员工的技能和综合素养具有重要的影响，包括基本技能、解决问题能力和创新能力，"工作的人性化设计"③具有重要的意义。人性化的工作设计是智能化发展的必然要求，也是高素质技术技能人才成长的必要条件，这意味着职业教育必须实现从"适应导向"向"设计导向"的范式转变，培养的学生不仅要适应技术和社会的发展，还要有能力"本着对社会、经济和环境负责的态度，（参与）设计和塑造未来的技术和工作世界"④。未来的职业教育人才评

---

① Hacker W. Knowledge Diagnosis[A]. Rauner F., Maclean R. Handbook of Technical and Vocational Education and Training Research[C]. Dordrecht：Springer, 2008：656-660.

② Bremer R. Zur Konzeption von Untersuchungen beruflicher Identität und fachlicher Kompetenz[M]. Jenewein K, Knauth P. et al. eds. Kompetenzentwicklung in Arbeitsprozessen. Baden-Baden：Nomos, 2004：107-121.

③ Böhle F. Relevance of Experience-based Work in Modern Processes[J]. AI & Society：Journal of Human Centered Systems and Machine Intelligence, 1994, 8(3)：207-215.

④ Rauner F. Gestaltung von Arbeit und Technik[A]. Arnold R., Lipsmeiner, A. eds. Handbuch der Berufsbildung[C]. Opladen：Leske+Budrich, 1995：50-64.

估应当按照"完整的行动模式"（Vollständige Handlung）[①]，将考试题目设计成学生全程参与的包括计划、实施和评价等步骤的完整的工作过程，避免过分精细的任务划分。这样，不但可以较好地解决促进学习者个性发展的"教育性目标"和适应企业岗位要求的"实用性目标"之间的矛盾，满足企业岗位工作的现实需求，而且可以为学习者的全面发展奠定扎实的基础。从更高一个层次看，这也是我国职业教育实现立德树人教育目标的要求，即职业教育培养的不仅是简单的操作者和实施者，而且是具有系统职业能力和领域特长的、德智体美劳全面发展的社会主义接班人和劳动者。

世赛在组织设计方面为"1+X"制度建设提供了重要的借鉴经验，如建立权威的"实践专家"组织，依托行业部门推荐遴选权威专家而不仅仅是个别公司组织的专家团队，通过专家团队的权威性保证试题命制的科学性；完善组织实施过程，包括技术文件公布、合作企业遴选、技术平台和评判细节的确定等环节，而不仅仅由各"技能评价组织"确定等。世赛比赛过程全程开放观摩，对推动职业院校的课程和教学改革也有重要的示范作用。

四、部分发达国家技能考核方案经验借鉴

不同国家的考试制度除了具有普遍性，受各自社会传统、教育制度等因素的影响，也具有自身的特殊性。经比较研究发现，德国和英国在职业教育考试方面有较丰富的经验，前者主要在考试内容和方法方面，后者主要在考试管理方面。在坚持中国特色的基础上借鉴发达国家的考试经验，对我国建立和完善考核制度具有重要的意义。

（一）德国行会的毕业考试

德国工商行会（IHK）和手工业行会（HWK）组织的职业教育毕业考试久负盛名，它在考试结构、内容和组织实施方面构建了完整的体系。毕业考试分为两部分，第一部分考试在第二学年结束时举行，只有通过第一部分考试才能参加第二部分考试。第二部

[①] Pampus K. Ansätze zur Weiterentwicklung betrieblicher Ausbildungsmethoden[J]. BWP, 1987, 16(2): 43-51.

分考试在职业教育结束时举行,两部分分别占总成绩的 40% 和 60%。毕业考试详细结构如表 2-5 所示。

表 2-5 德国职业教育毕业考试结构

		考 试 领 域			
毕业考试 第一部分 40%	完整的工作任务 伴随性情境口试(考试时间不超过 10h,其中口试最多 10min) 笔试形式的任务设计(考试时间不超过 120min)				
		工作任务 30%	任务和功能分析 12%	系统设计 12%	经济和社会学 6%
毕业考试 第二部分 60%	第一种方式 企业工作任务(考试时间不超过 21h) 专业口试(考试时间不超过 30min) 第二种方式 实践性任务(考试时间不超过 18h,其中 7h 是用来实施的) 伴随性的专业口试(考试时间不超过 20min)	考试时间不超过 120min	考试时间不超过 120min	考试时间不超过 120min	考试时间不超过 60min

1. 毕业考试的科目内容

(1)毕业考试第一部分

毕业考试第一部分围绕一个完整的工作任务进行,强调考生在完成完整的任务的过程中,独立制订计划、实施和控制的职业能力;考试有三种形式:完整的工作任务、伴随性情境口试和笔试。考核内容为前 18 个月的学习内容。

(2)毕业考试第二部分

第二部分是重点,主要考核最后一年或一年半的学习内容,分四个"考试领域",即"工作任务""任务和功能分析""工艺设计"和"经济与社会学知识"。其中"工作任务"包含实践考试和口试,实践考试在以下两种任务之间任选一种。

① 企业工作任务:考生所在培训企业的具体工作任务,必须体现《培训条例》中所列出的所有职业能力。完成任务总时间不超过 21 小时。

② 实践工作任务:是跨企业的发展性实践任务,由位于斯图加特的考试命题中心(Prüfungsaufgaben-und Lehrmittelentwicklungsstelle,PAL)统一命题。考生必须在 18 小

时内完成，包括准备、实施、控制反馈、记录等环节。其中任务实施 7 小时，另外还有 20 分钟的伴随性专业口试。

实践考试方式由培训企业选择。如果选择企业工作任务，需向行会的考试委员会提交《企业任务申请表》。考试委员审核建议的企业任务是否满足要求。如果实施条件不满足，或不符合《培训条例》要求，企业必须选择实践工作任务。

① 任务和功能分析：给考生一个工作任务，在 120 分钟内完成技术系统分析。如设备机械工识别制造、组装、调试和维修中的问题，调整装配计划等。

② 系统设计：针对实际工作任务，考生在规定时间（120 分钟）内完成技术系统生产计划的制订。如设备机械工确定零件和组件的生产加工方法，确定技术参数，进行工具和机器的分配等。

③ 经济和社会学：考生在 60 分钟内完成与实践相关的行动导向的任务处理，描述和鉴别工作世界中一般经济学和社会学关系。

2. 毕业考试的形式

毕业考试的考核方式有以下几种。

（1）笔试：如任务和功能分析、系统设计、经济和社会学考试。笔试不是纯理论知识考试，而是基于一个任务做方案设计，考查考生的问题分析和方案制订能力。

（2）资料汇编：在规定时间内完成任务，记录与实践相关的资料，最后汇编形成一个任务资料文档，记录考生在计划、实施和控制阶段所采取的行动及所用到的技术资料。

（3）情境/专业口试：伴随实践操作过程，针对实际操作中的问题进行。口试内容主要针对任务实施过程，期限，工作安全/环保，质量保证/检测等。

（4）实操考试：有两种，一是考官直接观察考生的任务实施过程并评分，二是基于过程性资料文档的口试。

3. 德国毕业考试的启示

德国毕业考试重点考查学生的职业行动能力，而不是简单的知识点。德国对此开展了相关研究。特劳温（U. Trautwein）强调，标准化的认知技能测评要满足的教育和心理测量标准是客观性、信度和效度。格拉布纳（R.H. Grabner）和斯特恩（E. Stern）提出量化的认知技能测评方法也要满足心理测量的标准，即客观性、信度和效度。目前德国职业教育毕业考试采用的考试质量标准（Gütekriterien）包括效度、信度、客观性和经济性。其中，效度是指测试能够准确记录要记录的特征的能力。根据德国《联邦职业教育法》，要记录的特征即为获得职业行动能力的程度。信度是指准确记录考试成绩的程度，例如，测量误差的大小。在相同的外部条件和考生的情况下，不同测试的结果应该非常接近。客观性是指考试结果不依赖外部环境、条件和考官。此外，德国毕业考试还关注考试实施和评分的客观性，例如考试时间、允许使用的辅助工具。经济性是指在设计和选择考试方法时，在其他标准相同的情况下考虑测试的成本（如时间、人力、物力成本等）。非限定性的考试内容和考试过程对人的磨砺更强，因此，德国职业教育毕业考试"超越了一般人所解读的'技能'考试层面，进入了开放性的能力境域"。

德国职业教育毕业考试在以下方面对我们有重要的启示。

（1）摈弃学科知识考试内容：不按照学科分科考试，而是按照职业能力要求划分考试领域。考试领域覆盖了工作过程的各个阶段，是对职业能力的全面评估。用实际工作任务作载体可以考核学生工作过程能力。

（2）考教分离、两考合一：学生的培养由学校和培训企业负责，考试由行会负责，培训企业和学校不直接干预毕业考试的组织安排。为保证考试有效进行，行会成立了考试委员会负责考试命题、组织、评分和授予证书，保证考试的客观性及考试内容的真实性和实践性。毕业考试同时也是职业资格考试，两考合一减少了考试成本，考试内容更贴近实际工作需求。

（3）多样化的考试及评价工具：采用多种考试形式（笔试、实操、口试）和多角度的评价方法，不仅对完成工作任务的结果进行评价，还对工作过程进行评价，使考试结果真实可信。

近年来，强调综合化和过程导向的新型毕业考试模式在德国取得了较大突破，这也是应对"工业4.0"挑战做出的反应。

（二）英国学徒制的证书考试

20世纪90年代初期，面对社会生产力下降、技工短缺和失业率攀升等经济社会问题，学徒制重新进入英国政府的公共政策视野。1993年，保守党政府启动现代学徒制项目，以解决中等技能人才短缺问题,促进社会流动、社会包容和社会公正,重点发展 3 级学徒制,并将女性、移民与残疾人等纳入现代学徒制对象中。学徒计划实施以来,得到了历届政府和各政党的支持。英国的职业教育与培训体系如图 2-5 所示。

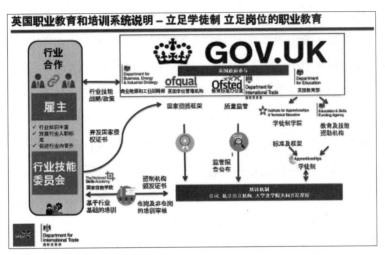

图 2-5 英国的职业教育与培训体系

建立职业标准和相应的考试制度是英国学徒制治理体系的关键要素。英国政府鼓励更多雇主参与学徒制,以提高学徒制的"品牌效应"。按照英国"开拓者"计划,由雇主组建"雇主小组",小组至少由 10 位雇主(至少包括 2 位学徒少于 50 人的小型雇主)构成,负责根据每个职业的需求制定学徒标准,从而代替原有的学徒框架。旧的学徒框架是由政府部门开发的,旨在进行职业资格认证。由于其考核重点是岗位知识而不是职业能力,所以考生通过考试获得资格证书后并不一定具备从事该职业所需要的能力。按照学徒制的要求,由雇主设计的学徒标准更简单易懂,每一项标准都针对特定的职业,描述学徒完全胜任这种职业所需的核心技能、知识和行为。英国教育部的一项调查显示,62% 的雇主认为新标准是对旧学徒框架的改进,能够更好地保障学徒制的质量。标准制定周期平均需要一年,从 2017/18 到 2018/19 年,新制定的学徒制标准数量增加了 84 000 个,而学徒框架数量则下降了 67 000 个。在 2018/19 年度,有 63% 的学徒开始采用新标准培训,高于 2017/18 年度的 44%。按照教育与技能拨款局(ESFA)的计划,2020 年所有学徒都能按照雇主开发的标准完成考试,从而正式取代旧的学徒框架。

新学徒标准也存在一些问题。英国中小企业就业人数占总就业人数的60%，有一半的学徒需求也来自中小企业，但是学徒标准的设计、开发和评估权力却集中于大型企业。英国就业研究协会（Institute of Employment Studies）通过评估发现，大企业开发的学徒标准内容在一定程度上忽视了中小企业的需求。尽管政府明确提出中小企业必须参与新学徒标准的制定，但由两三家中小企业参与制订的标准并不能保证会被其他公司接受。如何建立大企业和中小企业的协调共荣机制，目前还处于摸索与经验积累阶段。

此外，企业的主要任务是生产经营，英国很多雇主表示并没有能力主导技能体系的开发、管理和实施评估。调查发现，很多雇主不了解学徒标准开发的规则，有的按照本企业岗位要求制定学徒标准，有的则把现有资格标准内容进行简单整合，由此开发了上千种"新"学徒标准。这些标准存在内容陈旧、资格混乱、适应范围窄和内容重叠等问题，特别是难以形成可迁移的综合能力，是否可以应对未来社会发展对技能的需求，还需要观察。

在英国雇主主导的学徒制治理体系中，权力制衡缺失和信息交流不充分，在一定程度上导致产生了基于价格而非基于品质的市场竞争，采用的终点评估（EPA）方式也受到质疑。学徒在学徒期满后由独立的第三方进行考核评估，雇主和培训机构均在担忧是否存在足够的专业评估组织提供EPA服务。据统计，截至2018年年底，尚有19个标准尚未建立评估组织，而98个标准仅有一个评估组织。过分放大雇主的地位，有可能导致学徒制管理主体权力的失衡。

中国目前面临的很多情况和问题与英国十分相似。一方面，作为发达国家的英国可以为我们提供一些借鉴，如英国学徒考核采用技能导向的课业任务方式，采用观察法、作品评价法和提问法等多种方法评价学生，这为我们的考核方式从单一走向多元的探索提供了借鉴。另一方面，英国存在的问题也需要引起我们的注意。例如，1+X证书制度以社会化机制招募职业教育培训评价组织，赋予评价组织"开发+建设+考核+培训"的功能。目前的评价组织多数为小规模的教育服务企业，他们开发的证书能否充分反映整个行业的技能要求，以及这些证书如何与人力资源和社会保障部及大型或跨国企业开发的证书进行比较和融通，也是值得注意的问题。从英国学徒制和证书考试经验看，市场化竞争有可能引发追求开发多样化职业标准的狂热，造成标准数量繁多（英国2015年共有158个颁证机构提供21000多个证书）、内容重叠和费用高昂等问题，这提醒我们应协调好政府监管和市场关系。

五、基于现代信息技术测评方法的展望

当今社会，技术正在重新塑造着人类工作所需的技能，在大幅提升社会生产力的同时，也带来了生产模式和工作方式的变革。特别是新一代人工智能技术，如ChatGPT等，从多个维度影响着人类工作方式的发展[①]。现代数字技术是否可以为职业技能/能力评价提供支持，对研究如何利用现代信息技术实现高质量的职业能力评价具有重要的意义，我们从以下方面对未来进行展望。

（一）职业能力测评自动评分的可行性思考

试卷评阅是职业能力测评的重要环节，传统的试卷评阅方法需要消耗大量人力资源，因此可以考虑利用现代数字技术支持试卷的大数据评阅。例如，在COMET职业能力测评中，可以探索用于表征考生作答开放式题目写作风格的关键特征，构建基于文本语义理解的开放性试题评分模型，以及能力评价结果智能化分析模型。

可以在COMET能力测评"解题空间"的基础上建立参考资料集合，对资料集合与学生答案文本的相似度进行分析，从而构建误判率低、检出率高的开放式题目评价方法，为大规模职业能力测评的自动化评分提供技术基础。此外，基于被试的能力测评和毕业考试成绩、学习记录及其家庭、学校和实习企业的背景信息，可以分析学习过程性数据对能力评价结果影响的数学解析模型，提取影响职业能力发展（即评价成绩）的关键行为和因素，构建表征职业学习和发展过程的特征空间。今后可以考虑开展以下方面的研究。

1. 开放性试题智能化评分模型建构

针对典型工作任务的开放式题目的解决方案（即被试的"答案"）会界定在一定的

---

① 张夏恒.新一代人工智能技术(ChatGPT)及其对人类社会的影响与变革[J/OL].产业经济评论:1-14[2023-03-29].https://doi.org/10.19313/j.cnki10-1223/f.20230310.001.

空间内。选取一定数量答案建立参考资料集，该资料集在词性、词频、短语、句法结构等方面形成相对固化的特征；提取语义特征，刻画不同答案的风格和特征；通过对语义特征的相似性分析实现自动评分；基于长短时记忆网络（Long Short Term Memory, LSTM）对答案特征进行建模，通过特征异常分析进行评分，具体以下。

（1）数据预处理：将COMET能力测评的答案扫描并实现网上阅卷，选择不涉及复杂公式表达和运算过程的试题答案进行OCR文字识别。

（2）答题写作特征建模：通过题干语义特征抽取、句子语义特征抽取和写作特征融合等方式，按照细粒度中文分词方法和层次化LSTM建模。

（3）基于答题的写作特征自动评分：将获取的答卷写作特征与人工评分结果进行比较，利用特征向量偏移法、余弦相似度等设计评分机制；按照答卷间的一致性分析、答卷内部的差异性分析结果，确定评分结果。

2. 基于背景数据的测评结果智能化分析模型

研究影响能力评价结果（即职业能力发展）的关键学习行为特征，利用RBM构建神经网络学习模型实现特征提取，结合回归分析对能力测评和其他学业评价方式（如毕业考试）成绩进行分析。

（1）数据可用性分析与特征提取：分析COMET背景问卷等学习过程性数据对能力测评结果的作用机制，提取影响职业能力发展的关键行为和背景因素，作为构建分析模型的输入数据。

（2）学习过程数据具有多样性、高维度和时序性的特点，采用DBN与回归分析模型（逻辑回归、相关向量机、粒子滤波等）相结合的机制构建分析模型，包括RBM构建和DBN深度模型的构建；通过顶层回归对RBM和DBN进行优化；基于交叉验证和测试样本对回归层进行优化。

（二）基于区块链测评答案评阅方法

针对开放性试题的评判很难保证较高的评阅精准度和评分者间信度，而且在出现判卷失误情况时，也很难做到有效的监督和约束。可以考虑开发或引入基于区块链的试卷大数据评阅方法，采用超分辨率重建、多OCR技术互验方法相结合的方式，对被试学生提交的解决方案（答卷）内容进行识别；同时结合区块链技术，实现阅卷核心信息的上链存证，保证数据安全可靠。

文献搜寻发现，北京吉道尔科技有限公司高锡波的发明专利"一种基于区块链的智慧教育试卷大数据评阅方法及系统"[①]，为实现这一设想提供了可能。该发明公开了一种基于区块链的智慧教育试卷大数据评阅方法及系统，其核心内容包括以下两部分。

1. 基于区块链的试卷大数据评阅系统

发明提供的试卷评阅系统包括试卷图像获取模块、图像重建模块、答案识别模块、客观题评阅模块、主观题评阅模块和成绩生成模块等。

（1）试卷图像获取模块：用于获取并将目标学生的试卷图像上传到对应的阅卷系统中。

（2）图像重建模块：对试卷图像进行超分辨率重建，以得到目标试卷图像。

（3）答案识别模块：采用多OCR技术互验方法对目标试卷图像和文字进行识别，识别得到答题结果信息。

（4）评阅模块：提取并将答题结果信息中的答题内容与解题空间的关键词进行比对，根据答案比对结果确定评阅结果；提取并将答题结果内容发送至阅卷系统中，形成自我迭代的解题空间关键词。

（5）成绩生成模块：用于评阅结果生成目标学生的试卷评阅成绩。

该发明应用区块链技术实现阅卷核心信息的上链存证，提升了阅卷系统的安全性和可靠性。同时，结合区块链中存储的核心信息对评阅教师的评阅工作质量进行评判。

2. 对COMET能力测评的技术支持

该发明提供的基于区块链的试卷评阅方法及系统对COMET职业能力测评的评分可以在以下方面提供技术支持。

（1）获取并将目标学生的试卷图像上传到对应的阅卷系统中。

（2）对试卷图像进行超分辨率重建，以得到目标试卷图像。

（3）采用多OCR技术互验方法对目标试卷图像进行识别，得到答题结果信息。

---

① 中华人民共和国国家知识产权局发明专利《一种基于区块链的智慧教育试卷大数据评阅方法及系统》，申请公布号CN115171144A，申请公布日期2022-10-11。

（4）提取并将答题结果内容（关键词）与预置答案（解决空间的关键词）进行比对，根据比对结果确定并生成评阅结果。

（5）根据评阅结果生成目标学生的试卷评阅成绩。

该发明在超分辨率重建的基础上，利用多 OCR 技术互验方法对试卷内容进行识别，提升了试卷内容识别的精准度；应用区块链技术实现了阅卷核心信息的上链存证，保证数据安全可靠，提升了阅卷系统的安全性和可靠性；结合区块链中存储的核心信息可对评阅教师的评阅工作质量进行评判，这都对未来能力测评的自动评分、统计和分析提供了参考。

（三）多模态学习分析赋能能力测评的可能性

在职业技能/能力评价中，人们对职业能力的理解从朴素的行为主义观进化到涵盖复杂隐性特征的综合能力层面，这种理念的转变需要以新的数据和评价方法为支撑。在过往的评价中，常用的诸如学习绩效、问卷结果、访谈文本等"单模态"数据在观测角度上均存在一定的狭隘性，因而在探究复杂隐性特征时显得力不从心。而在生物数据采集技术及数据挖掘技术的支持下，人类的姿态、眼动、脑电、皮肤电等"多模态"数据均有望融入职业能力评价过程之中。以人工智能算法将上述数据与传统评价数据相结合，深入挖掘潜在信息，判断和预测由此衍生的发展可能，有望实现对数字对象及其所反映的现象或对象的系统化、过程性控制[①]，这为全面评估学习效果、深入挖掘认知机理提供了新的路径。

1. 多模态学习分析的概念与实施流程

所谓"模态"（modality），是指用某种可以被具体感知过程解释的社会符号系统从某一视角对事物进行描述所得到的数据类别。基于某一模态表征、分析事物是人们看待问题的基本方法，但囿于不同符号系统自身的表达特点及不同视角的表征局限，单一模态很难得到描述对象完整且准确的潜在信息，因而需要借助不同模态间的信息互补优势还原事物的全貌，由此产生了"多模态"概念。

多模态学习分析技术（Multimodal Learning Analytics，MMLA）由谢热（S. Scherer）等提出，旨在利用先进的传感器技术及其他数据采集手段收集复杂学习过程中产生的多模

---

① 祝智庭，胡姣. 教育数字化转型的本质探析与研究展望[J]. 中国电化教育，2022(4)：1-8，25.

态数据，并通过机器学习等多种分析技术对其进行同一化整合处理和建模分析[1]。多模态数据包括有意肢体动作及行为序列等外显数据，脑电、皮肤电等生理数据，无意肢体姿态、眼动等心理数据，学习风格、家庭背景等基础数据[2]。通过时间戳对齐上述数据，在时间尺度上形成与学习情境相对应的语境化数据，可以精准感知与挖掘复杂情境下的内隐机制。

由于数据的多模态性及时间尺度的高细粒度化等因素，MMLA 始终存在实施过程复杂、数据建模难度高、解读困难等问题。米特里（D. Mitri）[3]、张琪等[4]、刘清堂等[5]分别设计了不同的 MMLA 研究框架，为相关研究提供了实施的一般性流程。这些流程通常可以总结为以下四步。

（1）数据采集：利用传感器搜集学习者行为过程的多模态数据。

（2）数据处理：包括缺失值处理、数据表征、数据标注、数据对齐。

（3）融合建模：采用机器学习等人工智能手段训练预测模型。

（4）反馈解释：分析预测结果并向学习者反馈。

2. 多模态学习分析赋能职业能力测评的应用潜力

在现代教育评价中，评价者越来越关注外显行为背后的内隐机制，传统的观察、自评问卷等方法无法满足职业能力评价的信度效度要求，多模态学习分析技术通过对职业工作过程中多模态外显性状所蕴含的内隐特征进行表征与融合，有望进一步挖掘职业的发展与认知规律，打破职业能力测评的隐性障碍。其应用的主要优势可总结为以下几个方面。

（1）多模态学习分析技术能够突破传统职业能力测评中常用的评价量表、访谈文本、

---

[1] Scherer S, Worsley M, Morency L P. 1st international workshop on multimodal learning analytics：extended abstract[C]//Proceedings of the 14th ACM international conference on multimodal interaction. New York：ACM, 2012：353-356.

[2] 陈凯泉, 张春雪, 吴玥玥, 等. 教育人工智能 (EAI) 中的多模态学习分析、适应性反馈及人机协同 [J]. 远程教育杂志, 2019, 37(5)：24-34.

[3] Daniele D M, Jan S, Marcus S, et al. From signals to knowledge：a conceptual model for multimodal learning analytics[J]. Journal of computer assisted learning, 2018, 34(4)：338-349.

[4] 张琪, 李福华, 孙基男. 多模态学习分析：走向计算教育时代的学习分析学 [J]. 中国电化教育, 2020(9)：7-14, 39.

[5] 刘清堂, 李小娟, 谢魁, 等. 多模态学习分析实证研究的发展与展望 [J]. 电化教育研究, 2022, 43(1)：71-78, 85.

行为过程等数据来源，将更为深层的生理与心理数据代入评价的循证逻辑链中，以更为丰富综合的证据从多元视角深刻洞察学习者的内隐特征。一方面，相较于传统数据，生物传感数据能够直接反映人体内部生理组织在外部刺激或自主行为过程中发生的内隐变化。在教育神经学中，眼动（EM）、皮肤电（GSR）、脑电波（EEG）、心电图（ECG）等数据均已被证明可用于反映学习过程中的各类指标。例如，利用微眼跳观测学习者的注意强度①，利用 EEG 监测人脑 α 波变化判断学习风格②，利用 N100、P200 等脑电位监测知识理解的形成状态③。另一方面，多模态学习分析能够凭借大数据技术将职业教育学习者行动过程中的各类外显可测量特征集合起来，构建为一个可供机器学习或深度学习算法训练的高维数据矩阵，并通过特征交叉等手段深入挖掘各数据间的潜在关系，从而为职业能力测评提供更为充分、有力的证据。

（2）传统评价方法存在忽视高阶思维、难现真实情景、过程性重视不足等问题，无法随学习过程给出持续、高频次、细粒度的评价④。而多模态学习分析技术可以选用脑电仪、近红外脑功能成像等具备可移动、非介入的生物数据采集设备，尽可能降低对职业教育学习者行动的影响，从而以伴随式的数据采集、智能化的数据处理实现实时追踪评价。可以设想的是，在 COMET 能力测评中设计梯度渐进的开放性测试题，囊括从"新手"到"专家"的所有典型性工作任务。在此背景下，凭借多模态学习分析技术可以实时提取被试测试各阶段的外显特征，并通过人工智能技术寻找不同职业发展阶段对应任务中外显特征与能力要求维度的对应关系，从而得到 $y=f(a,b)$ 的关系式（y 指能力要求的级别分类结果，a 指能力内容维度，b 指行动维度外显可测特征，f 指函数关系）。由此，测试者可以充分利用 COMET 职业能力模型所展示的"能力空间"，穷尽空间所述的任意能力状态。

---

① Hirohiko K, Shogo I, Makoto I. Relationship between the Frequency of Microsaccade and Attentional State[J]. i-Perception, 2011, 2(4): 322-332.

② Richard J R, Alan G, Stuart R B, et al. Cognitive Style and Individual Differences in EEG Alpha During Information Processing[J]. Educational Psychology, 1997, 17(1-2): 219-234.

③ 张琪，武法提. 学习分析中的生物数据表征——眼动与多模态技术应用前瞻[J]. 电化教育研究，2016，37(9): 76-81, 109.

④ 张家华，胡惠芝，黄昌勤. 多模态学习分析技术支持的学习评价研究[J]. 现代教育技术，2022，32(9): 38-45.

（3）基于多模态学习分析技术的职业能力测评与传统纸笔测试及虚拟仿真测试均有较好相性。一方面，通过纸笔测试获取的文本数据是多模态学习分析的重要数据来源之一。以 COMET 能力测评的试卷评阅为例，可以借助自然语言处理（NLP）中的文本分类技术，在实现开放试题的自动评分、解决人工评价困难问题的同时，充实多模态学习分析的数据来源。另一方面，随着 VR 一体机、万向跑步机、触觉手套、嗅觉面罩等虚拟现实设备及生成性多模态人工智能技术的逐步成熟，以虚拟仿真软件或元宇宙代替高成本技能测试环境成为可能。在新兴数字技术的"加持"下，可以实现虚实跨界场域中主客体的无缝交互，完成对特定职业工作情境中人际与物际交互关系与潜力的复制或模拟①，从而满足开放性职业能力测试的要求。在数字环境下，多模态数据的采集成本将大幅降低，数据的时间精度将大幅提高，同时还能最大限度地控制采集过程对被试的外部影响。

3. 多模态学习分析赋能职业能力测评的研究任务

多模态数据驱动下的职业能力测评具有重要的理论和应用价值。一方面，基于数据驱动的研究范式打破了传统理论本位研究深陷职业能力内涵解构的囹圄，外显数据、生理数据、心理数据、基础数据等职业能力外显过程中的多元数据指标将为理解职业能力的内涵、形成机制等提供新视角。另一方面，多模态数据分析技术聚焦职业能力的外显过程，从多个维度揭示职业能力的可观测域与观测方法，其与虚拟仿真实训等学习过程的兼容性也将推动职业能力测评走向泛在化、智能化、过程化。开展基于多模态学习分析的职业能力测评研究可分为以下三个阶段。

（1）构建职业能力多模态数据的测评框架，这是此新型测评方法的理论基础。研究者首先需要从能力的自身结构出发，结合 COMET 职业能力模型构建职业能力概念模型。在此基础上，结合认知心理学、教育神经学等相关研究领域的现有研究结论构建职业能力外显机制模型，并按普适性工作过程分阶段描述职业能力的外显转换过程。以上述模型为基础，再从多模态数据驱动视角寻求评价的可行数据来源，从而构建职业能力多模态数据测评框架。

---

① 余越凡，周晓云，杨现民. 基于元宇宙的线上线下融合 (OMO) 学习空间构建与教学模式设计 [J]. 远程教育杂志，2022，40(4)：14-22.

（2）开发基于多模态数据的职业能力测评方案。研究者需要依据职业能力多模态数据测评框架，参照 COMET 等先进测评项目中对职业认知能力和专业能力的测评方法，结合多模态数据分析、元宇宙、人工智能等新兴数字技术，设计基于多模态数据的职业能力测评流程。并按照上述流程，通过系统开发案例详细说明测试题目开发、测试环境构建及多模态数据采集等测试工具开发的具体方法与步骤。

（3）对多模态数据进行模型训练与应用。架构完成的多模态职业能力测试工具在投入实际应用前，还需要充分的数据进行人工智能算法的模型训练，以应对不同的应用场景。考虑到模型训练的成本问题，针对不同规模职业能力测评，可以分别提供相对应的模型训练方法与应用案例。例如，针对大规模职业能力测评场景，可以采用有监督的人工智能算法训练模型。该类模型具有泛化应用能力强、精度高等优点，但由于对数据集的依赖，存在人工标注成本高、数据样本量敏感、算力开支与技术门槛高等问题，不适用于小规模测评。而针对小规模职业能力的测评场景，则可以采用无监督的人工智能算法，开发自动化测评工具，解决人工标注与技术门槛问题。此类方法的实质是通过聚类开展的相对评价，因而仅能判断被试在群体内的相对水平，不具备泛化应用能力。基于多模态学习分析的职业能力测评数据处理与评价参考流程如图 2-6 所示。

该评价流程针对两种应用场景设计了基于机器学习的大规模有监督和基于潜在剖面分析的小规模无监督两种职业能力数据处理与评价方法。基于机器学习的大规模有监督职业能力测评以模型训练、模型解释、结果呈现为路线，尝试多种常见的机器学习模型，比较各自准确率、精准率、召回率、F 值等，得到基于机器学习的评价结果与提升策略。研究者可进一步对机器学习训练模型开展解释性研究，反向总结出不同职业能力水平的外显规律，从而分析出职业能力的提升策略，赋能课程和教学的改革与创新。基于潜在剖面分析的小规模无监督职业能力测评是以工具开发、数据分析、结果呈现为路线，自动化评价小规模群体相对职业能力水平，通过投影寻踪对高维数据做降维处理，以服务潜在剖面分析的数据所需。这种测评方法能够在评价阶段完全解放人力，具有较高的可行性和推广价值。

上述两种测评方案涉及以下关键研究方法和技术。

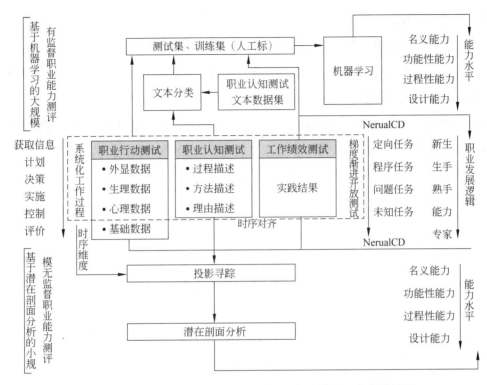

图 2-6　基于多模态学习分析的职业能力测评数据处理与评价流程

（1）模型构建：从多模态数据驱动视角出发，基于学习科学、教育神经学等理论基础，在职业能力概念模型、职业能力外线机制模型的基础上构建职业能力多模态数据测评框架。

（2）系统开发：为提高基于多模态学习分析的职业能力测评的可行性，针对小规模职业能力测评应用场景，基于 Unity 开发可视化职业能力测评自动化分析工具。

（3）投影寻踪：投影寻踪模型是一种将非线性、非正态和高维度数据投影到低维子空间的统计方法，它通过投影目标函数来反映高维数据可能性的大小，以此寻求最优投影值[①]，其应用流程主要包括数据归一化处理、投影指标函数构造、目标函数构造、投影方向优化四个步骤。使用该方法将高维的分时序多模态数据按特征降维处理，为潜在

---

① 陈之常，马亚东. 中国城市更新对居民幸福感的影响研究——基于遗传算法投影寻踪和面板空间分位数模型[J]. 管理评论，2022，34(8)：43-53.

剖面分析提供数据。

（4）潜在剖面分析（LPA）：是通过潜在类别变量来解释外显连续型指标间的关系的统计方法[①]，据此对投影寻踪产生的低维数据进行分析，分析被试群体的潜在剖面类型，并据此划分能力等级。

（5）神经认知诊断（NeuralCD）：一种基于神经网络的认知诊断技术，相较于传统的 IRT 认知诊断技术，神经认知诊断能够直接从数据中得到被试与测试项目之间的交互函数，从而捕捉到更复杂的潜在关系[②]。

[①] 尹奎，彭坚，张君. 潜在剖面分析在组织行为领域中的应用[J]. 心理科学进展，2020，28(7)：1056-1070.

[②] Wang F, Liu Q, Chen E, et al. Neural cognitive diagnosis for intelligent education systems[J]. Proceedings of the AAAI conference on artificial intelligence, 2020, 34(4): 6153-6161.

实证研究

第三章　X 技能等级证书考试元评价

"学历证书+职业技能等级证书"（即"1+X"证书）试点工作是我国职业技能证书制度建设方面的一次重要探索。"1+X"证书制度建设是否成功，在很大程度上取决于职业技能评价工作的质量，而评价方法对技能评价结果的真实性与可信度具有直接的影响。本章聚焦 X 职业技能评价方法的质量，对职业技能评价方法的有效性开展元评价，并对元评价结果进行原因分析。

一、研究设计

以设计导向职业教育思想为指导，在信度理论、整体效度观、建构主义和情境学习理论的基础上，借鉴语言测试使用论证框架，初步建构 X 职业技能评价方法的有效性论证框架，采用修正式德尔菲法确定有效性论证框架的指标。

按照 X 职业技能等级证书所属职业类别的不同，选取技术类的 J 证书和 D 证书，服务类的 S 证书、G 证书和 Z 证书（其中 S 证书是以人为服务对象，G、Z 证书是以技术为服务对象）作为元评价对象。根据上述构建的有效性论证框架，设计元评价证据列表、元评价等级评判表、访谈提纲和观察表。采用文本分析法、访谈法、观察法和专家评判法，收集五个证书评价方法有效性的相关证据资料。将证据整理归类，分别填入五个证书的证据列表中，采用图尔敏论证模式，对证据列表中证据的充分程度进行论证和等级评判，根据等级赋值，计算出证据（三级指标）对理由（二级指标）和主张（一级指标）的支持程度分值，获得有效性论证框架中各级指标的达成度情况，画出指标达成度雷达图，并进行分析与讨论。具体研究设计如下。

（一）有效性论证框架的构建

借鉴语言测试领域的测试使用论证框架，以教育测量与心理测量和职业教育的相关理论为基础，采用图尔敏"从事实到主张"的论证模式，初步构建技能评价方法有效性论证框架。有效性论证框架中的"论点/主张"为框架的一级指标，"理由"为框架的二级指标，"证据项"为框架的三级指标。为了确保所构建的有效性框架适合职业教育领域，该测试采用修正式德尔菲法，邀请专家对有效性论证框架的主张（一级指标）、理由（二级指标）、证据（三级指标）进行意见反馈和认同度评分。所有专家的权威系数都在 0.800 及以上，说明专家具有较高的可信度。根据专家的意见和建议，对指标进行修改和完善，形成正式的 X 职业技能评价方法的有效性论证框架。

（二）元评价工具的设计

1. 元评价证据列表

根据所构建的有效性论证框架形成元评价证据列表，即支撑职业技能评价方法有效性的证据清单，证据主要通过文本分析法、访谈法、观察法和专家评判法获得。

（1）通过文本分析收集职业技能评价方法相关文本资料和信息（如职业技能评价实施方案、评分说明、考场说明、评分表、试题及相关的公开文件），并对所收集的文本资料进行编码与分析，形成证据。

（2）通过访谈法获取测试的设计者、考生、教师对职业技能评价方法有效性的各方面的数据。每个 X 职业技能等级证书均选取 1 位设计者，至少 2 名教师（担任证书考试的组织者/培训者/评分员/监考员），至少 2 名考生作为访谈对象。共选取了 31 位访谈对象，其中设计者 4 位，教师 11 位，考生 16 位。总计访谈录音 15 小时 9 分钟 44 秒，转录文字数 217797。

（3）采用非参与式观察法对五个 X 证书考试实施过程（考场环境、考场组织、监考过程、考试题目、考生作答过程、评分者评分过程等）进行观察并记录。观察时以尽量减少对考场秩序、氛围和考生情绪影响为原则，每个证书的观察时间不少于 6 个小时，总观察时间 46 小时。

（4）为避免研究者专业认知局限性对研究的影响，邀请 1~2 位 X 职业技能等级证书所涉及的专业或行业领域的专家，对 X 职业技能评价的考试标准和内容进行专家评判，形成证据。

2. 元评价等级评判表

根据所构建的有效性框架形成元评价等级评判表（即证据支持程度的评价表），采用等级评价赋值法，等级为 a 级（9~10 分）表示证据非常充分，能够完全支持指标的表述，即指标的达成度非常高；b 级（7~8 分）表示证据较充分，能够较好地支持指标的表述，即指标的达成度较高；c 级（6 分）表示证据基本满足，基本支持指标的表述，即指标的达成度一般；d 级（4~5 分）表示证据不充分，不能够支持指标的表述，即指标的达成度较低；e 级（0~3 分）表示证据非常不充分，完全不能够支持指标的表述，即指标的达成度非常低。

（三）元评价过程的设计

对通过访谈、观察、文本分析和专家评判收集的证据资料进行整理、考证和编码，形成证据，依次填入证据列表中。依据元评价等级评判表，通过基于证据的论证方式，对证据对理由和主张的支持程度进行评判，获得各指标达成度的分值。为了对指标的达成度及不同职业类别的技能评价方法的有效性进行比较，研究对评判等级进行量化赋值，评定为"a"级计 4 分；"b"级计 3 分；"c"级计 2 分；"d"级计 1 分，"e"级计 0 分。在对各指标达成度计算和等级划分时，参考斯塔弗尔比姆编制的元评价考核表（Program Evaluations Meta Evaluation Cheeklist）中的统计方法[①]，通过百分位数进行指标达成度等级划分，划分点为 93%、68%、50%、25%，即 93%~100% 为 a 级（达成度非常高）、68%~92% 为 b 级（达成度较高）、50%~67% 为 c 级（达成度一般）、25%~49% 为 d 级（达成度较低），0~24% 为 e 级（达成度很低）。元评价等级评判表由 4 个一级指标、11 个二级指标、33 个三级指标构成。由于每个一级指标中的二级指标数量不同，二级

---

① Stufflebeam D L. A meta-evaluation [R]. Western Michigan University, School of education, 1974.

指标中三级指标数量也不同,因此研究采用标准分报告结果,并根据评分结果画出指标达成度雷达图。

二、基于证据的元评价过程

根据职业技能评价方法有效性框架收集相关证据,采用图尔敏论证模式对评价方法的有效性进行论证。选取五个 X 职业技能等级证书的技能评价方法作为案例开展元评价。由于篇幅所限,本章仅列举以技术为服务对象的 Z 证书和技术类 D 证书的评价方法的有效性论证过程及结果分析,对其他评价方法的论证过程和结果分析见研究报告全文。

(一)测试分数的有效性

X 职业技能评价的测试分数有效性主张为同一个 X 证书的不同考点、不同次考试,获得分数是一致的。

1. 理由 1 评分一致性

(1)证据 1(Ⅲ-1)评分标准、程序与组织不因考生和实施地点不同而改变

该证据项要求不同考点、不同次考试、对不同考生的评分标准、评分程序和评分组织的一致性。两个证书在保证考试标准化方面都采取了很多措施,制定和公布了一系列文件,明确实施程序和组织过程,以确保不同考点、对不同考生的评价标准、考试实施程序和组织保持一致,如表 3-1 所示。

表 3-1 文本分析证据表

证书	证据	来源
Z	公布了统一的考试设备、场地要求和人员配备及要求、评分规则、考核内容、考核形式、考核流程、考核管理、发证条件、考核时长	《考核方案》
D	制定了统一的考核时长、设备要求、人员配备和要求、考试申请流程、考场准备要求、考试流程、考核评分办法,公布了考试样题和评分标准	《考核工作手册》《初级样题》

在具体实施过程中,两个证书都采用单一评分员评分方式,未采用双评分员评分方

式。特别是实操考试，人工评分容易受评分者主观因素影响。另外，考教分离也是影响评分客观性的一个因素。特别是高利害关系考试，应该尽量采用"考教分离"方式，以避免产生评分偏差。

D证书理论、实操分开考核，理论部分采用上机考试，题型均为客观题，计算机自动评分；实操部分采用人工评分，但在组织上有所不同。现场观察和访谈发现，D证书采取"考教分离"方式，实操评分由两部分组成：安全和文明规范生产部分（分值10分）由现场评分员打分；加工后的工件，经二次加密被寄回评价组织，由专门质检员评分（分值90分）。但质检员的评分组织过程没有公开。通过现场观察发现，Z证书采用实操与理论一体化的虚拟仿真考核方式，计算机评分，因而能够比较容易实现评分标准、评分程序一致性。

根据以上证据，对证据的充分性和达成度进行等级评定和评分：Z证书在该项指标的证据的充分程度较高，达成度等级为b级，分值为8分；D证书在该项指标的证据的充分程度一般，达成度等级为c级，分值为6分。

（2）证据2（Ⅲ-2）评分者经过系统培训，具有良好的评分资质

评分者是影响测试分数的重要因素之一。经过系统培训，具备良好评分资质是对评分者的基本要求。评分者培训是使不同评分者评分尺度保持一致的有效措施（见表3-2）。

Z证书采用计算机自动评分，能较好地避免对不同考生的评分偏颇。但是访谈中发现，目前计算机评分逻辑和程序还不够稳定和完善，存在答案误判、识音和识图不准的现象。例如，对图片中钢笔和铅笔识别不准，对音量较小、有口音和有杂音的声音识别不准确。虽然评价组织采用100%人工复核方式确保评分质量，但从计算机评分资质来看，相关证据并不是很充分。

表3-2 评分员培训方式、过程和材料

证书	评分员资格条件	培训方式	培训内容	培训材料
D	中级职称+通过师资培训+通过评分员培训	集中+考前培训	集中培训内容：评分员职责、考核流程 考前培训内容：由考核师再对评分员进行关于考核规则、考核技术平台、评分方式、评分标准、成绩管理流程、安全注意事项和安全应急预案等培训	《考核工作手册》

D证书的理论考试都是客观题，由计算机自动评分；实操考试采用人工评分，评分

员由与考评相关专业的教师或质检员担任，了解专业知识和考评内容。D 证书要求现场评分员满足三个条件：获得中级职称、通过师资培训、通过评分培训。评分员培训采用集中培训和考前培训相结合的方式。现场评分员只对安全和文明生产进行评分，分值为 10 分，评分任务较简单。现场观察发现，评分员对该项基本不扣分，除非出现像撞刀等这类安全事故。访谈中评分员表示由于设备昂贵，撞刀成本较高，所以基本是平时训练好了才允许上机实操或考试，出现安全事故的概率很小。加工工件尺寸精度等的评价由专门的质检员进行评分。如果完全按照企业产品对要求进行质检和评分，那么质检员本身就具有较好的产品质量评价资质。

根据以上证据分析，对证据的充分性和达成度进行等级评定和评分：Z 证书在该项指标的证据的充分程度一般，达成度等级为 c 级，分值为 6 分；D 证书在该项指标的证据的充分程度较高，达成度等级为 b 级，分值为 7 分。

（3）证据 3（Ⅲ-3）评分者自身评分信度（评分者信度）较好

评分者自身评分信度较好是指评分者不受外界因素影响，始终把握好评分尺度，做到"一碗水端平"，无偏颇现象。计算机评分能较容易实现较高的评分者信度。人工评分较难实现，只能通过考评时间、避免评分员疲劳等方式尽可能减少对评分员评分的影响，同时采用非本校教师评分的方式，尽可能提高评分者自身评分信度。

Z 证书采用计算机自动评分，容易排除外界因素影响，达到较高的评分者信度。D 证书采用外校评分员现场评分＋质检员评分相结合的评分方式。观察发现，现场评分员只对安全、规范和文明生产进行评分，分值为 10 分，评分较为简单，工作量小，有较好的评分者信度。访谈发现，加工后的工件由专门的质检员进行评分，但关于如何保证质检员评分尺度一致性，Z 证书并未提供相关的证据支撑。虽然质检员本身具有较好的产品质量检测资质，但 X 证书考核的评分与产品质量检测不一样。企业产品质量监测只有合格和不合格之分，但对 X 职业技能考核需进行分值判断，评分易受评分者的主观因素影响。

根据以上证据分析，对证据的充分性和达成度进行等级评定和评分：Z 证书在该项指标的证据的充分程度较高，达成度等级为 b 级，分值为 8 分；D 证书在该项指标的证据的充分程度一般，达成度等级为 c 级，分值为 6 分。

（4）证据4（Ⅲ-4）不同评分者间信度（评分者间信度）较好

不同评分者间信度较好是指不同评分者间的差距较小。在统计学上可用评分者间的信度系数 Finn 来表述。研究发现单一评分员的评分方式，对分数的公平公正有一定影响，特别是当评分员对标准理解不一致、评分尺度没有统一时，就会出现评分宽严度不统一的现象。在保证评分者间信度方面，Z 和 D 证书均并没有提供证据表明其考虑到了不同评分者间的信度。但 Z 证书是计算机自动评分，较容易统一评分尺度，达到较高的评分者间信度。

根据以上证据分析，对证据的充分性和达成度进行等级评定和评分：Z 证书在该项指标的证据的充分程度较高，达成度等级为 b 级，分值为 7 分；D 证书在该项指标的证据的充分程度非常低，达成度等级为 e 级，分值为 3 分。

2. 理由2 测试工具一致性

（1）证据5（Ⅲ-5）不同测试任务的得分具有较好的内部一致性

科学的测试工具需要保证所有测试题目都指向同一个概念或者目标，在统计学上，可通过计算内部一致性信度或同质性信度来检验，或者通过概化研究和多面 Rasch 分析获得不同测试任务的拟合度。在概化研究中，如果任务侧面的方差分量所占比例较小，说明测试任务具有较好的内部一致性。目前两个证书并没有提供相关证据资料证明其测试任务具有较好的内部一致性。

（2）证据6（Ⅲ-6）针对同一目标职业技能的不同测试或不同次施测，测试得分具有一致性

科学的测试工具需要具备稳定性和可靠性。在统计学上一般可通过计算复本信度、折半信度、重测信度的方式进行验证。目前两个证书并未提供相关证据资料证明其不同测试或不同次施测测试得分具有一致性。因此，没有证据表明证书在该项指标达成度高。

3. 论证结果

根据以上证据考证和充分程度分析，计算出证据对二级指标和一级指标的支持程度分值（标准分），如表3-3所示。按照表中数据可以确定证据对理由和主张的支持程度：Z 证书支持"Ⅱ-1 评分一致性"理由的证据较充分，该二级指标达成度较高；D 证书支持该理由的证据不够充分，该二级指标达成度较低；两个证书支持"Ⅱ-2 测试工具一致

性"理由的证据非常不充分,指标达成度非常低;两个证书支持"Ⅰ-1测试分数有效性"主张的证据比较不充分,不能支持该主张,说明两个证书在保证测试分数有效性方面做得还不够。

表3-3 测试分数的证据对理由和主张的支持程度

证书	证据对理由的支持程度(分值)		证据对主张的支持程度(分值)
	理由Ⅱ-1	理由Ⅱ-2	主张Ⅰ-1
Z	68.75	—	45.83
D	43.75	—	29.17

说明:根据标准分(P)判断达成度;$93 \leq P \leq 100$表示达成度非常高;$68 \leq P < 93$表示达成度较高;$50 \leq P < 68$表示达成度一般;$25 \leq P < 50$表示达成度较低;$0 \leq P < 25$表示达成度非常低。

(二)测试分数解释的有效性

X职业技能评价的测试分数解释的有效性主张为根据测试分数对目标职业技能的解释是有意义、无偏颇、具有适用性、与测试使用有关联的且能够为测试使用提供充分的信息。

1. 理由3 测试分数解释有意义

(1)证据7(Ⅲ-7)目标职业技能的定义科学合理

科学的职业技能标准(目标职业技能)的确定需要有一定的理论基础,按照科学方法和过程,符合企业人才需求和职业院校人才培养目标。《国家职业教育改革实施方案》(以下简称"方案")中提出"职业技能等级证书分为初级、中级、高级,是职业技能水平的凭证,反映职业活动和个人职业生涯发展所需要的综合能力",明确职业技能等级证书考查的是综合能力(总目标)。

Z证书对职业技能标准的描述,是按照工作流程分解技能点和知识点的去情境化表述,缺乏工作过程相关要素。在职业技能要求表述中,出现较多相同表述或条件要求。去掉这些相同条件或要求,就是单纯的技能点。同时还出现较多完全一样的职业技能要求,例如职业技能要求1.3.4和1.2.4均为"能够依据《汽车售后服务规范》和车辆出厂规定,使用专业知识,解答客户疑问"。此外,还有很多职业技能要求只是对象不一样,条件和动作都一样,无法体现不同工作任务要求的差异性和特殊性。

D证书职业技能标准是完全按照知识点、操作技能点的去情境化表述。三个等级的标准工作领域完全相同,三个等级的工作任务,除了新技术应用领域的任务不同,其他也几乎相同,只是工作对象有所变化。大部分对职业技能要求的表述都一样,例如初级"2.2 四轴数控机床操作"中除了"2.2.4",其他项与中级"2.2 多轴数控机床"中的要求基本相同;在初级工作任务"3.1"的职业技能要求中除了对象不同,其他的表述和要求都相同。不同级别的工作领域和工作任务应有所不同,不同工作任务的技能要求也应有所不同。D证书职业技能标准表述不符合真实企业工作领域和工作任务的实际情况。初级工作任务中涉及"新技术应用",这对于中职学生较难,与职业学校人才培养目标的匹配度不高。为了保证对标准评价的客观性,本研究邀请相关专业领域的专家对职业技能标准的科学性和合理性进行评判。

综合各方面证据,结合专家评判意见,对证书在该指标证据的充分性和达成度进行等级评定和评分:Z证书在该项指标的证据的充分程度较低,达成度等级为d级,分值为4分;D证书在该项指标的证据的充分程度非常低,达成度等级为e级,分值为3分。

(2)证据8(Ⅲ-8)完成测试任务需要考生使用目标职业技能

该指标反映的是测试任务是否针对测试目标职业技能设计。虽然在Ⅲ-5指标会进行内部一致性验证,但是验证只能表明指向同一个目标,目标是否是测试目标,需要进一步确认。

研究将考试任务、完成考试任务需要的能力与职业技能标准的要求进行对比,发现:Z证书考题涉及知识点较全,知识点按照设计者固化的工作流程呈现,完成考题的应答方式为鼠标点击即可,考生不需要考虑工作过程和方案设计;设计者将封闭性的、具有唯一解题空间的工作任务,通过其所固化的工作流程进行呈现,无法很好地体现目标职业技能的要求;并且考试中存在大量只需选择对错的判断题,考生应答方式简单,采取的策略也较为单一,无法完全体现认知能力和思维过程。即便通过了考试,也看不出考生是否真的具备了标准所要求的职业技能。考生完成考试任务所需要的能力不完全与目标职业技能相匹配。

D证书实操考试任务要求学生按照图纸加工一个零件,是传统的"典型工件"考题。考试任务是去情境化的、技术操作类的封闭性工作任务。考生需要通过画图、建模编程、设计工艺流程、加工、检测等复杂过程才能完成工作任务。如果完全没有做过，那么对中职学生而言，任务难度较高。况且在职业技能标准中还要求考生会"新技术应用"和"机床维护"。但在初级实操考题中没有涉及这两个工作领域，只涉及"工艺与程序编制"和"数控加工与检测"两个工作领域。这说明考核内容没有完全覆盖标准中的内容。对照考题和样题发现，两者只是在尺寸标注上稍有改动，具有95%以上的相似度。此类考题很难测出标准中要求的职业技能。

根据以上证据分析，结合专家评判意见，对证书在该指标的证据的充分性和达成度进行等级评定和评分：Z证书和D证书在该项指标的证据的充分程度非常低，达成度等级为e级，分值分别为3分、2分。

（3）证据9（Ⅲ-9）考生在测试中能最大限度地展现所具备的目标职业技能

该指标反映的是考生在考试过程中是否受到与考试无关的外界因素影响，从而不能够最大限度地展现其所具备的目标职业技能。研究主要考虑考试时间是否充分，考试环境、设备、答题方式是否对答题有影响等方面。

Z证书访谈中教师和考生认为时间足够，但人机交互方式和考试系统闪退现象会影响表现，说明人机交互方式和考试系统的稳定性在一定程度上影响了考生的发挥。教师ZT1说"主要是在操作逻辑上会有影响，就是说如果在实际中要让他拆或装，他知道拿着工具怎么去做，但在虚拟环境里面他是用鼠标去点，交互过程可能和现实中不太一样。所以有的学生可能不知道该怎么点鼠标或者是该怎么做……考试过程中系统会闪退，来来回回三四次，影响考生"。学生ZS1认为，有时候点了鼠标半天也没反应，那道题假如用万能表实际测量，自己本身是一点问题都没有的；学生ZS2说"有时候系统老闪退"。对3个考场进行远程观察发现，考试时间是够的，绝大部分学生都能够在一个半小时内完成考试，甚至有的考生半个小时就交卷了。

D证书教师和考生都表示考试时间完全够用。现场观察发现，实操考试时间是3个小时，所有的考生在2个小时内都能完成考试，甚至有考生一个小时15分钟左右就做完了，而且整个过程非常流畅。访谈中考生表示"平时训练就是这么做的，没其他的影响"。

根据证据分析发现，考试时间和设备、环境、组织等对考试影响较小，计算机操作熟悉程度对考试有一定影响。研究结合专家评判意见，对证书在该指标的证据的充分性和达成度进行等级评定和评分：Z 证书在该项指标的证据的充分程度较高，达成度等级为 b 级，分值为 7 分；D 证书在该项指标的证据的充分程度非常高，达成度等级为 a 级，分值为 9 分。

（4）证据 10（Ⅲ-10）评分标准关注与目标职业技能相关的考生表现

X 职业技能等级证书评价的目的是测试学生是否达到了职业技能标准的要求，科学评分标准应关注考生与职业技能等级标准相关的表现，而不是其他无关的职业技能表现。研究通过访谈、专家评判及对比评分标准和目标职业技能标准来取证。

Z 证书设计者表示评分标准是在以往经验的基础上设计的。研究发现 Z 证书的评分标准非常细化，是对工作任务的每一步进行拆解与细化。评分过程是由计算机踩点给分，每一部分设置了分值，计算机根据交互点和权重自动配分。考题中 30% 是理论题，即选择题和判断题，分值是固定的；70% 是技能题，根据交互点给分，分值已经确定，只是交互点数量不同。其实交互点也是事先确定了标准答案或者逻辑。因此，这种评分标准还是对"对—错"结果的判断。出于知识产权保护，评价组织并未向研究者提供计算机评分的标准和逻辑。通过文本分析发现，Z 证书考核的目的均为"综合能力"，检验考生是否满足企业岗位需求。但在 Z 职业技能标准和评分标准中，并没有发现其能够体现综合能力这一考核目的。"对面向智能网联汽车后市场服务企业的从业人员及在校学生进行专业知识、职业技能和职业素养等综合能力的考核，检验其是否符合企业一线岗位标准要求，以作为相关用人单位聘用、晋升的重要参考依据。"（Z 证书的考核目的，来自《Z 证书考核方案》）。

调研发现，Z 证书中有些学校没有实操设备，学生仅通过理论学习就能通过考试。将考生完成任务的日志（包括计算机评分结果）和职业技能标准进行比较后发现，计算机对考生答题的评判只有对错之分（因为大部分是选择题、判断题，有标准答案）。但对职业技能的考核是不能用简单的对—错进行评判的。因此，研究认为 Z 证书的评分标准并不能反映考生目标职业技能的相关表现。虽然设计者表示 Z 证书任务是来自企业，但是其任务情境设置较简单，是封闭性任务。考生需要按照题目规定的工作流程做，工作流程被限制，故障排查和检修的路径也被限定，考生没有更多的解题空间。评分标准也只关注每一步操作的技能点是否做到位，缺乏对考生解决问题的思维能力和认知能力的考查。评分标准按照知识点、技能点赋分,本质上并不能反映 Z 证书的考核目标,也无法反映考生的综合能力。

D 证书的设计者表示评分标准根据职业技能标准设计,访谈中教师 DT1 表示该评分标准基本符合技能等级标准要求。对评分标准分析发现,评分标准只有尺寸精度要求,不对考生编写的程序、设计的加工工艺进行考查;只关注结果,即工件尺寸精度的要求,不关注考生完成任务的过程。考生考试结束后,所有过程性的东西都被要求删除,只注重结果评价。虽然企业对产品质量的要求在一定程度上反映为对企业人员的要求,但是企业人员不只是具备精湛的操作技能的技术熟练工,还需要具备其他的职业素养,如团队合作、与他人沟通的能力、考虑加工经济性和环保性的能力。另外,工艺设计会影响整个加工过程,大批量和小批量生产的工艺是不一样的,所编写的加工程序也会有区别。但是评分标准并不关注考生的加工过程,即考生应答过程所运用的职业技能。另外,评分标准并不能完全体现职业技能标准,例如"能对数控机床进行日常维护,处理简单报警信息;能完成刀具智能管理和机床功能检测,具备新工艺和智能制造技术应用能力"这些职业技能要求没有在评分标准中体现。这说明评分标准与职业技能标准脱节,不能体现目标职业技能中考生的表现。

根据以上证书的证据分析,结合专家评判意见,对达成度进行等级评定和评分:Z 证书在该项指标的证据的充分程度较低,达成度等级为 d 级,分值为 4 分;D 证书在该项指标的证据的充分程度非常低,达成度等级为 e 级,分值为 3 分。

(5)证据 11(Ⅲ-11)分数线的划分科学合理

分数线的设置实际是对最低能够获得 X 证书的职业技能水平的确定。低于分数线说明不能胜任职业技能标准中的工作任务,没有达到证书要求的最低职业技能水平。对高利害关系的 X 职业技能评价来说,分数线的设置非常重要。对两个证书的证据资料进行分析发现,两个证书都以 60 分作为合格分数线,依据基本相似,例如试题难易程度、重难点的比重、社会的认知。Z 证书根据对考试内容掌握的程度进行分数线的划分。访谈中设计者 ZD 表示"整个分数级别其实是按照一个规则去设计,就所有任务来说,必须掌握 60% 的任务,这些才能够到这个岗位上"。此外,设计者还表示"其实是 50 分还是 60 分及格,关键在于我们题型内容的设计"。D 证书根据试题的难易程度设计的分数线。设计者 DD 表示"我们也是根据考核的难易程度确定 60 分为及格线的"。

综上，两个证书分数线的设计都有其理由和依据，都不是随意设计的，都认识到试题难易程度会影响分数线。但没有证据表明两个证书都按照统计学和教育测量学方法进行设定。根据以上证书的证据分析，对达成度进行等级评定和评分：Z 证书在该项指标的证据的充分程度较高，达成度等级为 b 级，分值为 7 分；D 证书在该项指标的证据的充分程度较高，达成度等级为 b 级，分值为 7 分。

（6）证据 12（Ⅲ-12）职业技能等级划分科学合理

在《国家职业教育改革实施方案》中已明确职业技能等级证书分为初级、中级、高级。三个等级标准由评价组织定义，如何更科学合理地划分三个等级标准，是当前职业技能标准开发遇到的最大难题。教育部发布的《职业技能标准开发指南（试行）》中明确提出三个等级"依次递进，高级别涵盖低级别职业技能要求""等级划分依据应明确、清晰，易于理解和操作。应与学历教育层次相衔接，与职业岗位层级相对应，与技术复杂程度和技能熟练程度相适应"。即要求评价组织划分三个等级时既要考虑职业院校人才培养层次、企业工作岗位需求，也要考虑技术复杂程度。这三个方面如何对接，目前并没有明确的规定和方法指导。各评价组织完全按照自己的理解进行划分，Z 证书按照企业岗位划分，D 证书按照职业院校人才培养目标划分。

访谈中 Z 证书的设计者 ZD 表示"所有证书的等级标准都跟岗位匹配……针对企业岗位用人需求这个方面来定义不同的级别划分"。Z 证书在工作领域和工作任务中能够较好地区分三个等级。但在职业技能要求中，三个等级出现较多除了工作对象不同，职业技能要求完全相同的情况。对中级和高级职业技能标准的描述也出现同样的问题，甚至出现初级的职业技能要求和中级几乎一样的现象。例如，初级的"3.3.1 能够根据车辆运维操作规范，结合车辆故障现象，与他人合作，合理制定智能座椅检测方案，完成工具设备、所需物料等准备工作"与中级的"1.2.1 能够根据智能网联汽车检修操作规范，结合车辆故障现象，与他人合作，合理制定 ADAS 控制系统维修方案，完成工具设备、所需物料等准备工作"。雷同的职业技能要求，难以体现不同工作任务的特殊性和差异性。这说明在职业技能要求方面，Z 证书没有较好地区分三个等级的差异性和特殊性。

D 证书的设计者表示三个等级的划分是"按教育部的要求，初级完全针对中专……

对高职来讲，它根据数控技术专业培养的技能要求来确定中级的标准……对高级来讲，它是根据应用本科的培养目标来确定高级的标准"。三个等级的划分完全根据职业院校培养目标设计。但是对三个职业技能标准进行分析发现，三个技能等级的要求较高，特别是在初级和中级就涉及新技术的应用，对中职和高职的学生而言难以达到。例如，初级新技术应用中的4.1.3职业技能要求"能根据材料学理论知识，运用陶瓷、碳纤维、高温合金等各类难加工材料的加工特性，完成所对应的加工工艺参数的比较"，这对中职的学生而言是很难达到的。访谈中教师DT1也表示"刚开始我们在接触这方面时，感觉这个标准有点高"。

另外，三个等级中除了新技术应用领域中的任务不同，其他工作领域和工作任务都一样，只是工作对象不同。大部分的职业技能要求都相同。例如，初级"2.2 四轴数控机床操作"中除了"2.2.4"，其他项与中级"2.2 多轴数控机床操作"中的职业技能要求基本相同；在初级3.1中的各项职业技能要求中除了对象不同，其他表述和要求都相同，表述模板为"能根据四轴数控机床点检表，运用设备点检的方法，对×××进行日常检查，并正确记录点检结果"。大量相同的职业技能没有体现出不同工作任务的特殊性和差异性。这说明在职业技能要求表述方面，D证书没有较好地区分三个等级的差异性和特殊性。

根据以上各证书的证据分析，结合专家评判意见，对达成度进行等级评定和评分：Z和D证书在该项指标的证据的充分程度较低，达成度等级为d级，分值均为4分。

2. 理由4 测试分数解释无偏性

（1）证据13（Ⅲ-13）测试作答要求和测试内容对所有考生都一样

X职业技能等级证书考试是全国性、大规模、高利害关系测试。只有在测试作答要求和测试内容都一致的情况下，考生水平才具有可比性，同一个职业技能等级证书才具有等值性。研究者发现，两个证书在保证"测试作答要求和测试内容对所有考生都一样"方面做得较好，公布了统一考试大纲（内容）和考核方案等，有些证书还公布了样题。

Z证书公布了统一的考核内容、考核形式、考核流程、考核管理、发证条件、考核时长，对所有考生一致。访谈中考生ZS2表示与其他同学交流发现，同一场次考试中考题大部分相同。对教师访谈发现，不同场次（比如考试日期不同）考题会有所不同。设计者表示考题由计算机组卷，但设计者并未告知考题数量，以及不同组卷是否在难度、考核时间上一致。研究者通过观察发现，不同场次考试的题目有所不同，同一场次考试的题目大部分相同。

D证书制定了统一的考核时长、考核评分办法，公布了考试样题和评分标准。观察中发现考题要求、作答方式和内容对所有的考生都一样；并且同一考点，设置了两套试卷。设计者表示不同考卷会进行难度、考试时长等的检测，以保证不同考卷只是形式不一样，考试内容和要求都一致。

根据以上各证书的证据分析，对证据的充分性和支持程度进行等级评定和评分：两个证书在该项指标的证据的达成度非常高，达成度等级为a级，分值为9分。

（2）证据14（Ⅲ-14）测试不存在歧视或攻击性的内容和表述

该指标反映的是对测试表述的最基本要求，即在考题内容和表述上不存在歧视和攻击性语言。观察中发现，两个证书试题都是专业性表述，不存在歧视性和攻击性的表述和话题。访谈中考生和教师均表示完全不存在歧视和攻击性语言及表述。根据以上各证书的证据分析，对证据的充分性和达成度进行等级评定和评分：两个证书在该项指标的证据的充分程度非常高，达成度等级为a级，分值为10分。

（3）证据15（Ⅲ-15）考生明确了解评分标准和评分过程

职业技能评价是全国性、高利害测试，考生作为测试最重要的利益相关群体，应有权利和充分的机会获取评分标准、了解评分过程。考生不应该只是测试的被动参与者，而应该是主动参与者。了解评分标准和评分过程不仅有利于监督测试评分，提高测试公平性，而且有利于考生运用评分标准进行自我监控学习，提高学习效率和自我评价能力。Z证书不公开评分标准和评分过程，但会公开计算机评分规则。D证书公开考试的样卷和评分标准，在考试中评分表附在考题后面，考生可以了解评分标准，但不了解质检员评分过程。

根据以上各证书的证据分析，对证据的充分性和达成度进行等级评定和评分：Z证书在该项指标的证据的充分程度较低，达成度等级为d级，分值为5分；D证书在该项指标的证据的充分程度较高，达成度等级为b级，分值为7分。

（4）证据16（Ⅲ-16）测试组织的每个环节对所有考生都是公平的

该指标是为了确保测试公平性，要求考生具有平等的机会了解考试内容和实施程序、有同样的报名机会，考点的便利性及考试环境和设备的熟悉程度应对所有考生都是公平的。访谈中几乎所有教师和考生都认为考试组织的每个环节对考生都是公平的。这说明教师和考生对两个证书的考试组织过程比较满意。

在考试方式方面，D证书都采用传统的理论考试和实操考试方式，学生对这种考试方式较为熟悉。Z证书采用计算机考试方式，考生对这种考试方式较为陌生。虽然评价组织在正式测试前组织过2~3次模拟测试，让考生熟悉考试方式，但是并未考虑到考生计算机操作水平，以及对人机交互答题方式熟悉程度的不同对考生成绩的影响。研究表明，考生对计算机操作技术的熟练程度会影响测试的结果[①]。培训组织需在测试前对考生进行培训，确保考生的计算机操作水平和人机交互答题方式的熟练程度满足测试的基本要求。

在考场组织和纪律方面，每个考点也有所不同。观察发现Z证书由校外教师担任评分员（一个考点一位），校内教师担任监考员，学生操作全程录屏、全程视频监控且视频需保存到成绩公示后。D证书由校外教师考评，校内教师监考，还有巡考员，采取闭环措施，避免考生交流泄题。

以上证据表明，两个证书在测试组织方面做了很多工作，能够较好地确保测试组织对所有考生是公平的。但是在一些细节方面还需加强，例如缺乏对弱势群体能否恰当地完成测试任务、考生对考试方式的熟悉程度、考试闭环措施等方面的考虑。

根据以上各证书的证据分析，对证据的充分性和达成度进行等级评定和评分：Z证书在该项指标的证据的充分程度较高，达成度等级为b级，分值为7分；D证书在该项指标的证据的充分程度非常高，达成度等级为a级，分值为9分。

（5）证据17（Ⅲ-17）测试解释对所有考生都具有同等意义

根据测试分数进行的职业技能解释应该对所有的考生具有同等意义。X职业技能等级证书考试反映的是职业技能水平，测试分数解释都采用统一职业技能水平的描述。考试通过说明具备最低要求的职业技能水平。调研发现，目前X证书只有合格与不合格的表述，

---

① 袁建林，刘红云，张生. 数字化测验环境中学生问题解决能力影响因素分析：以PISA 2012为例[J]. 中国电化教育，2016(8)：74-81.

没有更多有关测试的解释，对于所有考生都是一样的。但是，这样的测试解释没有办法对高分组和低分组的考生的职业技能水平进行适当的解释和区分。同样是通过，但低分组和高分组考生的职业技能水平有明显差异，采用同一解释，对于高分组的考生而言，不具备同等意义。就类似于，同样通过英语六级考试，但是高分通过和低分通过考试的考生的语言能力不同。建议在职业技能等级证书上除了显示通过与否，还应显示分数及分数线，丰富结果呈现方式，使解释对不同群体考生都具有同等意义，同时也更利于测试结果的使用。

根据以上各证书的证据分析，对证据的充分性和达成度进行等级评定和评分：两个证书在该项指标的证据的充分程度较高，达成度等级为 b 级，分值为 8 分。

3. 理由5 测试分数解释适用性

测试分数解释适用性是指基于测试分数对职业技能的解释适用于并可推广和概化到企业行业工作岗位所要求的职业技能。要确保测试能符合企业需要的职业技能，就必须要求测试任务特征和评价标准与企业的工作任务特征和评价标准相同或相似。

（1）证据18（Ⅲ-18）测试任务的特征与相关企业行业的任务特征非常近似

测试任务特征包括任务呈现方式（任务的描述）、考生应答方式（即完成测试任务的方式）。测试任务应具有代表性，能够代表企业的典型工作任务，同时还要考虑考生的应答方式是否与企业中完成任务的应答方式一样或相似。

研究对两个证书的相关资料进行分析和观察发现，Z 证书采用理论和实操一体化的虚拟仿真考核方式；D 证书采用理论考试和实操考试相结合的方式，理论考试是对事实性知识的考查，因而采用具有标准答案的客观题，不能实现对职业技能的考查。研究主要关注两个证书实操考试的考题。研究者对实操考题或考生应答方式进行分析得到的结论如表 3-4 所示。

表 3-4 测试任务特征表

证书	考题	考题特点	考生应答方式	评价方式
Z	30% 理论题，70% 实操题	根据工作流程呈现考题，完成工作任务的过程与企业不相近	通过鼠标点击操作完成任务	计算机按照设定的标准答案和交互点评分
D	一张图纸	去情境化的"典型工件"	通过现场操作完成，考生着统一的工作服装	对考生技能操作的文明和安全性及结果进行评价、不关注过程性评价

Z证书设计者在设计考题时，将工作过程中的任务进行分解、细化成一个个细小的交互点；不能细化的地方，采用理论考题的方式考查。整个考题为理论和实操题，没有固定题型和数量。研究者通过对考题进行分析发现，考题按照工作流程呈现，完成考题即完成了整个工作过程。工作流程和企业比较相近，但是考生完成考题的过程与企业中完成真实工作任务的过程不一样。完成考题的工作流程或工作过程被设计者固化，考生不用思考其工作过程，只需按照考题设计的步骤，完成一个个被分解和细化的封闭性工作任务，如"选择扳手方向""选择力矩"。考生只需通过点击鼠标和选择的方式就可以完成工作任务，很难确定通过考试的考生是真的会，还是凭借运气。在真实企业中，完成任务的过程有多种方案，需要考生去设计，在设计中考生还要思考如何更经济更环保地完成工作任务。可见，考生应答任务的方式与企业真实工作任务完全不同。访谈中教师ZT1和考生ZS2均表示虚拟仿真和真实实操还是不一样的，考生只能按照设计者设计的思路做下去，没有更多的发挥空间。

D证书的考题仅为一张图纸，要求学生按照图纸加工一个零件，图纸上有加工的尺寸和精度要求，没有详细的任务情境，即"典型工件"考题。在企业真实工作中，任务是具有情境性、完整工作过程的，不仅要加工零件，还要有前期的任务获取与分析、制订计划、做出决策、加工完成后自我检查、工件交付等环节。该考题只是企业完整工作任务的一个环节（即工件加工），缺失了其他环节，与企业真实工作过程不同。为了考查技能，设计者在一个工件中设计了所有加工元素。在真实企业中，这样的零件失去了功能性，并非一个真实的产品。去情境化和去工作过程的封闭性工作任务，无法考查考生是否具备胜任企业工作任务的职业技能。访谈中教师表示考题中工件加工的复杂程度甚至比企业真实工作任务还难。

综上对证据的充分程度和达成度进行等级评定和评分：Z证书在该项指标的证据的充分程度非常低，达成度等级为d级，分值为4分；D证书在该项指标的证据的充分程度一般，达成度等级为c级，分值为6分。

（2）证据19（Ⅲ-19）测试任务的评分标准和过程与相关企业行业中对技能的评判标准和过程非常近似

Z证书由计算机按照预先设定的标准答案和交互点进行评分，评分标准是"对与错"

的判断。虽然可以通过计算机记录下考生的操作日志，但是程序设计缺乏灵活性，考生只能按照设计者设计的步骤，没有发挥空间。可见，Z 和 S 证书是将选择题或判断题，通过工作过程或流程串起来，但本质上还是有对错之分的客观题。Z 证书专业理论知识题采用"答题正确得分，错误不得分"，操作技能和职业素养题采用"系统自动抓取触发点、触发痕迹，错误按百分比扣除相应分数"。

D 证书评分标准中有 10 分是对安全和文明生产的评价，90 分是对加工零件的结果评价，例如零件尺寸精度、表面粗糙度是否符合图纸的要求。评分标准不关注考生完成任务的过程，如建模过程、工艺的设计、毛坯的选择、加工程序等。虽然企业也非常注重结果的评价，但是只有结果的评价，无法考查考生完成任务过程中需要的成本意识（经济性）、环保性和对工作反思、改进和优化的能力。通过这样的考试和评分标准并不能了解考生的认知能力水平，只能说明考生操作技能符合企业要求，并不代表能胜任企业工作，不能完全反映企业对技能人才的评判标准。

根据以上各证书的证据分析，对证据的充分程度和达成度进行等级评定和评分：Z 证书在该项指标的证据的充分程度较低，达成度等级为 d 级，分值为 5 分；D 证书在该项指标的证据的充分程度较低，达成度等级为 c 级，分值为 6 分。

4. 理由 6 测试分数解释关联性

测试解释关联性是指设计者在设计测试时需考虑测试分数的解释为测试结果使用提供了相关信息，以利于测试结果的使用。Z 证书《考核方案》中明确考核目的是"检验其是否符合企业一线岗位标准要求，以作为相关用人单位聘用、晋升的重要参考依据"。可见，测试结果的使用者为用人单位或企业。根据考试分数对考生能力的解释是否能够为用人单位聘用和人员晋升提供相关信息呢？由于"1+X"技能等级证书制度目前尚处于试点阶段，研究所针对的 X 证书刚进入首批考试阶段，无法收集到有关这些证书在企业中的使用情况证据，无法验证测试分数解释是否为测试结果使用提供了相关信息。访谈中，教师对证书是否有益于学生找工作，持不同意见。Z 证书的教师认为"可以将其作为一个方面的考量，但不是唯一的一个依据，在经过一个月或者两个月实习以后，若发现真的挺不错，便可以拿它作为一个考核的重要依据"。D 证书的教师 DT2 认为"如果完全按照这个标准去做，是完全没问题的"。但事实上，在证书实施过程中，证书试题并没有完全体现标准的要求，而是转变成"训练—考试"模式，即为了操作技能考试而进行的操作技能训练。

从以上教师的反映可以看出，教师对证书的使用是认可和期待的，希望证书能为考生就业提供依据，但又对证书的认可度表示担忧。根据以上各证书的证据分析，对达成度进行等级评定和评分：两个证书的达成度等级为c级，分值为6分。

5. 理由7 测试分数解释充分性

测试分数解释充分性是指基于测试分数对考生能力的解释能为测试结果的使用提供充分的信息。基于考试分数对考生职业技能的解释，即X职业技能等级证书，是否为用人单位聘用人才提供了充分的信息？由于"1+X"技能等级证书制度目前尚处于试点阶段，研究所针对的X证书进入首批考试阶段时间较短，研究者无法收集到有关这些证书在企业中的使用情况证据，无法验证测试分数解释是否为测试结果使用提供了充分的信息。证书设计者也未提供其所设计的证书能为决策（用人单位聘用人才）提供充分信息的相关证据。访谈中教师都表示X证书只是聘用人才的一方面依据，但不是唯一依据，并非能够完全根据X证书进行人才筛选。

根据以上各证书的证据分析，对证据的充分性和支持程度进行等级评定和评分：两个证书在该项指标的证据的充分程度非常低，分值为3分。

6. 论证结果

根据以上证据的考证和充分程度分析，计算出证据对理由（二级指标）和主张（一级指标）的支持程度分值（标准分），如表3-5所示。根据表中数据可以确定证据对理由和主张的支持程度。

（1）两个证书的证据对"Ⅱ-3 测试解释有意义"理由的支持程度较低；

（2）两个证书的证据对"Ⅱ-4 测试解释有无偏性"理由的支持程度较高，证据较充分；

（3）两个证书的证据对"Ⅱ-5 测试解释适用性"理由的支持程度较低；

（4）两个证书的证据对"Ⅱ-6 测试解释关联性"理由的支持程度一般，证据不够充分；

（5）在"Ⅱ-7 测试解释充分性"方面没有获得相关证据；

（6）两个证书的证据对"Ⅰ-2 测试分数解释有效性"主张的支持程度不同，D证书证据的支持程度一般，Z证书证据的支持程度较低。

表 3-5　测试分数解释的证据对理由和主张的支持程度

证书	证据对理由的支持程度（分值 P）					证据对主张的支持程度（分值 P）
	理由Ⅱ-3	理由Ⅱ-4	理由Ⅱ-5	理由Ⅱ-6	理由Ⅱ-7	主张Ⅰ-2
Z	37.50	75.00	25.00	50.00	—	46.67
D	33.33	90.00	50.00	50.00	—	53.33

说明：根据标准分（P）判断达成度：$93 \leqslant P \leqslant 100$ 表示达成度非常高；$68 \leqslant P < 93$ 表示达成度较高；$50 \leqslant P < 68$ 表示达成度一般；$25 \leqslant P < 50$ 表示达成度较低；$0 \leqslant P < 25$ 表示达成度非常低。

（三）测试结果使用的有效性

X 职业技能评价的测试结果使用的有效性主张：根据该等级测试结果，做出的相关决定是正确的，如用人单位录用人才的决定、职业院校课程和教学改革的相关决定等。

1. 理由 8 测试结果使用的敏感性

X 职业技能等级证书考试是高利害的、全国性的大规模测试。测试结果的使用（基于测试做出的决策）直接影响考生、教师和学校的利益，甚至影响当地教育资源分配。考生、教师和学校都非常关注测试结果（证书）的使用。在使用测试结果时，需要考虑职业教育人才培养情况、相关法律法规和已形成的教育价值观。设计者或决策者在设计测试或考虑测试的使用时，必须明确提出测试结果使用范围、使用规则和过程，以避免测试结果被错误使用。该理由有以下三个方面的证据。

证据 22：在使用测试结果时考虑职业教育和企业行业的相关法律法规和社会价值观。

证据 23：考虑错误使用测试结果可能带来的影响。

证据 24：设计的测试结果使用规则，要尽可能避免以上使用错误。

目前设计者没有提供相关的证据，即没有证据表明设计者考虑过测试结果使用的敏感性。由于调研时，"1+X" 技能等级证书制度尚处于试点阶段，研究所针对的 X 证书刚刚进入首批考试阶段，无法从用人单位、教育行政部门获得测试使用方面的证据。因此，没有证据能够支持该理由。

2. 理由 9 测试结果使用的公平性

（1）证据 25（Ⅲ-25）测试结果的使用依据、使用规则，不考虑其他无关因素

由于调研时，"1+X" 技能等级证书制度尚处于试点阶段，研究所针对的两个 X 证

书刚刚进入首批考试阶段，因此无法收集到有关这些证书的使用情况的相关证据。

（2）证据26（Ⅲ-26）考生了解使用测试结果的过程和规范性（是否遵循使用规则）

由于调研时，"1+X"技能等级证书制度尚处于试点阶段，研究所针对的两个X证书刚进入首批考试阶段，因此无法收集到有关这些证书的使用情况的相关证据。

（3）证据27（Ⅲ-27）考生有平等的机会获得测试所考查的目标职业技能

两个证书评价组织在各省都开展了师资培训，希望通过"培训教师—教师培训学生"的方式，使学生尽可能获得平等的学习机会。由于X证书目前尚处于试点阶段，考点名额有限，因此各考点和学校会采取不同措施，允许部分学生先学先考。相同学校的考生学习机会是均等的，但不同学校间存在差距，这些差距可能是设备条件，也可能是学校重视程度不同导致的。这说明由于地域、经济水平、学校水平等差异，考生学习机会并不均等。Z证书设计者也表示，这与学校的重视程度相关。Z证书考生ZS1表示直到他考完，学校都还没有实操设备。这位考生在职业技能获取方面与那些具备实训设备的学校考生相比，没有获得同等的机会。其他证书的考生均表示机会是平等的。公平性一直都是教育关注的话题。地区差异、校间差距、师资水平差距都是造成教育机会不公平的因素。很难实现绝对的公平，只能说相对公平。基本学习设备和受教育条件的公平，即条件公平，是可控的，通过努力能够实现的教育公平。根据所获得的证据，两个证书中，D证书基本能够做到条件公平，即基本学习设备和条件的公平。

根据以上各证书的证据分析，对证据的充分程度和达成度进行等级评定和评分：D证书在该项指标的证据的充分程度较高，达成度等级为b级，分值为7分；Z证书在该项指标的证据的充分程度较低，达成度等级为d级，分值为5分。

3. 论证结果

根据以上证据的考证和充分程度分析，计算出证据对理由（二级指标）和主张（一级指标）的支持程度分值（标准分），如表3-6所示。根据表中数据可以确定证据对理由和主张的支持程度，即达成度。

由于调研时，"1+X"技能等级证书制度尚处于试点阶段，研究所针对的两个X证书刚进入首批考试阶段，无法收集到有关这些证书的使用情况的相关证据。因此，两个证书在"Ⅱ-8测试结果使用价值敏感性"方面没有获得相关证据；在"Ⅱ-9测试结果使用公平性"方面只获得Ⅲ-27证据,未获得Ⅲ-25和Ⅲ-26证据,没有证据表明对理由和主张的达成度高。

表3-6 测试结果使用的证据对理由和主张的支持程度

证书	证据对理由的达成度（分值）		证据对主张的达成度（分值）
	理由Ⅱ-8	理由Ⅱ-9	主张Ⅰ-3
Z	—	8.33	4.17
D	—	25.00	12.50

说明：根据标准分（P）判断达成度：$93 \leq P \leq 100$表示达成度非常高；$68 \leq P < 93$表示达成度较高；$50 \leq P < 68$表示达成度一般；$25 \leq P < 50$表示达成度较低；$0 \leq P < 25$表示达成度非常低。

（四）测试及其结果使用影响的有效性

X职业技能评价的测试及其结果使用影响的有效性主张为X职业技能等级测试及测试结果（证书）的使用对考生、职业院校、用人单位所带来的影响是有益的。

1. 理由10 测试影响的有益性

（1）证据28（Ⅲ-28）测试报告传达及时、表述通俗易懂、考生个体的成绩具有保密性

目前，所有证书成绩都在国家开放大学平台上公布，学生和学校均需要账号密码才能登录，不同学生看不到彼此的成绩。考试成绩一般由评价组织统一公布，研究所针对的两个证书的测试成绩公布较及时（不超过6个月）。测试报告即为证书，证书模板全国统一，即"某年某月参加了××职业技能等级考核，成绩合格，核发××职业技能等级证书（初级）。学习成果已经职业教育国家学分银行认定"。证书仅显示是否通过考试，没有分数，易理解。因此，研究者认为五个证书在该项指标证据的充分程度较高，达成度等级为b级，分值为7分。

（2）证据29（Ⅲ-29）测试对考生会产生有益的影响

设计者、学校、教师和考生都非常关注测试是否对考生产生有益影响。X职业技能评价是继职业资格鉴定考试后的首个全国性的职业技能评价活动，我们希望它能够给考生、职业院校和社会带来有益的影响。研究通过访谈收集测试影响的相关证据，证据显

示测试对考生和职业院校有一定影响，但是由于测试试点时间短，其影响没有完全显现。

Z 证书按照工作流程设计题目，考查的是知识点和技能点，需要学生强化理论学习，记忆事实性的知识。Z 证书的教师从新知识获取的角度，认为测试对考生是有益的，考生也认为通过参与测试能够学到新的东西，测试对其是有益的。例如，教师 ZT2 谈道："促进他的学习，应该是有用的……学生通过考这个证书的过程，掌握了一些他平时可能不会去强化的一些知识、一些技能，从这一方面来说，我认为测试对学生都是有益处的"。学生 ZS1："见识了更高级的东西，学到了许多平时见识不到的东西。对我而言，能学到新东西，我感觉很满足很开心"。学生 ZS2 认为"有用,有些内容我们其实还没学，测试对我们来说就相当于提前学一些东西"。但另一方面，学生通过记忆的方式获得的新知识，不一定会操作，即通过考试的学生不代表其获得该项技能。这样的考试不仅会加重考生理论学习的负担，而且不利于考生职业能力发展。

D 证书采用"典型工件"作为考题，注重技能点考查，不注重对工作过程的考查。这样的考试不利于学生职业技能发展。访谈中教师 DT1 表示在准备和考试过程中能够学到很多东西，但不同学生的积极性有差异。考生认为能够学到新内容，对自己有益。教师 DT1 谈道："学生若能从头到尾完成这个考试过程，通过学习、练习、最终考试，他们实际上能学到很多东西。这是不参加考试就不会学到的，也算是让学生被动地又学习了很多东西。但有些学生不愿意学,学生之间的差别还是比较大的"。学生 DS1 认为"自己确实学到挺多东西"，学生 DS3 也说"对自己有帮助，学习并了解了更多的内容。要是不参加考试，我甚至都不知道这个软件"。

根据教师和学生访谈证据可知，他们对证书影响的有益性持积极态度，认为测试在一定程度上能够促进学习。根据以上各证书的证据分析，对证据的充分性和达成度进行等级评定和评分：Z 证书在该项指标的证据的充分程度一般，达成度等级为 c 级，分值为 6 分；D 证书在该项指标的证据的充分程度较高，达成度等级为 b 级，分值为 7 分。

（3）证据 30（Ⅲ-30）测试对职业院校会产生有益的影响

X 职业技能等级评价对职业院校的有益影响是促进职业院校课程与教学改革，提高职业院校人才培养质量，这也是国家开展 X 职业技能评价试点的目的之一。关于该项指标，五个证书教师都表示对职业院校人才培养具有一定促进作用，但由于 X 证书试点时间短，再加上受新冠疫情影响，当前"书证融通"并没有那么深入，对职业院校课程与教学的影响还未显现。

Z 证书教师 ZT1 表示证书内容的引进，在一定程度上提高了职业院校培养的人才与社会需求人才的匹配度，促进了院校的课程调整。他说"考试对于职业院校来说，促进了人才培养跟社会需求的一种对接，能及时调整课程，来适用于这种证书的考试。当然，证书考试也代表了一种需求，代表着社会上可能需要符合证书要求的这样的人。"但 Z 证书设备采购成本高，很多院校暂时没有办法将实训内容融入教学。另外，研究者通过对 Z 证书的职业技能标准分析发现，其理论知识较多，这样的考试方式无法撼动已有的教学方式。

D 证书的教师 DT2 表示，测试会倒逼院校进行课程和教学改革。但 D 证书实训设备成本高，在一定程度上影响证书的推广，短时间内没办法融入职业院校的课程和教学中。教师说："能促进教学改革……如果围绕这个政策进行教学，那么现有的课程体系要做修改。如果还用原来的那套课程体系上课，考试的过关率是不会特别高的。……但是有一个问题，现在这个证还没有大面积使用，很多学校都不具备这种条件，因为买这种设备需要几百万元，要想达到考场要求，要 5 台设备，一台 80 多万元，共需要约 400 万元，一般的学校经济承受能力有限"。对 D 证书的职业技能标准分析发现，其内容非常丰富，但对职业院校的考生而言太难。考生需要通过专门的样题培训才能通过考试，而样题与考题极度相似，考生即便通过了考试也不能代表其具备了标准中要求的职业技能。而且这种"练习—考试"模式很容易助长"为考试而练习"之风。再加上实训设备成本高，很多学校还没有设备，因而无法培训学生参加考试。这样的测试很难对教学和课程改革产生较大的影响。

根据以上各证书的证据分析，对证据的充分性和达成度进行等级评定和评分：Z 和 D 证书在该项指标的证据的充分程度一般，达成度等级为 c 级，分值为 6 分。

2. 理由 11 测试结果使用影响的有益性

由于"1+X"技能等级证书制度目前尚处于试点阶段，研究所针对的 X 证书进入首批考试阶段时间较短，研究者无法收集到有关这些证书在企业中使用会带来有益影响的证据。因而没有证据表明两个证书在测试结果使用影响的有益性方面达成度高。

3. 论证结果

根据以上证据的考证和充分程度分析，计算出证据对二级指标和一级指标的达成度分值（标准分），如表3-7所示。根据表中数据可以确定证据对理由和主张的达成度：

（1）Z证书和D证书的证据对"Ⅱ-10测试影响的有益性"理由的达成度均为一般；

（2）在"Ⅱ-11测试结果使用影响的有益性"方面，没有获得相关证据；

（3）由于缺失部分证据，所以没有证据表明两个证书在"Ⅰ-4测试及其结果使用影响的有效性"方面达成度高。

表3-7 测试及其结果使用的证据对理由和主张的支持程度

证书	证据对理由的达成度（标准分）		证据对主张的达成度（标准分）
	理由Ⅱ-10	理由Ⅱ-11	主张Ⅰ-4
Z	58.33	—	29.17
D	66.67	—	33.33

说明：标准分（P）判断达成度：$93 \leq P \leq 100$表示达成度非常高；$68 \leq P < 93$表示达成度较高；$50 \leq P < 68$表示达成度一般；$25 \leq P < 50$表示达成度较低；$0 \leq P < 25$表示达成度非常低。

（五）各级指标达成度数据

根据以上论证过程，获得各级指标达成度的分值（原始分），如表3-8所示。每个指标最大分值为10分，最低分值为0分。三级指标达成度数据（原始分）显示：

（1）两个证书在指标Ⅲ-20至Ⅲ-26、Ⅲ-31至Ⅲ-32分值最低，原因是这些指标涉及测试使用和使用带来的影响，由于调研时"1+X"技能等级证书制度尚处于试点阶段，研究针对的两个证书刚刚进入首批考试阶段，因而无法收集到有关这些证书在企业中的使用情况，以及使用带来影响的证据；

（2）两个证书在指标Ⅲ-13、Ⅲ-14和Ⅲ-16都获得了较高分，说明这些证书在"作答要求和测试内容对所有考生一样""不存在歧视或攻击性内容和表述"和"测试组织的每个环节对所有考生是公平的"方面做得比较好；

（3）两个证书在指标Ⅲ-5和Ⅲ-6都获得了非常低的分值，即两个证书在这两个指标的达成度非常低，说明设计者在设计证书时，尚且缺乏对测试工具信度的考量；

（4）两个证书在其他指标的分值上也具有一定差异性，说明两个证书在这些指标上的证据支持程度不同。

表 3-8 三级指标达成度原始分

三 级 指 标	Z 证书	D 证书
Ⅲ-1 评分标准、程序与组织不因考生和实施地点不同而改变	8.00	6.00
Ⅲ-2 评分者经过系统培训，具有良好的评分资质	6.00	7.00
Ⅲ-3 评分者自身评分信度（评分者信度）较好	8.00	6.00
Ⅲ-4 不同评分者间信度（评分者间信度）较好	7.00	3.00
Ⅲ-5 不同测试任务的得分具有较好的内部一致性	—	—
Ⅲ-6 针对同一目标职业技能的不同测试或不同次施测，测试得分具有一致性（复本信度、折半信度、重测信度）	—	—
Ⅲ-7 目标职业技能的定义科学合理（如依据职业院校人才培养要求、企业行业需求分析、相关的研究或理论做出推断）	4.00	3.00
Ⅲ-8 完成测试任务需要考生使用目标职业技能	3.00	2.00
Ⅲ-9 考生在测试中能够最大程度展现其所具备的目标职业技能	7.00	9.00
Ⅲ-10 评分标准关注与目标职业技能相关的考生表现	4.00	3.00
Ⅲ-11 分数线的划分科学合理	7.00	7.00
Ⅲ-12 职业技能等级划分科学合理	4.00	4.00
Ⅲ-13 测试作答要求和测试内容对所有考生一样	9.00	9.00
Ⅲ-14 测试不存在歧视或攻击性内容和表述	10.00	10.00
Ⅲ-15 考生明确了解评分标准和评分过程	5.00	7.00
Ⅲ-16 测试组织的每个环节（报名机会和渠道、考试地点便利性、测试环境和设备的熟悉度等方面）对所有考生都是公平的	7.00	9.00
Ⅲ-17 测试解释对所有考生都具有同等意义	8.00	7.00
Ⅲ-18 测试任务的特征与相关企业行业的任务特征非常近似	4.00	6.00
Ⅲ-19 测试任务的评分标准和过程与相关企业行业中对技能的评判标准和过程近似	5.00	6.00
Ⅲ-20 测试解释中提供的信息有助于测试结果的使用	6.00	6.00
Ⅲ-21 测试解释为测试结果的使用提供了充分的信息	3.00	3.00
Ⅲ-22 在使用测试结果时考虑职业教育和企业行业的相关法律法规和社会价值观	—	—
Ⅲ-23 考虑错误地使用测试结果（技能人才筛选决定的错误：例如本应该被录取或录用的考生，没有被录用或录取；不应该被录用或录取的考生，反而被录用或录取了）可能带来的影响	—	—
Ⅲ-24 设计的测试结果使用规则，要尽可能避免以上使用错误	—	—
Ⅲ-25 测试结果的使用依据使用规则，不考虑其他无关因素	—	—
Ⅲ-26 考生了解使用测试结果的过程和规范性（是否遵循使用规则）	—	—
Ⅲ-27 考生有平等的机会获得测试所考查的目标职业技能	6.00	7.00

续表

三 级 指 标	Z 证书	D 证书
Ⅱ-28 测试报告传达及时、表述通俗易懂、考生个体的成绩具有保密性	7.00	7.00
Ⅲ-29 测试对考生的影响是有益的（例如促进考生的学习）	6.00	7.00
Ⅲ-30 测试对职业院校的影响是有益的（例如促进培养职业院校课程与教学改革）	6.00	6.00
Ⅲ-31 测试结果的使用对考生的影响是有益的（若被录取或录用，可以提高考生的学习积极性；若未被录取或录用，可以促进考生优化学习和努力方向）	—	—
Ⅲ-32 测试结果的使用对职业院校的影响是有益的（例如职业院校获得有资格的生源）	—	—
Ⅲ-33 测试结果的使用对用人单位的影响是有益的（例如用人单位获得能胜任工作的员工）	—	—

说明：原始分评判规则：9~10 分表示达成度非常高；7~8 分表示达成度较高；6 分表示达成度一般；4~5 分表示达成度较低；0~3 分表示达成度非常低。

二级指标达成度数据（标准分）如表 3-9 所示，数据显示：

（1）在指标"Ⅱ-2 测试工具一致性"方面没有获得相关证据，说明设计者在设计证书测试时，缺乏对测试工具一致性的考量；

（2）两个证书在指标"Ⅱ-4 测试解释无偏性"方面的证据的达成度较高；

表 3-9　二级指标达成度标准分

二 级 指 标	Z 证书	D 证书
Ⅱ-1 评分一致性	68.75	43.75
Ⅱ-2 测试工具一致性	—	—
Ⅱ-3 测试解释有意义	37.50	33.33
Ⅱ-4 测试解释无偏性	75.00	90.00
Ⅱ-5 测试解释适用性	25.00	50.00
Ⅱ-6 测试解释关联性	50.00	50.00
Ⅱ-7 测试解释充分性	—	—
Ⅱ-8 测试结果使用的价值敏感性	—	—
Ⅱ-9 测试结果使用的公平性	16.67	25.00
Ⅱ-10 测试影响的有益性	58.33	66.67
Ⅱ-11 测试结果使用影响的有益性	—	—

说明：根据标准分（P）判断达成度：$93 \leqslant P \leqslant 100$ 表示达成度非常高；$68 \leqslant P < 93$ 表示达成度较高；$50 \leqslant P < 68$ 表示达成度一般；$25 \leqslant P < 50$ 表示达成度较低；$0 \leqslant P < 25$ 表示达成度非常低。

(3)两个证书在指标Ⅱ-7、Ⅱ-8、Ⅱ-11方面没有相关的证据，Ⅱ-6、Ⅱ-9达成度标准分较低，原因在于研究所针对的两个X证书进入首批考试阶段时间较短，研究者无法收集到有关这些证书在企业中的使用情况，以及使用带来的影响的证据；

(4)两个证书在其他指标的分值上也具有一定差异性，说明两个证书在这些指标上的证据达成度不同。

一级指标达成度数据（标准分）如表3-10所示，数据显示：

(1)两个证书在"Ⅰ-1测试分数"方面，相关证据和理由不能够有效支持"测试分数有效性"主张，达成度较低，达成度分值（标准分）由高到低排序为Z证书、D证书；

(2)两个证书在"Ⅰ-2测试分数的解释"方面，D证书的证据充分程度一般，达成度一般；Z证书的证据比较不充分，达成度较低；

(3)由于调研时，研究所针对的两个X证书进入首批考试阶段时间较短，无法收集到有关这些证书在企业中的使用情况，以及使用带来的影响的证据，因此没有证据表明Ⅰ-3、Ⅰ-4达成度高；

(4)没有证据表明两个证书整体的有效性高。由于缺失证书使用和影响方面的数据，所以没办法对测试的整体有效性进行评判。但在缺失相同数据的情况下，发现两个证书的有效性排序由高到低分别为Z证书、D证书。

表3-10　一级指标达成度标准分

一 级 指 标	Z 证书	D 证书
Ⅰ-1 测试分数	45.83	29.17
Ⅰ-2 测试分数的解释	46.67	53.33
Ⅰ-3 测试结果使用	8.33	12.50
Ⅰ-4 测试及其结果使用的影响	29.17	33.33
总　　分	36.36	37.88

（六）小结

采取论证的方式对证据对理由和主张的达成度进行评判，评判结果显示如下。

1. 测试分数有效性

Z证书在"评分一致性"方面得分较高为68.75分，说明证据较充分，能够较好地支持"评分一致性"理由；D 证书在该方面的得分较低为 43.75 分，说明证据不够充分，对"评分一致性"理由的支持程度一般。两个证书在"测试工具一致性"方面的证据非常不足，没有证据表明两个证书具有较好的测试工具一致性。两个证书在"测试分数有效性"方面的达成度标准分均小于 50 分，说明证据对主张的支持程度较低，即没有足够的证据表明两个证书的评价方法在"测试分数有效性"方面达成度较高。

2. 测试分数解释有效性

在"测试分数解释有意义"方面，Z 证书和 D 证书，分值分别为 37.50 分和 33.33 分，说明证据比较不充分，对"测试分数解释有意义"理由的支持程度较低。在"测试分数解释无偏性"方面，两个证书的得分均较高，分别为 90 分（D 证书）70 分（Z 证书），说明证据较充分，能够较好地支持"测试分数解释无偏性"理由。在"测试分数解释适用性"方面，D 证书得分为 50.00 分，说明证据对理由的支持程度一般；Z 证书得分为 25.00 分，说明证据比较不充分，对"测试分数解释适用性"理由的达成度较低。

在"测试分数解释关联性"方面，由于调研时，"1+X"技能等级证书制度尚处于试点阶段，研究所针对的两个 X 证书进入首批考试阶段时间较短，所以无法收集到有关这些证书在企业中的使用情况的证据，目前已有证据仅为从设计者、教师和学生角度出发，在缺乏使用者证据的前提下，两个证书在该方面得分均为 50 分，说明证据充分程度一般，对"测试分数解释关联性"理由的达成度一般。

在"测试分数解释充分性"方面，由于调研时，"1+X"技能等级证书制度尚处于试点阶段，研究所针对的两个 X 证书进入首批考试阶段时间较短，研究者无法收集到有关这些证书使用情况的证据。

两个证书证据对"测试分数解释有效性"主张的支持程度得分不同，D 证书得分为 50.00 分，说明证据充分程度一般，对"测试分数解释有效性"主张的支持程度一般，即测试分数解释的有效性程度一般；Z 证书得分为 37.50 分，说明证据对"测试分数解释有效性"主张的达成度较低，即测试分数的有效性程度较低。

3. 测试结果使用有效性

在"测试结果使用的敏感性"方面，由于调研时，"1+X"技能等级证书制度尚处于试点阶段，研究所针对的两个 X 证书刚刚进入首批考试阶段，研究者无法收集到有关这些证书使用情况的证据，因此没有证据能够说明证书在使用时考虑到价值敏感性。

在"测试结果使用的公平性"方面，由于调研时，"1+X"技能等级证书制度尚处于试点阶段，研究所针对的两个 X 证书刚进入首批考试阶段，因此无法收集到有关这些证书在企业中的使用情况的相关证据（Ⅲ-25、Ⅲ-26）；但是在证据项"Ⅲ-27 考生有平等的机会获得测试所考查的目标职业技能"，从考生和教师角度获得的证据表明，D 证书在该方面的分值均为 7 分（原始分），说明两个证书提供的证据较充分；而 Z 证书在该证据项得分为 6 分，说明 Z 证书的证据充分性一般。D 证书在"测试结果使用的公平性"方面的得分（标准分）为 25.00 分，说明证据不充分，对"测试结果使用的公平性"理由的支持程度低。Z 证书在"测试结果使用的公平性"方面的得分为 16.67 分，说明证据非常不充分，对"测试结果使用的公平性"理由的支持程度非常低。

由于调研时"1+X"技能等级证书制度尚处于试点阶段，研究所针对的两个 X 证书刚进入首批考试阶段，因此无法收集到有关这些证书使用情况的证据。两个证书的证据对"测试结果使用有效性"主张的支持程度得分（标准分）均小于 50 分，说明没有证据表明"测试结果使用有效性"达成度高。

4. 测试及其结果使用影响有效性

虽然无法收集到有关这些证书使用情况的证据，但是证书师资培训和考生培训工作，在正式测试前就已经开始。因此，可以从教师和考生身上获得测试影响方面的证据。在"测试影响的有益性"方面，两个证书分别获得了 66.67 分（D 证书）、58.33 分（Z 证书），说明 D 证书和 Z 证书的证据充分性一般，对"测试影响的有益性"理由的支持程度一般。

在"测试结果使用影响的有益性"方面，由于无法收集到有关这些证书使用及其影响情况的证据，因此没有证据表明证书在测试结果使用影响有益性方面达成度高。

两个证书证据对"测试及其结果使用影响有效性"主张的支持程度得分（标准分）均大于 25 分小于 50 分，说明证据不充分，对"测试及其结果使用影响有效性"主张的支持程度较低，即没有证据表明测试及其结果使用影响的有效性较高。

5. 两个证书评价方法的整体有效性

由于调研时，"1+X"技能等级证书制度尚处于试点阶段，研究所针对的两个 X 证书进入首批考试阶段时间较短，因此无法收集到有关这些证书在企业中的使用情况，以及使用带来的影响的证据，未能对证书使用的有效性以及证书整体的有效性进行论证。在缺失相关证据的情况下，两个证书的整体分数值并不能代表其真实的整体有效性，只能说明在缺失相关证据前提下的整体有效性情况。两个证书整体有效性达成度分值（标准分）分别为37.88分（D证书）、36.36（Z证书），说明两个证书在缺失相关证据的前提下，证据的充分程度较低，没有证据表明两个证书评价方法的有效性高。

三、元评价结果的分析与讨论

（一）元评价结果

根据元评价数据，借助Excel表格，画出两个X证书一级和二级指标雷达图。基于雷达图，对两个证书一级和二级指标达成度进行分析发现，两个证书所采用的评价方法在存在差异性的同时也存在共性。研究者对差异性和共性进行了分析与讨论，提出提高X职业技能评价方法有效性的建议。由于调研时，"1+X"技能等级证书制度目前尚处于试点阶段，研究所针对的两个X证书进入首批考试阶段时间较短，研究者无法收集到有关这些证书在企业中的使用情况，以及使用带来的影响的证据，因此元评价总分值（标准分）的意义不大。研究不对证书所采用的职业技能评价方法的整体有效性进行过多解释，主要关注一级和二级指标达成度。根据元评价结果，对一级和二级指标达成度进行分析，并绘制指标达成度雷达图，如图3-1和图3-2所示。

一级指标达成度雷达图（图3-1）显示如下。

（1）两个证书所采用的职业技能评价方法在"Ⅰ-1测试分数"指标的达成度均不高，达成度分值存在明显差异，且未体现不同评价方法之间的差异性，该指标达成度分值（标准分）从高到低排序为以技术为服务对象的服务类Z证书（45.83分）、技术类D证书（29.17分）[①]。从雷达图可以看出，Z证书的分值明显高于D证书。

[①] 每个指标标准分总分为100分，当分值处于93~100时，达成度非常高；当分值处于68~92.9时，达成度较高；当分值处于50~67.9时，达成度一般；当分值处于25~49.9时，达成度较低；当分值处于0~24.9时，达成度很低。

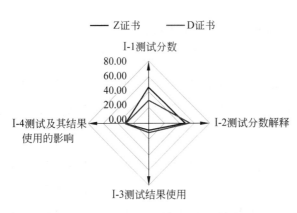

图 3-1　一级指标达成度雷达图　　　图 3-2　二级指标达成度雷达图

（2）两个证书所采用的职业技能评价方法在"Ⅰ-2 测试分数解释"指标的达成度分值有差异，D 证书达成度一般，Z 证书达成度较低，均未体现出不同评价方法间的差异性，该指标达成度分值从高到低排序为技术类 D 证书（53.33 分）、以技术为服务对象的服务类 Z 证书（46.67 分）。

（3）两个证书所采用的职业技能评价方法在"Ⅰ-3 测试结果使用"指标的达成度很低，达成度分值没有明显差异，原因在于目前缺乏测试使用及其影响的证据资料，未能体现不同评价方法间的差异性。在该指标中，目前只获得"考生是否有平等的机会获得目标职业技能"指标的证据，证据显示 D 证书能较好地保证公平性；而由于部分院校缺少实操设备，Z 证书不能保证获得实训条件的公平性。

（4）两个证书所采用的职业技能评价方法在"Ⅰ-4 测试及其结果使用影响"指标的达成度较低，达成度分值没有明显差异。在该指标中，目前无法获得测试结果使用影响的证据资料，只获得"Ⅱ-10 测试影响的有益性"的证据资料。证据显示，两个证书在该指标的达成度一般，说明测试对考生和职业院校有影响，但影响有限。

二级指标雷达图（图 3-2）显示，两个证书在Ⅱ-1、Ⅱ-4、Ⅱ-10 指标的达成度存在差异：

（1）在Ⅱ-1 指标中，达成度分值（标准分）分别为 68.75 分（以技术为服务对象的服务类 Z 证书）、43.75 分（技术类 D 证书），表明 Z 证书在该指标的达成度较高，D 证书在该指标的达成度较低；

（2）在Ⅱ-4指标中，达成度分值（标准分）分别为技术类D证书（90.00分）、以技术为服务对象的服务类Z证书（75.00分），表明两个证书在该指标的达成度较高；

（3）在Ⅱ-10指标中，两个证书达成度分值（标准分）分别为66.67分（技术类D证书）、58.33分（以技术为服务对象的服务类Z证书），表明D证书和Z证书在该指标的达成度一般。

两个证书在Ⅱ-2、Ⅱ-3、Ⅱ-5、Ⅱ-6、Ⅱ-7、Ⅱ-8、Ⅱ-9、Ⅱ-11指标的达成度差异不大：

（1）在Ⅱ-2指标中，没有获得两个证书有关"测试工具一致性"的相关证据；

（2）在Ⅱ-3指标中，两个证书达成度分值（标准分）分别为37.50分（以技术为服务对象的服务类Z证书）、33.33分（技术类D证书），表明Z证书和D证书在该指标的达成度较低；

（3）在Ⅱ-5指标中，两个证书达成度分值（标准分）从高到低排序为技术类D证书（50.00分）、以技术为服务对象的服务类Z证书（25.00分），表明D证书在该指标的达成度一般，Z证书在该指标的达成度较低；

（4）在Ⅱ-6指标中，涉及证书使用的部分证据，由于两个证书还处于首批考试阶段，所以研究者无法收集到有关这些证书在企业中的使用情况的证据，目前只从设计者、教师和考生角度，收集到相关证据，证据的充分程度一般，指标达成度一般；

（5）在Ⅱ-7和Ⅱ-8指标中，涉及证书使用的证据，由于两个证书还处于首批考试阶段，无法收集到有关这些证书在企业中的使用情况的证据，没有证据表明这两个指标达成度较高；

（6）在Ⅱ-9指标中，涉及证书使用的证据，研究者收集数据时，两个证书还处于首批考试阶段，无法收集到有关这些证书在企业中的使用情况的证据，只获得Ⅲ-27指标的证据，D证书在该指标的证据不充分，达成度较低，Z证书在该指标的证据非常不充分，达成度很低，没有证据表明"Ⅱ-9"指标的达成度较高；

（7）在Ⅱ-11指标中，涉及证书使用的证据，由于两个证书还处于首批考试阶段，无法收集到有关这些证书在企业中的使用情况，以及使用带来的影响的证据，因此没有证据表明"Ⅱ-11"指标的达成度较高。

综上，两个证书的评价方法具有一定差异性，也存在一定共性，但均未表现出不同职业类别证书间的差异性。

（二）测试分数有效性结果分析

1. 评分一致性

（1）以技术为服务对象的服务类 Z 证书

Z 证书是以技术为服务对象的服务类证书，采用理论与实操一体化的虚拟仿真评价方式，其中理论题占 30%、实操题占 70%，由计算机自动评分。设计者通过三维建模建构接近真实场景的虚拟环境，计算机记录考生的操作日志、采集考生操作过程的图像、操作等数据。其中，30% 的理论题是通过客观题的方式考核，有标准答案，计算机自动评分；70% 的实操题（包括职业素养和操作技能题），是将安全生产、操作标准和实施规范，实操步骤、逻辑和过程分解为一个个的交互点（采分点），每题根据难易程度配分值，每个交互点按照重要程度占总分值的比例不同，每个触发点设置交互逻辑，由计算机抓取触发点，错误则按照百分比扣除相应分数。简而言之，Z 证书的评分是对答案或操作"触发点"的"对与错"进行评判。能够简单判断"对与错"的题目本质上还是客观题，客观题的计算机自动评分方式本身就具有较高的评分者信度和评分者间信度。

对设计者进行访谈发现，计算机评分也会出现答案误判、识图不准等现象，例如"答案是 A 却判为 B""对图片中的钢笔和签字笔识别不准"。评价组织需要通过人工复核的方式确保评分质量，说明所使用的计算机评分方式并不理想，还需要不断优化评分逻辑、加强评分训练。另外，评价组织公布了统一的《Z 证书考核方案》，包括统一的评分规则和考核流程，说明 Z 证书在保证评分标准、程序与组织一致性方面做得较好。

综上，Z 证书采用的计算机自动评分方式具有较好的信度，但评分逻辑还需要进一步优化。

（2）技术类 D 证书

D 证书是技术类证书，采用理论考试与实操考试相结合的方式。其中，理论考试是全国统一线上考试，题型为客观题，由计算机自动评分。实操考试由各考点根据实际情况组织现场考试，采用"典型工件"考题（即根据图纸尺寸要求加工一个零件）。实操考试中"安全文明生产"（占总分值的10分）方面由外校评分员现场评分，"零件加工完成的情况、表面粗糙度和重要面尺寸精度"（占总分值的90分）方面统一由质检员评分。D证书要求现场评分员需具备三个条件：中级职称、参加师资培训且合格、参加评分培训且合格。现场评分员的培训分两部分：集中培训和考前培训。集中培训内容包括评分员职责和考核流程，考前培训内容为考核规则、考核技术平台、评分方式、评分标准、成绩管理流程、安全注意事项和安全应急预案等。

可见，D证书能够较好地实现"考教分离"，评分者培训比较系统，现场评分员具有较好的资质。通过访谈和现场观察发现，现场评分员的工作较简单，具有较好的评分者信度。原因在于加工设备昂贵，考点要求考生练习熟练后才可参加考试，出现安全文明生产问题的概率较小，现场评分员对该项基本不扣分。

考生加工后的零件由评价组织统一寄送给质检员进行评价。质检员本身的职业特性决定其具有较好的质量检测资质。质量检测只分合格与不合格，而对考生加工零件的评价不是简单的合格与不合格，需逐项打分，评分过程容易受评分者主观因素影响。如何确保不同质检员之间的评分尺度，评价组织并未提供相关证据。没有证据表明D证书的评分者信度和评分者间信度较好。D证书公布了统一的评分标准、评分组织过程，但质检员的评分组织过程并未公布，这在一定程度上影响了评分组织的一致性。

综上，D证书的评分信度较低，需加强对质检员的评分培训，确保评分者信度和评分者间信度。

（3）小结

由以上分析可知，两个证书在评分信度方面的证据的充分程度不同，即在"Ⅱ-1评分一致性"指标的达成度不同，达成度分值由高到低排序为以技术为服务对象的服务类Z证书（68.75分）、技术类D证书（43.75分）。Z证书采用的是计算机辅助测试，由计算机自动评分，指标达成度较高；D证书采用"计算机辅助的理论考试+现场实操考试"，实操部分都由人工评分，指标达成度较低。这在一定程度上说明采用客观题的计算机评分的信度高于人工评分的信度。因为客观题的计算机评分不受个人的主观因素影响，也不存在不同评分者的评分尺度不统一的问题。

2. 测试工具一致性

测试工具一致性指测试工具的信度，即对同一特质的测试，无论何时测试，由谁测试，其测试结果都应尽可能相同。目前两个证书都未提供有关测试工具一致性的相关证据。访谈发现，设计者缺乏对测试工具信度的考量，部分设计者并不清楚什么是"信度"。但研究发现虽然设计者没有明确考虑学术概念"信度"，但是在设计测试时并不是毫无根据，而是都有一定依据。例如，设计者 ZD 表示试题要经过反复测试后才能确定，设计者 DD 表示从标准科学性、考核过程规范性、评分客观性、符合企业需求、成立专门的出题专家组等方面出发设计测试，这在一定程度上也能够保证考试的信度。Z 证书的设计者 ZD 指出"我们全部都做过不止一遍了，因为做题其实有两个目的，第一个是测试考题的真实性；第二个是测试考题的逻辑性，都要反复去测"。而 D 证书的设计者 DD 说："我们保证第一标准要科学，第二考核过程要规范，第三评价要客观，第四要符合企业的需要。……出题有专门的专家组，专家组会对题目的难易程度进行讨论，同时进行自测，确保不同套考题的难易程度、考试时间是一致的"。

3. 小结

"Ⅰ-1 测试分数"主要涉及信度问题，包括评分信度和测试工具的信度。研究分析发现：两个证书对测试工具信度方面的关注不够，或者说没有证据表明设计者考虑了测试工具的信度。因此，两个证书在"Ⅰ-1 测试分数"指标的达成度较低，达成度分值由高到低排序为以技术为服务对象的服务类 Z 证书（45.83 分）、技术类 D 证书（29.17 分），在信度上没有表现出不同职业类别证书间的差异性。

从二级指标达成度雷达图可以清晰发现，两个证书之间的差异主要体现在评分信度方面。Z 证书由计算机自动评分，评分尺度能够保持高度统一，比较容易获得较高的评分信度。D 证书均是人工评分，易受外界因素影响，说明计算机评分在保证测试信度方面具有一定优势，尤其是评分信度。但需要明确的是 Z 证书评分信度较高是由计算机客观题评分的特性决定的，并不代表设计者在评分信度上有过多的考量。通过观察 Z 证书的考题、查看考试日志发现，实操题按照工作流程呈现题目，题型并非主观题或表现性试题，每一个交互点都有标准答案，即"对—错"之分。设计者 ZD 表示计算机按照交互点对实操题进行评分。这说明 Z 证书的计算机评分是"对—错"的判断，能够较容易达到较高的信度水平。从现阶段来看，Z 证书评分信度较高，一方面是因为"客观题"评分信度高，另一方面是因为通过人工复核保证评分的正确性和公平性。但是 Z 证书的计算机评分并没有实现主观题评分的高信度和高效度。虽然计算机评分是未来评分发展的趋势，特别是在人工智能和大数据挖掘技术的支持下，计算机可实现对主观题或实操考试的自动评分。但如何提高计算机评分的效度，目前依然是一个挑战。

（三）测试分数解释有效性结果分析

不同证书在测试分数解释有效性方面的达成度不同，技术类 D 证书的达成度一般，分值为 50.00 分；以技术为服务对象的服务类 Z 证书的达成度较低，分值为 46.67 分。不同证书达成度分值的差异没有表现出不同职业类别证书间的差异性。

从二级指标达成度雷达图可以清晰发现，两个证书在Ⅱ-4方面存在差异，在Ⅱ-5、Ⅱ-6 和Ⅱ-7 方面没有差异。在Ⅱ-6 和Ⅱ-7 方面没有差异，是因为所选取的两个证书进入首批试点阶段时间不长，无法收集到这些证书在企业中的使用情况，以及使用会带来影响的证据。

1. 测试分数解释有意义

"Ⅱ-3 测试分数解释有意义"是指测试分数解释是否能够反映出想要测试的职业技能，即目标职业技能。目前两个证书在该指标的达成度分值分别为 37.50 以技术为服务对象的服务类 Z 证书、33.33 分（技术类 D 证书），达程度差异不大。分别对两个证书的三级指标（证据项）进行分析，发现如下。

（1）Ⅲ-9、Ⅲ-11 指标的达成度较好

在"Ⅲ-9 考生在测试中能够最大限度地展现其所具备的目标职业技能"的证据显示，两个证书都分别发布了统一的考核方案，对考试时间和设备、环境、组织等方面都做了统一要求。分别对两个证书的现场考试情况进行观察，发现除了个别考场设备有一些小的突发状况（气泵突然漏气、系统闪退），没有出现其他影响考生发挥的外界因素；所有考场的考生都能够在规定的时间内完成考试。在访谈中，考生们也都认为没有其他外界因素影响考试的发挥。这说明两个证书在避免客观因素影响考生表现方面做得较好。对于采用计算机辅助测试的 Z 证书，有考生表示由于不熟悉答题方式，特别是对计算机

交互方式不熟悉,在一定程度上会影响自己的发挥。"有时候鼠标点了半天计算机也没反应,如果那道题用万能表测,我是一点问题都没有的,最开始我不知道怎么操作,也不知道鼠标点哪里它会动,鼓捣半天都没反应"。(学生 ZS1)

两个证书在"Ⅲ-11 分数线的划分科学合理"证据项的达成度较好。证据显示,不同证书分数线划分都有相应依据。例如,Z 证书按照知识难易程度的比重设置分数线;D 证书根据试题难易程度设置分数线。不同证书的分数线设置虽然都有一定道理,但在科学性上存在一定问题。分数线代表最低职业技能水平,当达到分数线即代表具备了最低职业技能水平。对于大规模、高利害关系的测试,分数线设置要更加科学谨慎。因为有可能一分之差就会导致天差地别的结果。可以借鉴教育测量与评价中的分数线设置方法,例如 Angoff 法、Yes/No 法、扩展的 Angoff 法等[①],优化分数线的设置。

(2) Ⅲ-7 和 Ⅲ-12 指标的达成度均较低

在"Ⅲ-7 目标职业技能的定义科学合理"证据项,两证书证据的充分程度排序为 Z 证书(4分)、D 证书(3分)。在"Ⅲ-12 职业技能等级划分科学合理"证据项,Z 证书和 D 证书的达成度较低,均获4分。分别对 Z 和 D 证书在这两个指标的达成度进行分析,结果如下。

① 以技术为服务对象的 Z 证书。Z 证书涉及领域较新,是未来汽车行业的发展方向,目前市场上有相关岗位的企业非常少。通过访谈可知,Z 证书在确定职业技能标准(目标职业技能)前,开展了充分的企业行业调研,明确了人才需求。"像北汽、广汽、长安等这些国内新型的企业,我们全部走访过,去主机厂跟他们售后聊过,去过 4s 店,包括电池厂也都去过,然后跟他们沟通。其实从企业里获知的更多的是面对新技术,新增了哪些岗位,取消了哪些岗位,增加的一些新型岗位对人才有什么需求,他需要掌握什么样的技能,才能够胜任和完成这些工作任务。"(设计者 ZD)

在《Z 证书考核方案》中明确考核的目的是"对面向汽车后市场服务企业的从业人员及在校学生进行专业知识、职业技能和职业素养等综合能力的考核"。说明设计者将胜任企业一线岗位的综合能力作为评价的目标,认为综合能力等同于"专业知识 + 职业

---

① 雷新勇. 基于标准的教育考试——命题、标准设置和学业评价[M]. 上海:上海科学技术出版社,2011:206-241.

技能+职业素养"的组合。但对考核内容分析发现,职业技能/职业素养的考核内容为"……激光雷达、毫米波雷达、视觉传感器拆卸与安装步骤、拆装工具的正确选择、拆装工具使用方法、扭矩选择、标定和功能测试步骤、标定和功能测试过程中对工具的选择与使用……"更像知识点和操作技能点的考核。

在Z职业技能标准(以初级为例)中,由3个工作领域、9个工作任务(见表3-11)、37项职业技能要求组成。每个工作任务大约有4项职业技能要求,设计者将完成3个工作领域、9个工作任务的能力作为初级职业技能标准。

表3-11 Z证书工作领域与工作任务表(初级)

工 作 领 域	工 作 任 务
1.×××汽车PDI及售后预检	1.1 客户服务接待;1.2 ADAS运维;1.3 智能座舱系统运维
2.ADAS部件更换与标定	2.1 视觉传感器更换与标定;2.2 雷达传感器更换与标定;2.3 定位系统更换与匹配
3.智能座舱系统设定与匹配	3.1 人机交互系统设定与匹配;3.2 疲劳驾驶预警系统设定与匹配;3.3 智能座椅设定与匹配

在Z证书职业技能标准中,每项职业技能要求看似丰富,将完成工作任务要求进行说明,如"2.1.2 能按照维修手册视觉传感器更换流程,与他人合作,正确使用拆装工具,完成视觉传感器的更换作业",但这些职业技能要求太抽象,甚至出现较多工作任务要求雷同的现象,如表3-12所示。这些雷同的职业技能要求,无法体现不同工作任务要求的差异性和特殊性。去掉这些相同的条件,就是单纯的技能点和操作点,如视觉传感器的更换、雷达传感器的更换等。

虽然设计者ZD表示"所有证书的等级标准都跟岗位匹配……针对企业岗位用人需求这个方面来定义不同的级别划分",但职业技能要求的表述无法体现不同工作任务对职业技能的不同要求,甚至出现初级职业技能要求和中级一样的现象。例如,"3.3.1 能够根据车辆运维操作规范,结合车辆故障现象,与他人合作,合理制定智能座椅检测方案,完成工具设备、所需物料等准备工作"(初级职业技能要求)。"1.2.1 能够根据××××汽车检修操作规范,结合车辆故障现象,与他人合作,合理制定ADAS控制系统维修方案,完成工具设备、所需物料等准备工作"(中级职业技能要求)。

表 3-12　Z 证书相同的职业技能要求表述部分举例（初级）

工作任务	相同的职业技能表述（初级为例）	情况
2.1　视觉传感器更换与标定	2.1.4　能够根据×××汽车出厂规定，结合客户实际需求，独立完成车辆各智能模块的功能验证	几乎完全相同
2.2　雷达传感器更换与标定	2.2.4　能够根据×××汽车出厂规定，结合客户实际需求，完成各智能模块的功能验证	
2.3　定位系统更换与匹配	2.3.5　能够根据×××汽车出厂规定，结合客户实际需求，完成车辆各智能模块的功能验证	
3.1　人机交互系统设定与匹配	3.1.4　能够根据×××汽车出厂规定，结合客户实际需求，使用专用仪器，完成车辆各智能模块的功能验证	
3.2　疲劳驾驶预警系统设定与匹配	3.2.4　能够根据×××汽车出厂规定，结合客户实际需求，完成车辆各智能模块的功能验证	
3.3　智能座椅设定与匹配	3.3.4　能够根据×××汽车出厂规定，结合客户实际需求，使用专用仪器，完成车辆各智能模块的功能验证	
2.1　视觉传感器更换与标定	2.1.3　能够依据视觉传感器功能与精度要求，选用合适的工具、设备，与他人合作，完成视觉传感器的匹配与标定作业	工作对象不同
2.2　雷达传感器更换与标定	2.2.3　能够根据雷达传感器使用精度要求，选用合适的工具、设备，与他人合作，完成雷达传感器的标定作业	
2.3　定位系统更换与匹配	2.3.3　能够根据定位系统运行要求，选用合适的工具、设备，与他人合作，完成定位系统传感器与控制器的匹配作业	

这说明在职业技能要求方面，Z 证书并不能较好地区分三个职业技能等级，以及不同工作任务的差异性和特殊性。职业技能标准中的工作任务应是来自企业真实工作情境、有代表性的典型工作任务，能够反映专业化水平。但从目前职业技能要求来看，Z 证书无法体现与企业真实工作相关的工作过程和问题情境，而是表现为一个个被细化的技能点。在职业技能等级中，缺失工作过程会促使设计者、教师和学生关注事实性知识和操作技能。而事实性知识的掌握和操作技能的获得是无法证明其工作过程的合理性和合法性，工作过程的缺失意味着测试分数对职业技能的解释苍白无力。访谈中设计者表示，通过企业调研获得工作任务和工作领域，但其所描述的职业技能要求却是技能点的表述。虽然设计者试图丰富技能点的表述，但由于表述太抽象依然无法体现企业的需求。这种缺失工作过程和情境性的职业技能描述，直接反映的是设计者的"操作技能观"，是将

职业技能理解为"专业知识+碎片化的操作技能"的组合，而并非综合能力。

综上分析表明，Z证书对目标职业技能的认识并不清晰，考核目标中—综合能力在职业技能标准中体现的都是技能点。矛盾的"技能"观直接反映了设计者在设计职业技能标准时缺乏相关的理论基础和科学的方法。

②技术类D证书。D证书涉及高精密加工领域，也是数控加工未来发展的一个方向，达到初级职业技能等级，需要考生具备以下能力：根据零件图纸、工艺规程和作业计划，利用N轴数控机床、计算机及CAD/CAM软件等，对具有凸台、槽、孔类、圆角等特征的零件进行N轴定向数控加工程序的编写和加工，达到图纸要求的加工精度等要求；能对数控机床进行日常维护，处理简单报警信息；能完成刀具智能管理和机床功能检测，具备新工艺和智能制造技术应用能力。（来源《D证书职业技能标准（2020年1.0版）》）

从以上表述可知，D证书将职业技能理解为"能力"。初级职业技能标准有4个工作领域、13个工作任务、55项职业技能要求（见表3-13）。

表3-13 D证书工作领域与工作任务表（初级）

工作领域	工作任务
1.工艺与程序编制	1.1 工艺文件分析；1.2 手工编程；1.3 自动编程
2.数控加工与检测	2.1 加工准备；2.2 N轴数控机床操作；2.3 N轴定向加工与产品检测
3.N轴数控机床维护	3.1 N轴数控机床点检；3.2 N轴数控机床日常维护；3.3 N轴数控机床故障处理
4.新技术应用	4.1 新工艺应用；4.2 刀具智能管理；4.3 机床功能检测

在职业技能表述方面，D证书是将工作任务按照技能点和操作点进行拆分，例如"3.3N轴数控机床故障处理"的4项职业技能要求（见表3-14），实则是将工作任务分为4个技能点或操作点，如排除编程错误故障、排除超程故障、排除欠压缺油故障、排除急停故障；"1.2手工编程"的4项职业技能要求（见表3-14），除去相同部分的条件和要求，实则是4个技能点。例如，二维轮廓加工程序的编写、孔类加工程序的编写、程序的简化编写、第N轴旋转定位及解锁的编写、闭锁程序的编写。D证书的职业技能要求的表述比起单纯的知识点和技能点的罗列有所丰富，但是丰富的"内容"大部分

都是相同的、抽象的条件和要求。例如，在初级工作任务"3.1 机床日常维护"中的职业技能要求（见表3-15），除了对象不同，其他的表述和要求都相同。

表 3-14　D 证书相同职业技能要求表述部分举例（初级）

工作任务	职业技能要求
3.3　N 轴数控机床故障处理	3.3.1　能根据数控系统的报警信息，使用数控编程手册，排除编程错误故障
	3.3.2　能根据数控系统的报警信息，使用数控机床手册，排除超程故障
	3.3.3　能根据数控系统的报警信息，使用维修工具，排除欠压、缺油故障
	3.3.4　能根据数控系统的报警信息，操作数控系统操作面板，排除急停故障
1.2　手工编程	1.2.1　能根据 N 轴数控机床编程手册，运用编程方法与技巧，完成由直线、圆弧组成的二维轮廓加工程序的编写
	1.2.2　能根据 N 轴数控机床编程手册，运用编程方法与技巧，完成孔类加工程序的编写
	1.2.3　能根据 N 轴数控机床编程手册，运用编程方法与技巧，使用固定循环、子程序完成程序的简化编写
	1.2.4　能根据 N 轴数控机床编程手册，运用编程方法与技巧，完成第 N 轴旋转定位及解锁、闭锁程序的编写

表 3-15　D 证书职业技能要求表述部分举例（初级）

工作任务	职业技能要求
3.1　机床日常维护	3.1.1　能根据 N 轴数控机床点检表，运用设备点检的方法，对导轨润滑站、主轴润滑油箱等进行日常检查，并正确记录点检结果
	3.1.2　能根据 N 轴数控机床点检表，运用设备点检的方法，对压缩空气气源，管道及空气干燥器进行日常检查，并正确记录点检结果
	3.1.3　能根据 N 轴数控机床点检表，运用设备点检的方法，对机床气压/液压系统进行日常检查，并正确记录点检结果
	3.1.4　能根据 N 轴数控机床点检表，运用设备点检的方法，对机床电气柜通风散热装置及机床各种防护装置进行日常检查，并正确记录点检结果
	3.1.5　能根据 N 轴数控机床点检表，对冷却液箱及其管道系统进行日常检查，并正确记录点检结果

《职业技能标准开发指南（试行）》中指出"职业技能要求是完成工作任务所需职业素养、专业知识和技术技能的综合体现"，且要求"内容描述不能太笼统、太抽象"。D 证书的职业技能要求的表述笼统，雷同表述较多，无法体现工作任务的工作过程。虽然在机床日常维护中对"导轨润滑站、主轴润滑油箱""压缩空气气源，管道及空气干

燥器""机床气压/液压系统"等的日常检查的流程也许都是相同的,但是每个小的任务要做的事情和要求是有区别的,而在"职业技能要求"中并没有体现。

访谈中发现,D证书三个等级是在企业调研基础上,根据职业院校人才培养目标进行划分的。"通过企业调研,弄清岗位、工作领域,再来梳理形成我们的教学任务、培训任务、考核标准……初、中、高级怎么划分也是按教育部的要求,初级完全针对中专,根据中等专业学校数控技术应用专业的培养目标。对于高职来讲,按照数控技术专业培养的技能要求来确定中级标准……对于高级来讲,是根据应用本科的培养目标来确定高级的标准……走访了很多学校。学校资源很多,比如凡是开了数控专业的学校,很多典型的学校包括示范校也参与制定标准"(设计者DD)。

但是D证书三个等级标准的工作领域几乎完全相同,三个等级工作任务中除了新技术应用领域中的任务不同,其他几乎相同,只是工作对象不同。大部分对职业技能要求的表述都是一样的(见表3-16),例如,初级"2.2 N轴数控机床操作"中除了"2.2.4",其他项都与中级"2.2 M轴数控机床"中的职业技能要求基本相同;不同等级工作领域和工作任务应该有所不同,不同工作任务的条件要求也应不同。相同职业技能要求的职业技能标准不符合企业真实工作领域和工作任务的实际情况。

综上所述,D证书的职业技能标准与职业院校人才培养匹配度不高,职业技能要求的表述无法体现工作过程和问题情境。

表3-16 D证书初级和中级职业技能要求比对表(举例)

工作任务	职业技能要求
2.2 N轴数控机床操作(初级)	2.2.1 能根据机床型号、结构及特点,通过查阅数控机床手册,完成N轴数控机床运动方式与结构的述 2.2.2 能根据机床操作手册,使用操作面板上的常用功能键,完成N轴数控机床的规范操作 2.2.3 能根据机床操作手册,使用U盘或网络等多种传输方法,完成加工程序的输入 2.2.5 能根据机床操作手册,运用数控机床的对刀方法与技巧,使用对刀工具,完成四轴数控机床对刀操作并设定坐标系 2.2.6 能根据机床操作手册,使用N轴数控机床刀具管理功能,完成刀具及刀库的参数设置,实现自动换刀 2.2.7 能根据安全生产操作规程,遵守工作程序和工作标准,严格执行工艺文件

续表

工作任务	职业技能要求
2.2 M轴数控机床操作（中级）	2.2.1 能根据机床型号、结构及特点，使用数控机床手册，完成M轴数控机床运动方式与结构的表述 2.2.2 能根据M轴数控机床操作手册，使用操作面板上的常用功能键，完成M轴数控机床的规范操作 2.2.3 能根据M轴数控机床操作手册，运用不同的程序传输方法，完成加工程序的输入、编辑 2.2.4 能根据M轴数控加工的精度要求，使用对刀仪器及多种对刀测量方法，完成多轴数控机床对刀操作和工件坐标系的设置 2.2.5 能根据M轴数控机床操作手册，使用机床刀具管理功能，完成刀具及刀库的参数设置，实现自动换刀 2.2.6 能根据设备安全操作规程，遵守工作程序和工作标准，严格执行工艺文件和设备操作规范

③ 小结。通过对以上两个证书在Ⅲ-7和Ⅲ-12指标的达成度分析发现，导致不同职业技能标准（目标职业技能）定义、描述和划分存在较大差异的原因在于对"技能"理解的差异。《国家职业教育改革实施方案》中也明确指出职业技能等级证书反映的是考生的综合能力水平。这表明X职业技能评价不仅要考查动手操作技能，而且要考查认知技能（心智技能）。由于认知技能具有动作对象的观念性、动作执行的内潜性和动作结构的简缩性等复杂性特征[①]，所以对认知技能的鉴定无法通过简单的操作技能考试实现，必须关注有关能力评价的理论和实践[②]。但是，当前大部分X证书都将"知识＋操作技能＋安全文明生产规范"等同于职业技能。对"技能"理解的偏差，直接影响职业技能标准的设计和等级的划分，以及后续试题的设计。

劳耐尔（F. Rauner）等人运用德莱福斯能力成长模型进行相关职业研究发现，促进职业成长的4种典型的工作任务顺序依次为：职业定向的工作任务、系统性的工作任务、蕴涵问题的特殊工作任务、不可预见的工作任务（日常不多见的情境和问题）[③]，这说明，不同职业成长阶段、不同职业能力水平的学生从事的工作任务是有区别的。在X试点

---

① 冯忠良，伍新春，等.教育心理学[M].北京：人民教育出版社，2015：398.
② 赵志群，孙钰林，罗喜娜."1+X"证书制度建设对技术技能人才评价的挑战——世界技能大赛试题的启发[J].中国电化教育，2020(2)：8-14.
③ Reinhold M, Haasler B, Howe F, et al. Curriculum-Design Ⅱ：Von beruflichen Arbeitsaufgaben zum Berufsbildungsplan[M]. Konstanz：Christinani, 2003：30-40.

过程中，X 职业技能等级证书三个等级划分模糊，划分依据不一致，缺乏理论基础，完全由评价组织决定。例如，Z 证书主要按照企业岗位用人需求进行划分；D 证书在企业调研基础上按照职业院校人才培养的目标进行划分。Z 证书和 D 证书都根据企业调研进行划分，但等级划分结果完全不一致。根据专家判断，D 证书的职业技能标准对职业院校学生来说偏难。到底依据什么进行划分，如何把控难易程度，目前都没有明确依据。导致等级划分不等值的主要原因在于缺失统一的理论依据和方法指导。没有科学方法和理论指导的实践是盲目的。

（3）Ⅲ-8 指标达成度非常低

两个证书在"Ⅲ-8 完成测试任务需要考生使用目标职业技能"指标的达成度非常低。研究分别对 Z 证书和 D 证书在该指标的达成度进行分析，结果如下。

① 以技术为服务对象的服务类 Z 证书。"专业知识＋操作技能"标准指导下考题的设计，必然也强调专业知识和操作技能。出于对知识产权保护的考量，设计者不向研究者提供考题，只允许研究者观看，因此不允许记录，因此此处无法呈现 Z 证书考题。Z 证书考题按照工作流程排列，考题知识点较全，知识点按照设计者固化的工作流程呈现，工作过程和方案设计不需要考生考虑。设计者将封闭性的、具有唯一解题空间的工作任务，通过其所固化的工作流程进行呈现，不能很好地体现目标职业技能的要求。考试中存在大量的客观题，考生应答考试任务的方式较简单，采取的策略也较为简单，即通过鼠标点击选择即可完成，不能体现考生的认知能力和思维过程。即便考生通过了考试，也不能代表考生就具备标准中的职业技能。考生完成考试任务所需要的能力不完全与目标职业技能匹配。职业技能是在完成职业工作任务时才能体现出来的。把完整工作任务分解为多个子任务，这些细小任务无法反映职业的特征，反映的只是抽象的技能和知识，这些技能和知识相加不等于职业技能[①]。对事实性知识和技能的考查，是对"再现"目标的考核，无法实现对更高级别学习目标的考核。在所有职业的职业技能中，能通过客观题考查的技能十分有限[②]。采用客观题的标准化考试，猜对的比例过高，这会导致

---

① 赵志群. 职业教育工学结合一体化课程开发指南 [M]. 北京：清华大学出版社，2009：72.
② 赵志群，菲利克斯·劳耐尔. COMET 职业能力测评方法手册 [M]. 北京：高等教育出版社，2018：98.

实际未掌握必要职业技能的考生也可以通过考试。拉德马克（H. Rademacker）研究表明：标准化测试的试题无法用来检验职业技能[①]。做对这一道题的人不一定会操作，会操作的人也不一定会做对题。因为标准化的试题难度不是任务的复杂程度，而是设计者对错误选项的人为设计，如通过巧妙的文字表述。因此，对于那些与生命安全相关的职业技能，不应允许使用标准化测试的试题[②]。

② 技术类 D 证书。D 证书理论考试的考题为客观题，实操考试采用"典型工件"作为考题，有且仅有一道题，即要求学生按照图纸要求加工一个零件。以下为初级实操考试的样题：

"考生在规定时间内，根据部件和零件图纸要求，以现场操作的方式，运用手工和 CAD/CAM 软件进行加工程序编制，操作多轴数控机床和其他工具，完成零件的加工和装配。"

考题为去情境化任务，是技术操作类、封闭性的工作任务。通过观察考场发现，加工毛坯是提前准备的，考生不需要选择；监考员给每位考生发一张 CAD 图纸，图纸上有尺寸和精度要求，为考生准备了一个 $\Phi 62\times 36$ 内孔为 $\Phi 18$ 的毛坯。考生拿到图纸和毛坯即开始考试。考生需通过画图、建模编程、设计工艺流程、加工、检测等复杂过程才能完成工作任务。如果完全没有做过，对中职学生而言，任务难度较高。

在 D 证书的职业技能标准中还要求考生会"新技术应用""机床维护"等，但在实际的实操考题中并没有涉及，只涉及工艺与程序编制和数控加工与检测这两个工作领域。因此，首先从内容的匹配上，考核内容不能完全覆盖标准中的内容；其次，研究者对照考题和样题发现，两者只是在尺寸标注上稍有改动，有 95% 以上的相似度。采用与样卷几乎相同的试题作为考题，很难避免练习效应，只能实现"再现"目标，即技能操作的再现，无法体现更高级的目标，也很难测出标准中要求的职业技能水平。并且实操任务只有一道考题，数量太少会降低代表性，影响评价结果的稳定性。当试题较少时，必

[①] Rademacker H. Analyse psychometrischer Verfahren der Erfolgskontrolle und der Leistungsmessung hinsichtlich ihrer didaktischen Implikationen[J]. Schriften zur Berufsbildungsforschung, 1975(25)：63-100.

[②] 赵志群，菲利克斯·劳耐尔. COMET 职业能力测评方法手册[M]. 北京：高等教育出版社，2018：100.

须具有足够的复杂性和综合性,才能反映职业认知能力①。从企业工作过程的角度出发,发现考题只涉及加工环节,缺失其他工作环节。

③ 小结。Z证书是服务类的证书,强调工作过程的开放性。但设计者并没有意识到该职业对开放性的需求,通过固化流程(虚拟人物每一步做什么,都通过导航确定)扼杀了工作过程的开放性。Z证书采用虚拟情境,任务是封闭性的、具有标准答案。这样的考题无法完全反映职业技能,即便通过考试也不能代表考生真正具备职业技能。例如,在Z证书考试中,没有参加过实操训练的考生也能通过考试。这说明封闭性工作任务并不适合用来作为以技术为服务对象的服务类证书。虽然这类证书对技术要求很高,但它更强调对工作过程中不可预测问题的解决方案的设计。从事这类职业的人员,他的工作过程是开放性的,对他的职业技能水平的考核,也必然应以开放性的、情境性工作任务作为考题。因此,对于开放性和设计性较强的职业,应设计情境性、开放性试题,并规定行动时间,让考生通过采取行动来描述解决方案②。

D证书是技术类的职业,这类职业的特点在于确定目标后,行动过程基本确定,不会出现较大的变化。因此,设计的工作过程与行动的工作过程能够保持较大的一致性。这类证书通过计划的制订在一定程度上也能反映实施过程的能力。D证书不采用制订计划的方式进行考核,而是采用现场实操考核,不关注实操过程,只关注结果。这样的评价无法反映认知能力,况且题目与样题相似度过高,很难真实反映考生的职业技能。

(4)Ⅲ-10指标的达成度较低

评分标准是评分员评分或判断的依据,是最佳表现的体现。莱茵伯格(F. Rheinberg)将评价标准分为三类,即事实性标准、社会性标准和个性化标准③。事实性标准是根据已有的教学标准或职业标准中明确的能力要求作为考生表现的评价依据,一般资格考试采取事实性标准。社会标准是将考生的表现与他人进行比较,从而评价考生的

---

① 赵志群,菲利克斯·劳耐尔. COMET职业能力测评方法手册[M]. 北京:高等教育出版社,2018:100.

② 赵志群,菲利克斯·劳耐尔. COMET职业能力测评方法手册[M]. 北京:高等教育出版社,2018:100,60-61.

③ Rheinberg F. Bezugsnormen und schulische Leistungsbeurteilung[A]. Weinert, F.F. (Ed.). Leistungsmessungen in Schulen[C]. Weinheim:Beltz, 2001:59-71.

表现情况。个性化标准是将考生的表现与自己过去的表现进行比较,从而判断考生的学习成长情况。X 职业技能评价方法是根据职业技能标准设计的,其目的是检验考生是否达到企业所要求的职业技能。因此,评价标准应是事实性标准,理应反映职业技能标准中所要求的职业技能(目标职业技能)。

此外,在涉及如何评分时,还需设计评价量规,即评价尺度。评价量规的类型有核查表、分值量规、分析性量规和整体性量规四种。核查表是将考生各种表现特征简单罗列在一张表上,通过"是"或"否"进行判断。分值量规是在核查表的基础上,给每一项特征赋予分值。分析性量规是对考生每一项评分指标的质量做出判断。按照分值量规只有完全表现出来才能给分,但分析性量规是根据表现程度进行等级判断。整体性量规是通过语言描述的方式对考生整体表现进行判断。在职业技能评价中,为判断工作表现和任务完成情况,通常用"整体性量规"和"分析性量规"[①]。例如,世界技能大赛就采用分析性量规,不采用简单的核查表和分值量规。研究分别对 Z 证书和 D 证书在该指标的达成度进行分析,结果如下。

① 以技术作为服务对象的服务类 Z 证书。Z 证书的评分由计算机自动评分完成,评分规则、标准和逻辑,由设计者提前设计。通过观察计算机评分记录(日志),发现 30% 考题是客观理论题,有标准答案;70% 考题是实操题,根据交互点给分。交互点是事先确定了标准答案或者逻辑的评分点。这种评分标准是对结果"对与错"的判断。出于知识产权保护,评价组织并未提供计算机评分的标准和逻辑。根据《考核方案》可获知,专业知识的评分采取"答题正确得分,错误不得分",操作技能和职业素养题的评分采用"系统自动抓取触发点、触发痕迹,错误按百分比扣除相应分数"。从以上分析可知,Z 证书的评分采用分值量规,有明确的对错之分。职业教育不是单纯的技术或经济活动,不能用简单的"对—错"标准或"投入—产出"关系衡量[②]。职业技能的评价是对职业认知技能和职业操作技能的评价,技能只有水平高低之分,没有对错之分。因此,简单、"对—错"评分标准无法反映考生目标职业技能的相关表现。

---

① 赵志群,孙钰林,罗喜娜."1+X"证书制度建设对技术技能人才评价的挑战——世界技能大赛试题的启发[J]. 中国电化教育,2020(2): 8-14.

② Young M. National Qualifications Frameworks as a Global Phenomenon: a comparative perspective[J]. Journal of Education and Work, 2003, 16(3): 223-237.

② 技术类 D 证书。对 D 证书评分标准进行分析发现，其评分标准非常细，是对工件尺寸精度的要求，采用分值量规。例如，评分内容："L 形凸台"分值为 3 分，未完成不得分；表面粗糙度分值为 5 分，要求"整体 Ra1.6"，每处降一级扣 0.5 分。现场观察发现，评分不关注考生完成任务的过程，例如工艺设计、程序编写等，而且这些过程性信息要求考生考完后清空。这说明考试不注重过程评价，只注重结果评价。企业对产品质量要求虽然在一定程度上反映了企业对人员的要求，但是企业人员不仅需要具备精湛的技术，还需具备其他的职业素养，例如团队合作、与他人沟通、考虑加工经济性和环保性等的能力。工艺设计会影响整个加工过程，大批量和小批量生产工艺是不一样的，所编写的加工程序也会有所区别。但评分标准并不关注考生加工过程，即考生应答过程所运用的职业技能。在访谈中，设计者和教师都表示企业只看工作结果，不看工作过程，所以对学生的评价也只评价结果。因此，D 证书的评分标准并没有太多关注标准中要求考生达到的职业技能。

③ 小结。"Ⅲ-10 评分标准关注与目标职业技能相关的考生表现"证据显示，Z 证书在该指标达成度较低，D 证书在该指标达成度非常低。这说明简单操作技能的试题的评分标准也只关注动作结果，无法反映考生的职业技能。当今社会对技术技能人才的全面发展和综合性要求越来越高，技能工作者应当有能力（参与）设计工作计划，按照经济性、创新性和环境可持续发展等综合性要求对工作的过程和成果进行评价，即具备"本着对社会、经济和环境负责的态度，参与设计和创造未来技术和劳动世界"[①]的能力。科学的能力评价要用整体化观念看待职业能力，不仅关注工作任务的完成情况，而且关心学生是否能够对工作过程和工作成果进行反思和改进，应加强对诸如技术敏感性和创新性等高层次实践能力的评价，促进学生的"价值理性"和"事实性评价能力"的发展。职业技能评价是对职业技能水平的评价，职业技能水平只有高低之分，没有标准答案，也没有对错之分，反映的是职业要求的效度[②]。

（5）小结

通过分析，我们发现导致证书在"Ⅱ-3 测试解释有意义"指标的达成度存在较大差

---

① 赵志群，王炜波．基于设计导向的职业教育思想[J]．职业技术教育，2006，27(19)：10-13．
② Rauner F, et al. Competence Development and Assessment in TVET[M]. Dordrecht：Springer, 2012：2-3.

异的主要原因在于对"技能"理解的差异,从而导致职业技能等级划分的差异和不等值及测试题目的差异。题目的差异在一定程度上影响评分标准的差异,导致无法反映职业技能水平。去情境性和过程性的测试任务无法反映考生的职业技能水平。简单的、标准化的结果评价无法对考生职业认知能力进行考核。职业技能具有领域特殊性,只有在处理专业或领域事宜时才能够体现和获得[①]。因此,对职业技能的评价必须遵循"领域特殊性"原则,应根据不同职业特点设计不同的评价形式和试题。

2. 测试分数解释的无偏性

结果显示两个证书在该指标的达成度较高,达成度分值(标准分)从高到低排序为90分(技术类D证书)、75分(以技术为服务对象的服务类Z证书)。

对证据项分析发现,两个证书在"Ⅲ-13 测试作答要求和测试内容对所有考生一样""Ⅲ-14 测试不存在歧视或攻击性内容和表述""Ⅲ-16 测试组织的每个环节对所有考生都公平"这三个方面的达成度较高,原因在于评价组织公布了统一的《考核方案》,对考核内容、考核要求、考核时长、考核流程、考核形式、考核组织等各环节都有统一的要求。在观察中也未发现考试不公平的现象,未发现试题中存在歧视或攻击性的表述,所有考生的试题内容和要求基本一致。这说明评价组织在考试组织方面做得较好。

在"Ⅲ-17 测试分数的解释对所有考生都具有同等意义"方面达成度较高。目前两个证书都是按照教育部的统一要求发放统一模板的证书,证书上只有合格与不合格,没有更多的分数解释。但对于高分通过和低分通过的学生,分数解释意义不同。对于低分通过的学生来说,也许这就是他真实的职业技能水平,但对于高分通过的考生来说,分数对其职业技能水平的解释力不足。虽然职业技能等级证书类似于职业资格证书,只有通过和不通过之分,但是未来证书会被用于企业人才选拔,提供更丰富的信息有利于企业做出正确的决策,如可以在证书后备注分数及分数线。

两个证书在测试无偏性方面的差异主要体现在"Ⅲ-15 考生明确了解评分标准和评分过程"指标达成度的不同。研究者对该指标的达成度进行分析后,发现如下。

技术类D证书的达成度较高(7分),原因在于:D证书公布了样题和评分表,实

[①] 赵志群,菲利克斯·劳耐尔. COMET 职业能力测评方法手册[M]. 北京:高等教育出版社,2018:5.

操考试的图纸和评分表一同发给考生,考生对评分标准较熟悉;而结果由质检员进行评分,且并未公开质检员的评分过程。因此考生对实操考试中零件尺寸的评分过程不了解。

以技术为服务对象的服务类 Z 证书在该指标的达成度较低(5分),原因在于 Z 证书采用计算机自动评分,评分标准和过程未公布。评价组织仅公布了基本的评分规则,例如专业知识题采用"答题正确得分,错误不得分",操作技能和职业素养题采用"系统自动抓取触发点、触发痕迹,错误按百分比扣除相应分数"。考生并不清楚评分标准和评分过程。

考生对评分标准和评分过程的了解,是鼓励考生主动参与测试的一种表现。在传统的测试中,考生被动参与测试,评分标准或评分过程被认为是一种神秘的、不可公开的资料。受传统考试模式影响,部分 X 证书评价中学生作为测试最重要的利益相关群体,被动参与测试,被剥夺了了解评分标准和评分过程的权利,没有获得主动参与测试的机会。这不利于考试的公平公正和考生的学习。考生了解评分标准和评分过程,一方面是对测试评分的公平性和公正性的监督,另一方面考生可利用评分标准进行自我检查和自我监控,进而优化和调整学习策略。这体现了建构主义评价观,评价是审视建构过程的一面镜子,借助评价标准促进学习者改进学习策略,进行更有意义的建构。为了测试而测试违背了建构主义学习评价的目的——为了更好地促进个体改进学习策略而进行的更有意义的建构。根据建构主义,知识和技能是考生在真实工作情境中学习和在完成工作任务的过程中,通过自我建构获得。对职业技能的评价即是对自我建构过程的审视,学生理应成为评价过程的主动参与者。获知评价标准能促进考生主动收集信息,对照评价标准进行自我学习的监控、反思,进而调整学习策略。职业技能评价过程应是评价主体和学生间建构与感悟的过程[①]。表现性评价也非常强调考生对评分标准和评分过程的了解,认为评价不应该只是简单的成绩评定,最重要的是促进学生学习,应将评价"所有权(ownership)归还学生"[②]。建构主义学习理论强调学习的自我调控能力,认为该能力形成的关键在于自我评价能力的提供。考生了解评分标准和评分过程是培养考生自我评

---

① 闫宁.高等职业教育学生学业评价研究[D].西安:陕西师范大学,2012:19.
② 田中耕治.学习评价的挑战:表现性评价在学校中的应用[M].上海:华东师范大学出版社,2015:26.

价能力的前提条件。

综上分析表明,两个证书的测试在确保分数解释无偏性方面做得较好,但还应优化测试结果解释,提高部分证书评分标准和评分过程的透明度,促进考生自我监控学习,培养其自我评价能力。

3. 测试分数解释的适用性

"Ⅱ-5 测试分数解释的适用性"是指测试结果能够代表考生真实的职业技能水平,完成测试任务能够代表或预测考生完成企业真实工作任务的能力。为保证测试分数解释的适用性,测试任务和评价标准应尽可能与企业真实工作和评价标准相同或相似。对两个证书测试任务进行分析发现,两个证书在"测试分数解释的适用性"指标、达成度较低,分值均为 25.00 分。

(1) 以技术为服务对象的服务类 Z 证书

以初级考试为例,Z 证书采用的是理论和实操一体化的考试方式。考题中既有理论题也有实操题,从着装整理开始,按照"仪容装束—工作准备—问诊—基本检查—动态检查—故障分析—故障检测—线束检测……车辆整理—场地物料整理"的工作流程呈现试题,考生完成所有考题即完成整个工作流程,工作流程与企业真实工作流程较为相似。访谈中设计者表示,是将工作过程放到虚拟场景中,对每个工作环节和任务进行拆分,遇到不能拆分的,就通过理论题的方式考查学生。设计者认为如果能够做出理论题,那么实际操作就没有问题。这其实是一种错误的认识。以考查事实性知识为目的的理论题,并不能完全反映或预测考生的操作技能。学生在完成企业真实工作任务中获得的不是理论知识,而是工作过程知识,是理论知识通过个体实践后所获得的经验知识;是与情境相关的、以实践为导向的知识[1]。工作过程知识的获得过程在个体内部以隐性方式进行,无法用语言描述,只存在于工作过程中,工作过程知识是无法通过传统的考试进行测试的[2],它蕴含在完成特定情境下的工作任务过程中,只有在工作过程中才能考核工作过程知识。

此外,虽然这里的工作流程与企业相似,但已被设计者固化,所有考生都必须按照

---

[1] Fischer M, Rauner F, eds. Lernfeld: Arbeitsprozess [M]. Baden-Baden: Nomos, 2002. 34.
[2] 费利克斯·劳耐尔,赵志群,吉利. 职业能力与职业能力测评——KOMET 的理论基础与方案 [M]. 北京:清华大学出版社,2010:2-6.

相同的工作流程完成任务。在企业真实工作中，完成任务的过程有多种选择，需要考生去设计，同时还要考虑如何更经济、更环保地完成任务。虽然 Z 证书的测试有企业工作过程的影子，但不是企业的真实工作过程。工作任务的每一个环节都被细化为一个个可考的技能点，例如"选择扳手方向""选择力矩"。考题应答方式较为简单，仅通过计算机鼠标点击和选择即可完成。这种应答方式很难确定通过考试的考生是真的会，还是凭借运气。考生应答任务的方式与企业真实工作完全不同。访谈中教师 ZT1 和考生 ZS2 表示虚拟仿真和真实实操不同，考生只能按照设计者设计的思路做下去，没有更多的发挥空间。

Z 证书的专业理论知识题采用"答题正确得分，错误不得分"，操作技能和职业素养题采用"系统自动抓取触发点、触发痕迹，错误按百分比扣除相应分数"。触发点是设计者预先设定的结果，具有明显的"对与错"。在评分设计时，设计者表示关注的是过程评价，而不是结果评价。但他关注的工作过程，是其所固化的工作过程／流程，并非企业的真实工作过程。企业真实工作过程是具有开放性和复杂性的。特别是对于以技术为服务对象的 Z 证书来说，在企业真实工作中，它的工作过程是无法提前确定的，而是需要随着故障问题的出现随时进行调整和设计的。

设计者将工作任务和过程碎片化、行为化，这不符合职业发展性工作任务的要求[①]。发展性工作任务（developmental tasks）是具备完整行动过程的，具有明确工作对象、方法、工具、工作组织形式的工作任务。哈维格斯特（J.R. Havighurst）认为只有完成发展性任务才能促进职业能力的发展[②]，在职业教育中，通常将其称为典型工作任务。典型工作任务是一个职业有代表性的任务，能够反映专业化水平。教育部等四部门印发的《关于在院校实施"学历证书+若干职业技能等级证书"制度试点方案》的通知中也强调要"强化对完成典型工作任务能力的考核"。对典型工作任务的考核绝对不是对其进行无限细化的拆分，而是在特定的问题情境中，通过考生完成任务的过程对其职业技能进行辨识。考查的任务应是来自真实工作世界的、具有情境的、具有完整工作过程的开放性、复杂的工作任务，考查的不是纯理论的知识，而是工作过程知识。工作过程知识是通过

---

① 周瑛仪，赵志群. 德国职业能力测评项目 ASCOT 述评[J]. 职教论坛，2015(21)：10-14.

② Havighurst R J. Developmental Tasks and Education [M]. New York：David Mc Kay Company (Erstausgabe 1948), 1972.

工作过程实践而获得的知识，强调情境性、实践性和敏感性等。对考生职业技能的评价，实则是考核考生的工作过程知识。而工作过程知识只有在完成完整的工作任务中才能够体现。因此，对考生职业技能评价也只有通过让其完成完整的工作任务才能体现。

综上分析，Z 证书虽然采用工作过程进行考题的呈现，但并非企业真实的工作过程，将工作任务和工作过程碎片化的考题，是对知识点和技能点的考查，无法对工作过程知识进行考查。考题和评分标准与企业真实工作任务和评分标准有差距。

（2）技术类 D 证书

以初级考试为例，D 证书的理论考试以客观题作为考题，实操考试以"典型工件"作为考题，要求考生按照图纸的要求加工一个零件。以下为初级考试的样题：

"考生在规定时间内，根据部件和零件图纸要求，以现场操作的方式，运用手工和 CAD/CAM 软件进行加工程序编制，操作多轴数控机床和其他工具，完成零件的加工和装配。"

从样题可看出，考题是去情境的、操作性任务。在真实企业中的所有工作任务都是具有情境性的。根据情境学习理论，职业技能的获得是在特定的情境中发生的。20 世纪 30 年代，怀特海提出"惰性知识"（inert knowledge），认为在无背景的情境下获得的知识，经常是惰性的，不具备实践价值[①]。职业能力的考核也必须在特定的情境中才能被辨识和调查[②]。D 证书非常关注企业对产品的质量要求，对考生的评价主要是从加工产品质量的角度出发，不关注考生完成产品的过程、工艺和编程，评价标准仅关注操作技能的标准。例如，对重要面尺寸、精度的评价内容"$\Phi 8^{0}_{-0.02}$"，每超差 0.02 扣 1 分。现场观察发现，考生考试结束后编程和工艺设计等过程性的内容都被要求删除。对设计者访谈可知，设计者从企业产品质量的角度出发设计评分标准，主要关注结果评价，考题与企业生产相似，但加工元素比企业产品多。虽然设计者表示会考虑加工工艺，但是加工工艺并没有体现在评分标准中，考生完成任务过程中的资料并没有保存下来。这些资料恰恰能够反映出不同考生工作过程的差异，比如加工工艺设计的差异。一个高水平的

---

① 阿尔弗雷德·怀特海. 教育的目的 [M]. 北京：中国轻工业出版社，2016.

② Bader R. Arbeits- und erfahrungsorientiertes Lernen[A]//Dehnbostel, P., Novak, H. eds. Arbeits- und erfahrungsorientierte Lernkonzepte[C]. Bielefeld：Bertelsmann, 2000：11-23.

加工工艺和一个低水平的加工工艺虽然都可以加工出同样的产品,但反映的是不同的设计水平。D证书设计者并没有关注到这两者的差异。采用企业对产品质量的评价标准评价考生,并没有错,但设计者忽略了企业对生产过程质量的要求,比如经济性、环保性等。这些要求通常不会直接体现在产品质量要求中,而是体现在方案设计的要求中。设计者表示任务来自企业,在企业基础上加入教育元素。但从企业完整工作任务来看,D证书的考题只是完整工作过程的一个环节,即实施环节。完整工作过程通常包括获取信息、制订计划、作出决策、实施、检测和评价六个行动环节。这六个环节是完整工作过程的基本逻辑结构,缺失任何一个环节都会造成人才能力结构的缺陷。

综上分析,D证书的任务和评分标准虽然来自企业,但又不完全与企业相符。例如,考题是企业工作任务的一个环节,并非完整工作任务;评分标准只是关注产品质量,没有关注工作过程的相关要素。这样的考题和评分标准无法反映考生的职业技能水平。

(3)小结

综上分析可知,由缺失完整工作过程、与情境无关、碎片化和行为化的知识点和技能点组合的测试试题,无法预测考生胜任企业真实工作的职业技能。而在测试中使用真实的工作任务和评价标准更能预测考生的职业技能水平。这与真实性评价策略相符,即通过完成与工作情境相似的真实性任务展示知识技能的应用能力[①]。计算机考试在大规模考试的可行性、评分客观性和考试成本方面具有优势,但是简单的任务分解式的考题设计,无法反映职业技能水平。

4. 测试分数解释的关联性和充分性

由于调研时,"1+X"技能等级证书制度尚处于试点阶段,研究所针对的两个X证书刚进入首批考试阶段,无法收集到有关这些证书在企业中的使用情况的相关证据,因此没有证据表明测试分数解释是否与测试使用有关联,也无法说明测试分数解释是否为测试使用提供了充分的信息。

5. 小结

通过以上分析可知,两个证书在保证测试公平性方面的证据较充分,说明评价组织

---

① 俎媛媛. 美国真实性学生评价及其启示 [J]. 教育发展研究,2007(6): 62-66.

在保证测试公平方面的前期准备和组织工作做得较好,但还有改进的空间。例如,丰富测试分数的解释,个别证书还需要提高评分标准和评分过程的透明度。

两个证书在测试分数解释有意义指标达成度上较低,原因在于目标职业技能的定义、职业技能等级的划分、测试试题和评分标准的设计缺乏统一的理论和方法指导。"综合能力"技能观指导下的目标职业技能标准、考题和评分标准的设计必然也会按照"综合能力"要求进行。在"操作技能"技能观指导下,设计的考题和评分标准反映的是"操作技能"。虽然综合能力的培养目标在职业教育领域已经提倡多年,但受传统"操作技能观"的影响,当下社会尚未更新对"技能"的理解。目前,各证书的职业技能等级划分的依据各不相同,由评价组织主导设计,缺乏科学的方法指导。虽然教育部门提出职业技能标准"应与学历教育层次相衔接,与职业岗位层级相对应,与技术复杂程度和技能熟练程度相适应",但是对于如何掌握匹配或对接的程度,目前还没有明确的解决方案,也没有科学的方法指导职业技能等级的划分。

职业技能是学生在特定职业情境中,通过完成工作任务过程,进行自我建构获得的。对职业技能的评价理应借助具有情境性和完整工作过程的工作任务作为载体。缺失情境性和过程性的测试任务无法反映考生的职业技能水平。简单、标准化的结果评价无法完全反映考生的职业认知能力。应提高任务的真实性,以企业真实任务为考题,将企业评价标准作为人才评价的依据。

(四)测试结果使用的有效性结果分析

由于调研时,"1+X"技能等级证书制度尚处于试点阶段,研究所针对的两个 X 证书刚进入首批考试阶段,无法收集到有关这些证书在企业中的使用情况的相关证据,因此没有证据表明两个证书在"Ⅰ-3 测试结果使用"有效性方面达成度较高。证据显示,两个证书在一定程度上考虑了获得职业技能机会的公平性,但还有改进的空间。获得目标职业技能机会的公平性是保证测试结果使用公平性的前提条件。

在"Ⅰ-3 测试结果使用"方面,目前只收集到"Ⅲ-27 考生有平等的机会获得测试所考查的目标职业技能"证据项。证据显示,D 证书的证据较充分,Z 证书的证据充分性一般。这说明两个证书在保证考生获得教育平等机会方面做得不错。例如,两个证书都积极开展师资培训，让参加培训的教师再培训学生，要求只有参加过师资培训的院校才能组织考生参加考试等。

由于调研时证书还处于首批考试阶段，各试点院校考试名额有限，学生是否可以参加考试由试点院校决定，只要符合报名条件，评价组织都不会拒绝。但由于不同院校设备数量和考生数量的差异，会出现不同学校之间考生学习机会不均等的现象，例如每个考生实训的时间和次数不均等，这也会造成考生学习机会的不平等。目前考生理论学习和实操学习的时长，职业院校对此也并未考虑。虽然在标准中教育部对每个级别都有一个建议学习时长，但访谈发现，学校并未遵照该建议时长进行。而且有些学校是利用考生的课余时间进行培训，不能保证足够的学习和训练时间。考生没有足够的学习和训练时间，就很难通过考试。虽然教育部门对证书考试的通过率没有强制要求，但评价组织对通过率有一种执着的追求，甚至有的设计者将通过率作为证书考试质量的一个评价依据。G 证书设计者表示"通过率不能太低，否则学生都考不出来，那就说明是我们的问题了"；J 证书设计者表示"目前初级证书的通过率是 90% 左右，说明还是比较好的"。

可见，目前证书考试存在这样的现象：一方面考生学习时长没有保证，达不到标准要求的技能水平；另一方面评价组织追求考试通过率。如何保证通过考试的考生的确具备职业技能标准中所要求的能力，如何保证企业依据证书招到的学生能够满足其人才需求，这关乎证书的社会认可度。如果证书通过率很高，但企业发现证书获得者不能胜任岗位要求，这样的证书也是不会被认可的。相反，如果证书通过率不高，但是证书获得者都能满足企业要求，那么这样的证书就会被社会所认可，含金量也会愈来愈高。通过率和社会认可度并不是简单的正相关或负相关的关系，两者的关系需要评价组织去权衡。

Z 证书在该项证据较弱的原因在于，没办法保证考生都有平等机会进行实操练习，原因是部分学校没有购置相关实操设备。"可能因为没有设备，所以学到的东西与实际操作有点不一样……因为现在学校没有设备，只能在投影仪上去看去学"。（学生 ZT2）

在访谈中发现，部分考生没有经过实操训练，也能通过考试。一方面说明题目设计偏向理论知识点和技能点的考核；另一方面会产生错误的导向作用，即"去实操化的教学"。如果仅通过理论学习就能通过考试，那么学校便会忽略实操教学，这对职业教育人才培养有害无益。

当然，学习机会还受学校和教师重视程度的影响。例如，访谈中设计者 ZD 表示学校的重视程度不同，考生差距也比较大，有些学校的教师和领导非常重视证书考试，学生获得较大的学习支持，有些则不然。"我们希望每个学生都有机会，但现在可能存在主体是学校的现象，每个学校不一样，你没有任何权利限制学校，有些学校的老师按照我们给的资料教给学生了，而有的学校就没有，每个学校对证书考试的重视程度不一样"。（设计者 ZD）

考试中存在三种公平：程序公平、条件公平、事实公平[①]。程序公平是指测试组织程序和试题对所有考生都一视同仁，考生受到相同对待；条件公平是指考生教育条件方面的公平（地区差异、学校设备差异）；事实公平是指平等分享优质教育资源的权利。完全实现以上三种公平很难，特别是事实公平，但可以努力实现程序公平和条件公平。学习机会不平等的现象不仅在职业学校存在，在普通教育中也存在。在现实中很难实现完全的学习机会平等，特别是地域经济的差异、教育水平的差异都会影响学习机会的平等性。但可通过采取相关措施或制定相关要求，保证最低时长内的学习机会平等性。例如，提出只有满足最低时长的学习要求（特别是实训时长）后，才能参加考试，从而保障学习机会的平等性。

（五）测试及其结果使用影响的有效性结果分析

由于调研时，"1+X"技能等级证书制度尚处于试点阶段，两个 X 证书刚进入首批考试阶段，无法收集到有关这些证书在企业中的使用情况，以及使用带来的影响的证据，因此没有证据表明两个证书在"Ⅰ-4 测试及其结果使用的影响"有效性达成度较高。目前只收集到"Ⅱ-10 测试影响的有益性"的相关证据："Ⅲ-28 测试报告传达及时、表述通俗易懂、考生个体的成绩具有保密性""Ⅲ-29 测试对考生的影响是有益的（例如促进考生的学习）""Ⅲ-30 测试对职业院校的影响是有益的（例如促进培养职业院校课程与教学改革）"的相关数据。证据显示，两个证书的测试对考生和职业院校的影响是有益的，特别是在内容更新方面，但影响有限。

两个证书在"Ⅲ-28 测试报告传达及时、表述通俗易懂、考生个体的成绩具有保密性"

[①] 谢小庆.考试公平的三种不同含义[A].谢小庆.谢小庆教育测量学论文集[M].北京：北京语言大学出版社，2012：81-85.

方面的证据较充分，说明两个证书在保证测试报告的保密性、报告表述通俗易懂方面做得较好。其原因在于：首先，教育部建立了统一的证书成绩发布和管理平台，证书都有统一模板，考生须登录账号才能看到成绩，有效地保证成绩的保密性；其次，证书非常简洁明了，只有两句话（中英双语），例如"某年某月参加了某职业技能等级考核，成绩合格，核发某职业技能等级证书（初级）。学习成果已经职业教育国家学分银行认定"；最后，在测试报告传达及时性方面，教育部没有规定成绩公布的时限。每个证书成绩发布的时间都不同，有的证书考试后一个月左右公示成绩，有的证书需要两个月。通过现场观察发现，部分证书的实操考试采取现场评分，在评分过程中考生能看到自己的分数，考生对自己能否通过考试较清楚。从目前了解的情况来看，两个证书的评价组织都会在半年内公布成绩并发放证书。

两个证书在"Ⅲ-29测试对考生的影响是有益的"方面的证据显示，大部分考生从知识获取方面，认为能够学习到更多新东西，还有考生从学习态度和优化学习方面，认为测试对其有一定帮助。学生ZS1说"见识了更高级的东西，学到了各方面你平时见识不到的东西。对我而言，能学到新东西，我感觉很满足很开心"。学生DS3认为"对自己有帮助，学习了新的内容，了解到更多的内容。要是不参加考试，我都不知道这个软件，也不会用"。这说明测试在促进学生学习方面，短期内确实有一定帮助。但是从长期或者从学生职业发展角度而言是否依然有帮助，未来可以通过跟踪调查的方式收集证据对其进行论证。

由于调研时两个证书还处于首批考试阶段，再加上受新冠疫情影响，考证工作进展缓慢，大部分院校尚未将证书内容有效地融入专业课程中，而是采用额外组织培训的方式培训学生。大部分的教师对证书对本专业课程和教学改革的影响都持积极态度。教师ZT1认为"考试对职业院校来说，可能更能促进院校人才培养跟社会需求的一种对接，或者能及时调整课程，来适用于这种证书的考试，当然证书的考试也代表了一种需求，代表着社会上可能需要这样的人。"教师说"能促进教学改革……如果围绕这个政策，咱们现有的课程体系要做修改。如果你还用原来的那套课程体系上课、去考试，那么过关率不会特别高的。"

但也有教师持观望态度，认为目前刚开始实施，证书的推动力没有那么大，只能说在专业内容上或许有所更新。教师 GT2 认为"试点刚开始，现在还没有达到那个程度，只能说增加了一些新的内容"。

综上分析表明，测试对考生和职业院校有一定影响，但影响有限。究其原因，一方面是由于 X 证书试点时间短；另一方面各证书设计的工作任务和测试任务并不能促进考生的职业技能发展、推动职业院校课程与教学改革。

四、本章总结

研究对两个 X 证书的职业技能评价方法有效性的结果进行分析，发现如下。

两个证书在"测试分数"有效性方面达成度较低，原因在于：首先，虽然设计者都强调评分者培训，但是对评分者培训的结果并没有严格的衡量标准，导致无法确保人工评分的评分者信度和评分者间信度；其次，两个证书设计者在测试工具信度方面的关注度不够，没有证据表明设计者考虑了测试工具的内部一致性、复本信度、折半信度或重测信度。

两个证书在"测试分数解释"有效性方面的达成度较低，原因在于：首先，在"测试分数解释有意义"方面，两个证书的达成度较低的主要原因在于对"技能"的理解不同，从而导致职业技能等级划分、测试题目、评分标准均无法反映考生真实的职业技能水平；其次，在"测试分数解释无偏性"方面，两个证书达成度较高，说明在测试组织公平性方面做得较好；再次，在"测试分数解释适用性"方面，两个证书的达成度较低的主要原因在于，测试任务和评分标准的设计是去情境化和去工作过程性的，强调对知识点和技能点的考查，关注行为结果的测试，不关注工作过程，且简单的计算机辅助测试强调工作过程任务的拆分，破坏了工作任务的完整性和完成工作任务过程的多样性，与企业真实工作任务差距太远，无法反映目标职业技能；最后，在"测试分数解释的关联性和充分性"方面还没有收集到相关的证据能够表明测试分数解释与测试使用有关联，也无法说明测试分数解释为测试使用提供了充分的信息。

两个证书在"测试结果使用"有效性方面达成度较低，原因在于：目前只能够收集到"Ⅲ-27 考生有平等的机会获得测试所考查的目标职业技能"证据项。证据显示，

D证书的证据较充分，Z证书的证据充分性一般，说明两个证书在保证考生获得教育平等机会方面做得不错。

两个证书在"测试及其结果使用影响"有效性方面达成度较低，原因在于：目前缺失"Ⅲ-11测试结果使用影响有益性"方面的证据，只能收集到"Ⅱ-10测试影响有益性"方面的证据，证据显示，两个证书的测试对考生和职业院校的影响是有益的，特别是在内容更新方面，但对促进教学和课程改革、提升学生职业技能方面的影响尚未显现。

附件：职业技能评价方法有效性框架

一级指标	二级指标	三级指标
Ⅰ-1 测试分数	Ⅱ-1 评分一致性	Ⅲ-1 评分标准、程序与组织不因考生和实施地点不同而改变 Ⅲ-2 评分者经过系统培训，具有良好的评分资质 Ⅲ-3 评分者自身评分信度（评分者信度）较好 Ⅲ-4 不同评分者间信度（评分者间信度）较好
	Ⅱ-2 测试工具一致性	Ⅲ-5 不同测试任务的得分具有较好的内部一致性 Ⅲ-6 针对同一目标职业技能的不同测试或不同次施测，测试得分具有一致性（复本信度、折半信度、重测信度）
Ⅰ-2 测试分数的解释	Ⅱ-3 测试分数解释有意义	Ⅲ-7 目标职业技能的定义科学合理（如依据职业院校人才培养要求、企业行业需求分析、相关的研究或理论做出推断） Ⅲ-8 完成测试任务需要考生使用目标职业技能 Ⅲ-9 考生在测试中能够最大程度展现其所具备的目标职业技能 Ⅲ-10 评分标准关注与目标职业技能相关的考生表现 Ⅲ-11 分数线的划分科学合理 Ⅲ-12 职业技能等级划分科学合理
	Ⅱ-4 测试分数解释的无偏性	Ⅲ-13 测试作答要求和测试内容对所有考生一样 Ⅲ-14 测试不存在歧视或攻击性内容和表述 Ⅲ-15 考生明确了解评分标准和评分过程 Ⅲ-16 测试组织的每个环节（报名机会和渠道、考试地点便利性、测试环境和设备的熟悉度等方面）对所有考生都是公平的 Ⅲ-17 测试解释对所有考生都具有同等意义
	Ⅱ-5 测试分数解释的适用性	Ⅲ-18 测试任务的特征与相关企业行业的任务特征非常近似 Ⅲ-19 测试任务的评分标准和过程与相关企业行业中对技能的评判标准和过程非常近似

续表

一级指标	二级指标	三 级 指 标
Ⅰ-2 测试分数的解释	Ⅱ-6 测试分数解释的关联性	Ⅲ-20 测试分数解释中提供的信息有助于测试结果的正确使用
	Ⅱ-7 测试分数解释充分性	Ⅲ-21 测试分数解释为测试结果的正确使用提供了充分的信息
Ⅰ-3 测试结果使用	Ⅱ-8 测试结果使用的价值敏感性	Ⅲ-22 在使用测试结果时考虑职业教育和企业行业的相关法律法规和社会价值观 Ⅲ-23 考虑错误地使用测试结果（技能人才筛选决定的错误；例如本应该被录用或录取的考生，没有被录用或录取；不应该被录用或录取的考生，反而被录用或录取了）可能带来的影响 Ⅲ-24 设计的测试结果使用规则，要尽可能避免以上使用错误
	Ⅱ-9 测试结果使用的公平性	Ⅲ-25 测试结果的使用依据使用规则，不考虑其他无关因素 Ⅲ-26 考生了解使用测试结果的过程和规范性（是否遵循使用规则） Ⅲ-27 考生有平等的机会获得测试所考查的目标职业技能
Ⅰ-4 测试及其结果使用的影响	Ⅱ-10 测试影响的有益性	Ⅲ-28 测试报告传达及时、表述通俗易懂、考生个体的成绩具有保密性 Ⅲ-29 测试对考生的影响是有益的（例如促进考生的学习） Ⅲ-30 测试对职业院校的影响是有益的（例如促进培养职业院校课程与教学改革）
	Ⅱ-11 测试结果使用影响的有益性	Ⅲ-31 测试结果的使用对考生的影响是有益的（若被录用或录取，可以提高考生的学习积极性；若未被录取或录用，可以促进考生优化学习和努力方向） Ⅲ-32 测试结果的使用对职业院校的影响是有益的（例如职业院校获得有资格的生源） Ⅲ-33 测试结果的使用对用人单位的影响是有益的（例如用人单位获得能胜任工作的员工）

第四章 技能评价方式比较研究
——以养老服务为例

本研究以教育部等主办的全国职业院校竞赛大赛为平台,选择养老服务技能赛项,对我国目前两种主流技能评价方法进行比较研究,即传统的实操考试和建立在现代职业教育理论基础上的 COMET 职业能力测评方法。检验两种技能评价方法对被试未来的工作绩效水平的预测效度,以期在职业院校、技能评价组织和用人单位之间建立有效的人才培养信号传输反馈机制。

一、研究设计

基于技能评价理论与实践范式的现实需求,探究不同职业技能评价方式对考生评价结果与实际工作绩效之间的关联,通过实证结果考查不同职业技能评价方式的预测效度,并对影响预测效度的因素进行探索。通过分析不同技能评价方式有效性呈现的表现方面,为开展职业技能等级证书制度的试点、实施和推广、职业教育高考或毕业考试和技能大赛的开展提供有效的评价工具。研究设计如图 4-1 所示。

(一)研究设计的原则

本研究选择不同的技能评价方式,对同一目标群体考生开展评价活动。研究平台选择及技能评价题目的设计均需遵循特定的原则。

第四章 技能评价方式比较研究——以养老服务为例

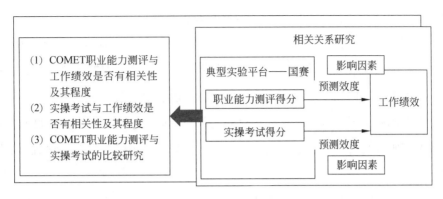

图 4-1 研究设计

1. 研究平台选择

本研究结合世界技能大赛理念，在养老服务技能赛项中，采用实操考试和 COMET 两种技能评价方式对同一群体（各省、自治区、直辖市选拔参加国赛的选手）进行测量。按照干预性（intervening）伴随研究理念，研究过程是一个组织或群体的改变过程，其目标强制性较强[①]，在选择平台时需要面对现实中的"实践问题"，保证各方参与、理论构建、方法的使用和检验，需遵循的原则如下。

（1）社会必要性原则。自 21 世纪以来，人口老龄化趋势不断加剧，以平均每年 0.22% 的速度增长[②]，这对养老服务从业人员的数量和质量都提出了更高的要求。培养高素质养老服务技能人才有助于通过提高养老服务供给质量，实现老年人优质晚年生活与良好生存尊严，同时可以在一定程度上缓解年轻一代养老压力，有助于代际传承和社会可持续发展。

（2）对教学改革的有用性。通过技能评价方式的比较研究，得出可以指导教学改革的有效模型和工具。与养老服务赛项对应的主要专业是老年服务与管理专业，该专业同时也是 X 证书体系中第一批的"养老照护技能"和第二批的"失智老人照护"证书的主要推广对象。X 证书的有效实施需要技能评价作为保证。将该专业的技能大赛赛项作为技能评价研究对象，得出的结论可以为该专业的 X 证书技能评价活动提供实证基础，

---

① Sloane P, Gössling B. Modellversuchforchung reloaded[J]. ZBW, 2014(1)：133-151.
② 张鹏飞，苏畅. 人口老龄化、社会保障支出与财政负担[J]. 财政研究，2017(12)：33-44.

并通过 X 证书的推广促进专业的教师、教材和教法改革。

（3）便利性。研究者长期负责、参与竞赛工作。2018年、2019年该赛项是国赛赛项，研究者作为执委会成员和主要组织实施者参与相关工作，主导对赛项流程设计、理论建构，并积累了大量数据和一手经验，为开展研究提供了便利条件。

基于以上原则，考虑到老龄化社会对养老服务专业人才培养规模和质量的要求，本研究选择老年服务与管理专业进行测试的预测效度分析，满足对教育教学活动指导和经验推广的需求。

作为一项行动研究项目，研究者和参与组织、实施技能大赛的管理者和教师都是行动研究者。研究者与有关领导、行业企业专家、教师等共同设计项目，启动技能评价方式方法创新实践，并通过多种手段促进所有参与者共同发挥作用。在此研究者有三重身份：一是专家，为竞赛活动建立科学的评价技术体系和组织实施细则；二是外部咨询者，确定技能大赛存在的问题，对赛题设置、评分方式和专家选择等问题进行评估；三是支持者，在组织实施、人员培训和评分等各个环节提供伴随性指导，随时发现实践中的问题，并指导解决相关问题。

2. 评价工具的设计

研究的核心部分是技能评价，评价工具的设计和选择主要考虑以下因素。

（1）典型性原则。要在典型工作任务基础上开发测评题目，选择的测评工具要能代表测评专业所对应职业的典型特征，而不与其他职业交叉或重复。这种交叉和重复容易出现在养老护理员与护士的职业活动中（例如在2010年首届竞赛中，实操题目全部为护士技能，如外伤包扎、胸外按压心肺复苏等）。本研究在测评工具的设计上体现了养老护理员职业的典型性，评价内容在"专业教学标准"和"职业技能标准"范围内选择。使用同一组实践专家召开实践专家讨论会开发测评工具，保证测评内容的职业关联性。

（2）阶段性原则。典型工作任务具有层次性特征，每个层次典型工作任务的完成都意味着受测者在该情境下符合该层次职业素养和职业能力要求。从职业角度看，初级技能、中级技能、高级技能和技师级技能有所区分；从专业角度来说，中职教育、高职教育、入职后教育有不同的工作任务。

（3）教育性原则。传统职业技能鉴定由人力资源和社会保障部门设计，更多是从用人单位角度考虑问题，测评工具开发基于管理性原则，以用人单位需求为本位，把人作为工具或者资源来设计。本研究服务于教育发展，从发现、开发人的潜力，促进人的全面发展角度来设计，不将人异化为劳动的工具和资源，推动人全面发展的目标实现，体现以人为本位的理念。

评价工具开发需要先进的技能评价理论、方法和工具的支撑。相关理论及其开发的技能评价工具的有效性，不仅是保障技能大赛内容设计规范与科学的关键，也是技能评价效力的关键，进而为 X 证书的实施提供工具。

（二）研究目的与假设

本研究对不同类型的职业技能评价方法进行比较分析，如以前的职业资格证书、过去和现在依然存在的大赛获奖证书，以及新近出现的 X 证书的评价等，发现它们各自都有不同的评价工具。对各类评价方法进行研究，旨在验证主要技能评价方式对工作绩效的预测能力。这种预测既是职业教育产教融合的要求，即职业教育评价结果与产业部门用人实际绩效直接对接，同时也能验证不同评价方式对人才培养的指导和促进作用。

本研究有两个假设：① COMET 职业能力测评成绩与学习者的工作绩效呈正相关；②实操考试成绩与学习者的工作绩效呈正相关。

拟通过研究以下问题来证实或者证伪上述假设。以两种技能评价方式的评价结果与工作绩效的相关系数分析为判据，以两种评价方式评价结果与 360°绩效评估结果的相关系数为预测效度的效标，判断接受其虚无假设或者接受原假设。

首先是 COMET 职业能力测评与工作绩效的关系，包括 COMET 职业能力测评与工作绩效是否有相关性及相关程度，COMET 职业能力测评哪些方面更能够预测工作绩效，"直观性/展示"等八个一级指标与学习者工作绩效之间相关关系的假设。此外还对影响 COMET 职业能力测评预测工作绩效的因素进行了分析。

其次，假设二主要考查实操考试与工作绩效的关系，包括实操考试与工作绩效是否相关及相关程度。由于实操考试的标准化步骤分得很细，在测试中为了实施方便，仅进行总体评分统计而不详细统计每个操作步骤的得分，因此本假设不再进一步细分。需要分析实操考试能够预测工作绩效的哪些方面，以及影响实操考试预测工作绩效的因素，讨论改进措施。

本研究还分析了 COMET 职业能力测评与实操考试的关系，包括两者对工作绩效预测效度的比较分析，以及两种技能评价方式的成本效益分析。

最后，在回答上述问题的基础上，对两种主流技能评价方式对工作绩效的预测效度做出比较。进一步分析两种技能评价方式可以评价技能的哪些方面，以及不能评价出哪些方面，以此作为 X 证书推广的实证依据，为推动教师、教材、教法改革提供理论基础。

（三）研究方法

1. 总体研究设计

职业教育研究需要理论与实践相结合。科学知识对社会创新需要的指导通过项目形式实现。行动研究有利于将实践中的知识普适化，促进创新实践的发展。本研究总体上是科学伴随下的典型试验，属于行动研究，以"技能评价"的预测效度为研究对象。考虑到参与测评对象的投入度对测评效果及测评质量影响的重要程度，以"国赛"为数据搜集过程，将理论模型通过高利害性的政策实践实施，在实施过程中收集相关数据信息，以确保研究能得到研究对象的密切配合。在整个数据搜集过程中，研究者以科学伴随者的角色出现。

采用混合性的研究方法[①]。量的研究的核心是实验，质的研究强调尽可能在自然情境下收集原始资料。在研究设计之初就遵循实验方法，有意识地对两种技能评价方式进行比较，具有明确的目的性。在进入实际研究过程后，不像自然科学实验一样再去控制变量，而是选择考生参加竞赛时的自然状态进行研究，按照竞赛进行的正常程序收集数据。数据收集完成后，采用相关分析方法进行分析，并对导致相关关系结果的原因进行分析，在对数据做出判断和解读时，采用质的研究路径给出解释性理解。

2. 数据收集过程与方法

研究采用测评法收集数据的具体流程如图 4-2 所示。

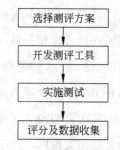

图 4-2 测评法的实施流程

---

① 陈向明. 质的研究方法与社会科学研究 [M]. 北京：教育科学出版社，2004：10.

（1）评价方案选择

采用 COMET 能力评价方案的原因是，它的能力模型和测评模型兼顾职业的要求和职业教育的目标；测试任务源于职业的典型工作任务，采用开放式测试形式保障测试的内容效度。

（2）试题内容设计

依据专业教学标准和职业标准，通过实践专家研讨会确定典型工作任务，采用两种类型考试，一是纸笔测试，主要以 COMET 为主；二是实操测试。两者共同确定考生的职业能力发展水平。

利用教育部牵头的全国职业院校技能大赛养老服务技能赛项，采用实操评价和 COMET 两种技能测评方式，对国赛参赛选手这一经过各省、自治区、直辖市层层甄选的高水平群体的能力进行评价。重点是对同一测评对象采用不同的技能评价方式进行评价，按照 COMET 方案开发纸笔测试测评任务，并开发解题空间。借助原有职业资格鉴定考试方式建立技能操作部分的考试题库，以"工作准备""沟通评估""实施过程""综合评价"为一级指标开发评价标准。将这两个信号与选手在实际工作中通过 360º 绩效评估测得的绩效进行比较分析，分析两种技能成绩所代表的评价方式对工作绩效的预测效度，为开展 X 技能评价工作提供实证基础。

采用的具体研究方法如下：一是在数据采集方法层面采用观察法和问卷法；二是在数据分析方法层面采用相关分析方法；三是在构建研究的过程和解释说明层面采用其他一些辅助方法。具体包括收集资料的方法和数据分析的方法。在搜集资料的过程中主要使用实操考试中的观察法，COMET 职业能力测评中的非标准化作品评定法，以及 360º 绩效评估中的调查问卷法，且涵盖选手的背景信息。在资料分析方面，主要以 SPSS 为工具进行相关分析。在数据收集中，尤其通过实操考试进行技能评价时，主要采用观察法。实操考试中的技能评价采用非参与式观察法，置身于考生考试过程之外，作为旁观者和记录者对考生的实操考试过程进行评价，得出分数。

问卷法是社会研究中的常见方法。通过问题研究，设计要测量的变量，并将变量的测量指标化，变成一个个具体问题，编制成问卷。360º 绩效评估是通过对不同评价主体发放绩效问卷的方式进行的。为辅助研究和对影响因素进行分析，还设计了背景问卷，对考生的学习背景、职业认同感等进行问卷调查。

3. 数据分析方法

针对具体的分析内容，研究采用以下数据分析方法（见表4-1）。

表4-1 数据分析方法

研 究	分析内容	数据分析方法
研究 I COMET 职业能力测评的质量分析	难度分析 区分度分析 信度效度分析	得分率检验 内部一致性系数 Cronbach's α 系数、结构效度和专家效度检验
研究 II COMET 职业能力测评的结果对工作绩效的预测效度检验	预测效度检验	相关分析
研究 III 实操考试的结果对工作绩效的预测效度检验	预测效度检验	相关分析

4. 其他辅助方法

包括在建立理论框架、测评模型建构等过程中对前人研究成果、现代学术前沿进行综述、梳理分析的文献法；对参与竞赛学员进行背景调查、职业认同感调研所采用的问卷调查法等。

（四）研究内容与关键点

研究内容分为三个部分：① COMET 职业能力测评结果对工作绩效的预测效度检验；②实操考试结果对工作绩效的预测效度检验；③两种评价方式对工作绩效的预测效度的比较和影响因素研究。

第一部分对应假设"COMET 职业能力测评结果能够预测工作绩效"；第二部分对应假设"实操考试的结果能够预测工作绩效"；前两个部分的研究主要是为了证实或者证伪假设。第三部分是对第一部分和第二部分研究结果的分析，包括两者关系，两种预测效度高低比较，影响因素分析等，在其研究结论的基础上对其进行分析、解释，并为研究总结论的应用提供支持。

本课题研究三个测评结果之间的预测效度，除了通过数据分析得到相关系数外，数据的使用还需要保证相互之间的关联性、可比性。在使用测评法时，有三个关键点需要加以控制，具体措施如下。

（1）评价COMET职业能力测评和实操考试的指标与绩效评价指标之间的可比性：实操成绩实行百分制，将COMET职业能力测评得到的成绩折算成百分制，将360º绩效评价结果亦折算为百分制，保证三种测评指标的变量性质均为连续分数变量，性质一致，从而在进行相关分析时保证相关指标的可比性。使用皮尔逊相关分析。

（2）360º绩效评估中各类评价者的权重确定：360º绩效评估涉及四类评价者，分别是上级、同级、本人和服务对象，而最终使用的绩效结果呈现形式只有一种，需要用分配其不同权重的方式将其合并为统一的绩效值。为保证研究的科学性，采用专家法对不同评价者进行赋值，并应用层次分析法确定其权重。

（3）技能评价过程中保证考生的参与度和真实展现：技能评价中，如果结果的使用与考生的利益关系不大，很难得到他们真正的配合和支持，无法保证收集到的数据的可靠性。本研究中，将这两种评价方式放在对学生、教师学校激励作用很大的"全国职业院校职业技能大赛"环境中进行，赛事结果对学生升学、教师评职称、院校排名都有重大影响。通过这种方式保证考生的参与度和数据质量。

二、研究过程

（一）技能评价工具开发

技能评价工具包括实操考试和COMET职业能力测评两部分。按照教育部赛执委的要求，总共开发了26个COMET职业能力测评任务和24个实操任务，两者均根据职业标准和专业教学标准开发，对同一研究对象同时评价其职业认知能力和职业行动能力。其中实操考试以评分者观察作为数据获取方法，对考生在考场中的实际操作进行分步观察，计算得分。COMET职业能力测评采取笔答方式。

在实际测试前，职业能力测评仅公布部分内容。依据COMET方案对测试任务数量的说明，以职业的典型工作任务为基础开发测评任务（每个发展阶段有3~4个典型工作任务），每个专业开发两个测试任务，即可代表相应阶段职业工作和学习内容的50%以上。教育部大赛要求每个赛项的赛题不能少于10套，因此对相关赛题的情境做了适度变换，以实现等值转化。在COMET方案中，每个被试都需完成一个测评任务的方案编写，测试时长为2小时。

为保障测试任务开发的科学性，提高测试任务的质量，专门成立了测试任务开发小组，由1名方法专家（研究者本人）、4名学校教师、3名企业专家组成。学校教师不仅要专业能力突出、教学经验丰富，而且要具有技能竞赛试题开发经验，能保障测评任务的内容效度，同时兼顾职业教育的发展性目标。企业专家具备扎实的专业技术和丰富的工作经验，同时具有技能竞赛开发经验，能够保障测评任务的内容效度，同时兼顾企业对工作者的要求。研究者本人熟悉COMET职业能力测评方案和教育测量技术，能够监测任务开发过程，还能对测评任务的质量进行评价，从理论和技术上保障测试任务开发的科学性。

测评任务共经历两次开发，第一次历时五个半月，耗时较长，原因是需要对企业专家和教师进行COMET相关知识培训，并对职业标准、专业教学标准进行深入学习和研讨（培训和研讨共计一周左右），确定命题方向。此后，命题组上述会议确定的命题方向，到相关机构进行深入的现场调研，与部分实践专家进行沟通，形成初步思路，在此基础上，经过2个月的调研之后，形成初步方案，并召开"实践专家讨论会"，邀请16名业内知名度较高的一线实务专家参与命题工作。

第二次开发共集中了三次，合计时间10个工作日，三次的具体做法是：对第一次开发的测评工具实施情况进行集中反馈，明确第二次开发的方向；根据教育部要求开展赛项规程编制，同步修订测评工具，并形成公示稿；在赛前说明会上，根据参赛院校反馈，对其中两套题目进行删减。

测评内容包括以下几个方面：养老护理员国家职业技能标准（2011年版）和人社部推荐教材，参照高级技能及向下涵盖的要求，对其职业活动的过程、结果进行评价；题库开发涵盖养老护理员职业的典型工作任务，且与现实中的养老机构实践相对应；纸笔测试和实操考试在各自领域内分别反映考生的职业能力；纸笔测试题目留有足够的发挥空间，可供考生根据自身能力设计不同的方案，要求考生在有限时间内充分使用图表、文字等方式方法展示其职业能力。

1. COMET 职业能力测评任务开发

使用 COMET 作为测试模型，测评题目要体现开放性特征，以解题空间的方式呈现问题的解决方案，而不是像客观题一样提供正确答案。给予被试充分的设计空间，让被试充分展示其对工作过程知识的掌握程度，体现其职业能力，有充分的考查点供其发挥[①]。

在开发测试任务前，研究者告知职业学校教师和企业专家研究的目的，并就 COMET 职业能力测评方案和命题要求对他们进行培训。针对研究目的，职业学校教师和企业专家建议以 COMET 能力模型中"提高者"阶段的代表性工作任务为基础开发测评任务，因为多数学习者在接受完职业教育后可以达到这一发展阶段。在保障测试任务的代表性和真实性的基础上，经过两个月的讨论与协作，开发小组分别开发出了 16 个平行测评任务（涵盖 7 个典型工作任务，为满足教育部全国职业技能大赛的题库要求，对具体情境描述进行了调整）。最初开发的测评任务在情境描述和测评要求方面都与 COMET 方案存在一些差距。COMET 方案采用开放式测评任务，给被试留有充足的解决空间，有多种可能的解决方案。而专业小组最初开发出来的测评任务，问题情境描述比较具体，测评要求也比较详细，留给被试的解决空间较小。出现这种状况的原因是测评任务开发小组还不完全了解 COMET 方案，不能很好地理解其测评理念。研究者将收集的评分者培训材料分发给任务开发小组，开发小组成员通过评分，从"做中学"，熟悉 COMET 职业能力测评理念和测评任务的特色。经过三轮修改，他们开发出了 16 个符合 COMET 方案要求的平行任务。

为保证 COMET 职业能力测评的严谨性，情境的调整幅度涵盖的评价指标和提供的新的解题空间占比约 50%。基于典型工作任务提炼一个完整的工作过程，依据它们开发次级指标。

按照新版养老护理员国标的规定，该职业包含"失智老人照护员"工种，这是该职

[①] 赵志群，菲力克斯·劳耐尔，等. 职业能力测评方法手册[M]. 北京：高等教育出版社，2018：3.

业下设的唯一工种。2019年教育部公布的第二批"1+X"证书中，在第一批已有"老年照护"证书的基础上又增加了"失智老年人照护"证书，这反映目前失智老年人正在增多，对失智老年人照护的要求是社会的现实需求，提高老年服务与管理专业的人才培养和技能评价水平也是养老服务产业对人才的迫切需求。在技能评价题目开发过程中，尤其是COMET职业能力测评题目的开发，应重点在失智老年人照护上发力，除了关注传统的对失能半失能老人的生活照料和技术护理外，要更加突出对失智老年人心理的把握，注重失智老年人在心理、生理、疾病照护、日常照护等方面的独特性。提供丰富的情境，让选手有机会展示在失智老人照护领域积累的知识和相关技能，将关爱老年人的价值观和职业精神贯穿在评价方案中，这是COMET测试方案与传统实操考试相比更具优势的特点。

COMET评价方案的一级指标比较抽象，本研究将它在老年服务与管理专业中具体化，满足当前测评指标与COMET评价指标的融合。开放性问题对裁判员的职业能力提出了很高要求，由于测试答案的不唯一性，裁判员对评价标准的统一把握会存在一定差异，这在后面的裁判培训中会通过专门方法加以解决。

开发小组开发的问题情境（全文见竞赛官网公布的赛事文件）符合养老护理员职业情境中对养老护理员职业人职业能力的综合要求。情境涉及老人的年龄、民族、文化程度，生活自理能力等基本情况，基础身体状况及目前接受的治疗和护理情况；同时对其家庭情况、过去照护经历、附近设施、经济承受能力和机构收费情况等进行了介绍。

在任务要求中，重申了职业定位和要求，并对能力要求维度的三个等级、八个一级指标提出了进一步要求。这些指标之间可能存在矛盾，需要考生根据工作经验做出判断和取舍，找到一个"妥协"方案。这种测评形式和内容从"职业的效度"（用人单位用什么），而非"课程的效度"（教师教什么）的视角来评价学生的职业能力，这对测评工作的组织实施与策划提出了挑战，对评分者（测试者、裁判员）的职业能力也提出了很高要求。由于答案不唯一，评分者在评价标准把握方面会存在一定差异，自身的工作经历、教学经历甚至卷面印象等都会导致判分主观感知不同，从而影响判分的准确度。为了保证评价信度，研究中增加了必要的评分人数，从原定的两名评价者增加到7名，以期提升评分者信度。

2. 实操考试任务开发

实际操作是一个复杂的过程，包含很多重要的过程和环节。根据实践专家意见，研究在实际操作与具体的观测指标之间增加了二级指标，用以测量实际操作。同样基于职业标准和专业教学标准开发实操测试任务。

老年服务与管理专业"实操"考试的二级指标为"工作准备""沟通评估""实施过程""综合评价"四项，其中"工作准备"包括根据测评题目对老人的具体情况设置的情境进行分析，以便在物品准备间认真挑选进入操作间服务时所需要的小件物品和耗材。实操考试模型主要参照2011年版《养老护理员国家职业技能标准》，以完整的工作过程为基础，整合职业标准中规定的职业活动、工作内容和技能要求，使测试题目在设计上更加符合教育性要求，将更多的肢体技巧型岗位作业能力、头脑思维型岗位作业能力的测试融合到测试题目当中。一方面，避免测试那些通过单纯的应试训练就能提高的肢体熟练型作业能力，引导参赛院校和选手避免锦标主义，促进赛事准备与日常教学的融合；另一方面，体现竞赛的教育性特点，引导院校、指导教师和选手从发展性目标的角度来训练、提升。

以养老服务人员的典型工作任务为基础，结合《养老护理员国家职业技能标准》和养老服务人员工作过程，整合了15个具体操作，涵盖职业标准中5个职业功能的内容。

在实操中引入了标准化老人，进一步提升职业行动能力测试的客观性和可比性。标准化老人是仿照医护领域"标准化病人"的要求，在养老护理领域选择资深的一线养老护理员，经过专家组有针对性的培训，对所有选手均采取相对一致的反应，相对真实模拟被照护老人的真实反应，区别于原来对实物模特的单向度的、无交流的自说自话。与此同时，让标准化老人针对类似的操作或沟通话语给予基本相同的反馈，从而进一步考查选手深层次的综合职业能力和职业素养，提升测试的效度。标准化老人的设置，为选手提供了大体相同的标尺，保证了测试的信度。

（二）绩效评价的360º问卷开发

在综合考量各类绩效测评方法的基础上，选择360º考核结果作为绩效的表征，原因在于该方法可以全面反映被测评对象的行为表现和结果，如通过上级、同级的反映性评价可测试被试行为的表现，个人自评可以反映其努力程度，从服务对象的评价中可以得到测试成绩。这些方面可以体现综合绩效观。

绩效问卷模型基于医院规培医生 360º 评价问卷[①]。选择医院规培医生问卷为基础出于以下几方面的原因：一是规培医生和老年专业学生都需要与人交流；二是两者的工作都与服务对象的健康相关；三是规培医生不同于住院医生，还需要像学生一样，学习和接受评价。在此基础上，针对老年服务与管理专业学生的专业特征、年级阶段、工作学习特点进行有针对性的改进。对测评主体、测评问卷的项目等进行了针对性的修改。问卷题目采用 Likert 五点式量表作答方式，从"偶尔""较少""有时""经常"到"总是"，依次记作 1~5 分。

结合养老服务人员的实际，制定了初步问卷，征求了 5 位行业专家的意见，并对 34 名参加培训的一线工作者进行了预调查，在结合上述调研的基础上，在召开赛前说明会和赛后资源转化培训班时，向参加培训的学校指导教师征求对 360° 绩效问卷的意见，并针对他们提出的问题对相关指标进行解释，最终达成共识，形成了 4 个角度的 360° 绩效问卷。其中上级问卷共有 9 个指标，同级问卷共有 9 个指标，自我问卷共有 15 个指标，服务对象问卷共有 12 个指标。

（三）技能评价的实施

1. 样本情况

依托连续两年的全国职业院校技能大赛养老服务技能赛项实施，以所有参赛选手（共计 147 名）整群取样，测评对象为高职院校学生，他们接受不同培养方案下的职业教育，且部分拥有企业实习经历。大学三年级学生在参赛后就业，直接采用就业后工作场所采集数据，大学一年级学生采用实习阶段实习单位意见，作为主体的大学二年级学生使用顶岗实习阶段实习单位意见。选手分布在 23 个省的开设老年服务与管理专业的 48 所高职院校。

2. 准备工作

利用竞赛平台开展研究，在竞赛准备工作中作了以下方面的准备。

[①] 何明宇. 规培医师医学人文素养的 360 度评价研究 [D]. 重庆：第三军医大学，2017.

（1）做好理论导入。实操考试及项目反应理论在职业院校师生中的传播较为普及，COMET 职业能力测评理论和测评工具的应用尚不广泛。在首次使用 COMET 职业能力测评时，研究者利用赛前说明会对参赛院校指导教师进行了培训，便于师生作好准备，理解测评目的。

（2）做好与教育部大赛要求的各项衔接。教育部大赛已举办十余年，各方面的制度已日趋完整，在场地、工具材料设备、文件资料和人员准备方面都在教育部竞赛制度的框架下做好设计工作。

（3）组建裁判库。一是由各地教育行政部门推荐的职业院校教师，二是由民政部职业技能鉴定指导中心推荐的历届职业技能大赛养老护理员裁判员。这种组成方式体现了产教融合理念，但增加了组织和实施实操测试的难度。由于产业界和教育界裁判的基础和工作经历不同，所以对试题达成一致理解需要较多的培训和协调工作。整个评价实施过程除了赛前集中培训，还在赛后举办了资源转化培训班，将职业院校教师和行业裁判组织起来进行深入总结，为以后竞赛积累人才。

（4）对评分者进行培训。为保证评分者的评分信度，研究者在开始考试前一周就组织裁判员开展培训。对行业实践专家、COMET 职业能力测评专家进行了为期 4 天的培训，逐项分析解决方案中 8 项一级评分指标，并对一级指标下的二级指标进行修订，对评分标准进行适度调整。这些评分点不具有领域特殊性，即不是针对特定专业或工作情境制定的[1]。

在完成基础性工作、真正开展实际测评后，要对试卷进行匿名化处理，由评分培训者（一般为专家组）从已回答完毕的试卷中抽取质量较高的（解决方案），交由参加培训的评分者进行评分。评分者按照具体内容和专业工作需求解释和评判评分点，对每个二级指标及其级别划分有清晰的定位，找到解决方案相应得分点及其对应的级别，并逐渐熟练。再抽取高、中、低不同质量的试卷进行评分方法训练。就一个试题不同质量的试卷进行独立评分，在完成第一次评分后，7 名评分者进行集中讨论，每个评分者根据自己的评分情况阐述意见，描述评分依据，使 7 名评分者对 40 个评分点的把握形成小组统一的标准。在此过程中，使用 Finn 系数对评分一致性进行控制。对于偏离度较大

---

[1] 赵志群，等. 职业能力测评方法手册 [M]. 北京：高等教育出版社，2018：38.

的评分者，要求其展示和解释依据。

对加密后的试卷进行三次评分，评分者数量超过了经典COMET职业能力测评的要求（一般需要2~3名评分者），这是因为竞赛属于高利害性活动，社会关注度较高，提高评分者的数量，可以使测评结果更有说服力。

3. 评价过程

所有考生均使用同一套题目（测评工具统一），通过增加评分者人数保证测试信度（评分者信度）。实操考试采用观察法现场评分，7人评分，去掉最高分和最低分取平均分。采用抽签加密方式进行双匿名评审。COMET职业能力测评不分组，直接进入笔答考评站点进行笔答。被试先完成方案编写，编写时间为120分钟，在赛事第一天进行。赛事第二天全天为实操考试。为保证实操考试顺利实施，针对测评任务准备的考场条件需提前三个月在网上公示，各参赛院校可以根据考场的准备情况自由设计解题空间。

4. 评分

评分裁判的任务包括笔答阅卷评分和现场实操评分。笔答阅卷评分针对COMET职业能力测评，在竞赛中被称为"方案设计"，设置唯一评分组，以保证评分者稳定不变。评分裁判7人独立评分，各自记录，不进行同步亮分。

5. 评价实施中存在的问题

在准备工作相对充分的前提下，评价实施中仍然存在一些问题。

（1）评分信度是依靠增加评分者数量解决的。尽管信度提升也有其他途径，但是增加数量最容易获得师生认可。在此存在着技术路径与现实考量之间的妥协。

（2）在评价方案设计阶段，研究者希望通过典型工作任务的形式统一指导实操考试和COMET职业能力测评，但是教育部要求给出尽可能客观化、标准化的评分标准，而且越细化越好。如果遵守该制度，实操考试的评分方式就回归到了逐项、逐条细分模式，进而失去了典型工作任务的完整性特点，这可能是导致实操考试最终预测效度较差的原因所在。这个问题的存在，为今后实操考试的改进提供了方向。

（四）工作绩效评估的实施

绩效评估方法选用360º绩效评估方式对不同评价对象进行问卷调查，主要实施过程是问卷发放与回收。在竞赛结束后的赛事资源转化培训班上，在征求参赛院校竞赛指导教师意见、说明解释指标形成共识之后，对问卷采集方法进行培训，并提出统一要求。然后通过竞赛通知安排各院校教师组织实施问卷的采集工作。

这个过程存在多个关键质量控制点。①采集过程由各院校竞赛指导教师实施，而非由同一个采集者完成，即存在采集者素质差异性问题；②选手的360°评价者具有多类型特征，即每个选手都有自己的教师上级、同级、服务对象，没有统一的评分组（裁判组），存在测评对象面对不同测评者的现象，导致对不同选手的评价尺度存在主观差异；③有意扭曲信息，由于采集者是学校教师，实操测试和COMET测试都是高利害性的测试活动，教师作为采集者在汇总采集信息时，有可能存在有意夸大绩效数据的倾向。

为了避开这些可能的质量缺陷，研究者在对参赛教师进行培训时专门强调了以下原则：①研究的意义，要求各位教师本着负责任的态度，认真做好相关组织填报工作；②针对采集方法的培训，要求教师在采集过程中及时传达相关要求，将数据采集的意义传达到位；③对问卷指标进一步解释说明，尽可能降低主观程度，加强可量化的指标，尽可能降低主观影响；④明确告知绩效数据不作为任何排名的依据，但是绩效数据采集质量（包括提交数据的及时性、数据的准确性、全面完整性等）作为未来评选组织奖的依据，以此提升对增强绩效数据质量的责任感；⑤在绩效问卷回收之后进行初步评价，剔除存在编造嫌疑的数据。

三、职业技能评价方式比较研究结果

下文对通过实操考试、COMET职业能力测评和360°绩效评估得到的数据进行分析。

（一）测评中使用的试题分析

1. COMET能力测评试题及解题空间

（1）竞赛使用试题分析

COMET职业能力测评使用情境性题目，配有解题空间。由于COMET职业能力测评具有开放性,所以这个空间不是参考答案,没有正确和错误的严格区分。空间主要为了方便评分者的评分工作,相当于路标,是辅助工具,不是评分标准。下文结合竞赛实际使用的试题,对解题空间的个别指标进行分析。

【情境描述】

李奶奶,98岁,丧偶,10年前记忆力开始下降,经常说自己丢了东西,怀疑有人进了她房间,觉得冰箱内存放的食物被人动过、有人要害她,整日惶恐不安,极度缺乏安全感,被认为是老人糊涂了,未予重视。近三年来,老人脾气越来越暴躁,偶尔出现攻击行为,与人沟通较少,不愿意出门,外出活动明显减少,而且拒绝就医。近半年来,老人出现睡眠颠倒、夜间游走的情况,并曾用碗舀坐便器内的水喝,随处大小便。两个月前老人不慎跌倒,导致左髋关节骨折,医生建议采取保守治疗,制动。老人目前活动受限,长期卧床,不能自行进食,如厕困难。

老人是参加过抗日战争的离休干部,是一所知名大学的高级知识分子,独居,有两个儿子,一个亡故,另一个远在边疆省份且患有高血压病,他委托本地亲友偶尔来家照看老母亲,因此老人日常生活由保姆照顾。但现在保姆提出长时间休息不好还被攻击,不堪重负,准备辞职。老人居住的小区公共设施完善,距离老人家往北1公里有一所日间照料中心,往南5公里有一家高端养老机构,往东4公里有一家医养结合机构。亲属们认为老人需要24小时照护,如果继续在家则无法改变现状,希望把老人送到适合的养老机构。

【任务要求】

你作为养老机构的一名工作人员,请确定老人目前存在的主要健康问题,制定详细的解决方案,解释措施依据,以便在休息时其他人能接替你的工作。制定方案时应考虑直观性展示;功能性、专业正确的答案;持久性、当前与远期的照护目标;工作过程导向;经济性、适度合理;社会接受度;家庭、社会与文化环境;创造性要求。

评分时采用8个一级指标,每个一级指标分5个二级指标,每个二级指标均有完全满足、基本满足、基本没满足、完全没满足四个选项,对应原始赋分分别为3、2、1、0(见表4-2所示)。现以一个一级指标"家庭、社会与文化环境"为例,分析解题空间的使用。

表 4-2　竞赛 COMET 评分标准

一级指标	序号	二级指标
直观性/展示效果	1	表述易于与工作相关方沟通
	2	从专业角度看，表述恰当
	3	整体结构合理，层次分明，条理清晰
	4	使用图表恰当
	5	表述专业、规范
功能性/专业正确	6	对应本案例老人的照护需求
	7	体现养老服务专业发展新成果
	8	具有养老服务专业实践可行性
	9	使用专业术语，具有相关知识说明支撑
	10	方案内容正确
持久性/当前与远期的照护目标	11	具有长期性，设计了后续照护
	12	考虑了养老服务人员与被服务者双方在长期照护中需求变化与任务扩展的可能性
	13	说明了长久照护中可能出现的问题
	14	考虑了服务实施的便利性
	15	分析了方案对本案例老人的合理性与适宜性价值
经济性/适度合理	16	在效率与经济上合适，被照护对象认可
	17	在时间与人员安排上妥当
	18	提供服务的成本与服务机构基本收益关系合理可行性
	19	考虑了为工作完成的后续支出
	20	考虑了职业服务过程的效率
工作过程/流程导向	21	工作流程和管理适合照护人员及其机构、照护对象等
	22	按照工作过程设计
	23	考虑了本任务前后及平行任务之间的相关关系，说明理由
	24	反映了专业核心能力，以及自主决策与行动的能力
	25	考虑了与本专业工作范围相关人员、机构的合作
社会接受度	26	运用了相关法规（如老年人权益保障法、医疗保险、长期照护险、相关卫生法规等）
	27	运用了劳动保护和事故防范相关规定
	28	体现了人性化的工作与组织
	29	提出符合人体工程学的建议
	30	分析了文化、习惯、职业等与科学养老照护的相互影响

续表

一级指标	序号	二级指标
家庭、社会与文化环境	31	考虑了个案的家庭背景
	32	考虑了个案所在机构和社区的环境条件
	33	关注了与个案服务任务相关的社会因素
	34	分析了与个案相关的文化因素
	35	关注对社会与文化的影响
创造性	36	包含超出问题解决常规范畴的内容
	37	提出了不同寻常的内涵,并很有意义
	38	方案的设计思路与质量具有明显创新性
	39	表现出对本个案问题的职业敏感性
	40	充分使用了题目所提供的设计空间

按照给出的情境描述,第1个二级指标"考虑了个案的家庭背景"希望考生考虑老人的个人情况、子女情况、身份等,比如老人是参加过抗日战争的离休干部,是一所知名大学的高级知识分子,独居,有两个儿子,一个亡故,另一个远在边疆省份且患有高血压病,他委托本地亲友偶尔来家照看老母亲,因此老人日常生活由保姆照顾以及保姆的具体情况等因素。第2个二级指标"考虑了个案所在机构和社区的环境条件",主要希望考生结合机构和社区的情况撰写方案,比如居住社区的情况。第3个二级指标"关注了与个案服务任务相关的社会因素",要求考虑老人的情况,社会有哪些约束因素,比如针对参加过抗日战争的身份、高级知识分子的身份等,都要在拟订方案时充分考量。第4个二级指标"分析了与个案相关的文化因素",要求考生考虑中国传统"孝文化"等因素。第5个二级指标"关注对社会与文化的影响"要求不仅要针对个案,还要有对社会的关注,关注方案可能对社会文化带来的影响。比如中国人大部分不愿意将老人送往养老机构,有些老人自己也不愿意,如果选择机构养老方案,该如何呼应社会文化的需求。上述解题空间二级指标在实际使用时要综合判断,不能像使用参考答案或评分标准时那样看到一个采分点给一个分数,而应在对方案进行评价时为评分者提供一个地图。

(2)命题特点

测评试题再现了养老机构的真实工作情境。在实际工作中,如果考生(从业者)充分获取了老年人的信息，那么在分析老人的生活服务需求时就能更加精准，在设计、提供解决方案时被客户接纳的程度也越高。考生的工作过程知识掌握得越充分，职业认同感越强，提出的方案越能体现出对社会和未来负责的态度。

测评试题体现了完整的工作过程，要求考生从给出的情境中获取有用的信息。命题工作是在方法专家的直接指导下，由实践专家经过数轮讨论共同形成的。有些一级指标下的二级指标则不易归纳，但总体还是保留了 40 个二级指标。经过近两年的磨合，专家组对 COMET 的理解更为深刻，命题式照顾形式与内容的兼顾，标准化呈现形式和职业内容之间的达成妥协水平也更高。

2. 实操试题及评分标准

（1）竞赛使用试题分析

综合实操试题案例

【情境描述】

孙爷爷，71 岁，一个月前突然感到眩晕，嘴歪眼斜，左侧面部、肢体麻木，吐字不清，急诊入院，诊断为脑卒中。出院后，老人左侧肢体偏瘫，末梢循环差，骶尾部有一约块 6 厘米×7 厘米的压红，表面无水泡及溃破。对于突如其来的变故，老人情绪低落，产生了悲观厌世的想法，拒绝与外界进行任何交流，现已入住某养老机构。

你作为照护孙爷爷的养老护理员，请于早上 8 点"为Ⅰ期压疮老年人提供照护"；下午 3 点"指导肢体障碍老年人进行床上翻身训练"；晚上 9 点"为老年人布置睡眠环境并协助睡眠照护"。

当老人出现不良情绪时，请及时用语言和肢体语言进行疏导，并贯穿于所有照护服务当中。

【任务要求】

确定老人目前存在的主要健康问题及需要的照护技能；依据情境确认综合实操顺序；完成综合实操任务要考虑如下方面。

工作准备：养老护理员操作前应介绍情境及任务要求，并从自身仪容仪表、环境、物品及标准化老年人四个方面做好操作前的准备工作。

沟通评估：养老护理员在操作前应对标准化老年人进行告知，如操作目的、方法、注意事项等，采用沟通、观察、量表或器械等方式开展健康评估，其中沟通应贯穿于整个操作过程。

实施过程：养老护理员操作中应"以老年人为中心"，体现人文关怀，操作规范；操作后应做到为老年人取舒适体位，整理床单及用物，洗手并准确记录等。注意事项在与标准化老年人沟通及实施过程中体现，不做单独论述；根据设定情境案例及任务要求，最大限度地进行实操。

综合评价：养老护理员应对标准化老年人做到安全防护、隐私保护、健康教育、沟通交流、人文关怀等，并注意自身防护。

【评分标准】

实操1：为Ⅰ期压疮的老年人提供照护操作流程及评分标准见表4-3。

表4-3 为Ⅰ期压疮的老年人提供照护操作流程及评分标准表

服务技能一级指标	分值	二级指标及关键点得分
工作准备	10分	1. 简述工作情境及任务要求（2分） 2. 工作准备 2.1 护理员准备 ① 着装整齐、无戒指、长指甲，未涂指甲油（1分） ② 用七步洗手法洗净双手（2分） 2.2 环境准备：室内整洁、温/湿度适宜，必要时关闭门窗、用屏风遮挡（2分） 2.3 老年人准备：老年人平卧于床上，盖好被子，拉好床挡（1分） 2.4 物品准备：治疗盘、脸盆、小水壶、冷热水、水温计、毛巾、软枕或体位垫3~5个、翻身记录单、笔、洗手液，必要时备屏风、干净被服、衣裤、凡士林（润肤露）（2分）
沟通评估	15分	3. 沟通 将护理车推至床尾，护理员站在床前，拉下近侧床挡，身体前倾，微笑面对老年人 3.1 核对老年人房间号、床号、姓名（2分） 3.2 向老年人解释操作的目的、方法（2分） 3.3 向老年人交代操作过程中的注意事项（2分） 3.4 语言亲切，态度和蔼，取得配合（1分） 4. 评估 4.1 评估老年人营养状态（3分） 4.2 评估老年人全身及受压部位皮肤情况（3分） 4.3 评估老年人肢体活动度（2分）

续表

服务技能一级指标	分值	二级指标及关键点得分
实施过程	65分	5. 操作流程 5.1 协助老年人暴露擦洗部位 ① 将脸盆置于床尾椅上，物品摆放合理（2分） ② 放下床挡（1分） ③ 护理员站在老年人的右侧，打开盖被，S形折叠对侧（3分） ④ 护理员协助老年人，先将身体移向近侧（3分） ⑤ 将老年人患侧手臂放于胸前，叮嘱老年人用健手撑住床面（3分） ⑥ 健腿屈膝，健足撑住床面，将裤子脱至充分暴露骶尾部；并借助健侧肢体力量与护理员同时用力向对侧移位（4分） ⑦ 护理员一只手放在老年人髋部，另一只手放在老年人颈肩部，将老年人向近侧整体翻身至床中线位置（3分） ⑧ 协助老年人调整至舒适体位；健侧上肢放于枕边；患侧上肢取功能位，手心向下；胸前垫软枕（4分） ⑨ 健腿屈膝，患腿取功能位；膝关节内侧垫软枕；踝关节内侧垫软枕；盖好盖被（4分） ⑩ 掀开被子一角，检查皮肤；骶尾部有一块约6cm×7cm的压红（3分） 5.2 擦洗 ① 调配温水：将水盆放于床尾椅上，先加冷水，再加热水（模拟）（3分） ② 测试水温：用水温计测试水温至50℃左右（3分） ③ 将小毛巾在温水中浸湿、拧干（模拟分），包在右手成手套状（4分） ④ 擦拭：护理员一只手扶住老年人近侧肩部，另一只手螺旋式擦拭老年人两侧背部和臀部（4分） ⑤ 用干毛巾擦干背部和臀部；将凡士林润肤露涂抹在老年人背部皮肤（4分） 6. 操作后处置 ① 协助老年人穿好衣裤，保持体位稳定舒适，整理床单位，支起床挡（4分） ② 整理物品，如有屏风遮挡，则撤去屏风，开窗通风（2分） ③ 洗手（2分） ④ 填写翻身记录单：记录翻身时间、体位和局部皮肤情况（3分） ⑤ 鼓励老年人尽量做力所能及的活动，如关节自主运动，预防压疮（2分） ⑥ 检查老年人手脚指（趾）甲，若过长应修剪，避免刮伤（2分） ⑦ 防止局部长期受压。对有头发遮挡的枕骨隆突，耳郭背面，吸氧面罩、胃管部分压迫的不易观察到的部位的皮肤要特别注意（2分）
综合评价	10分	7. 其他事项 7.1 尊重老年人，沟通语言恰当，老年人出现不良情绪时，及时给予心理疏导（2分） 7.2 最大限度地做到老年人的安全防护及隐私保护（2分） 7.3 操作过程中勤观察、多询问，最大限度地体现人文关怀（2分） 7.4 针对老年人的健康问题及可能发生的情况开展健康教育（2分） 8. 护理员能最大限度地进行实操，在操作中运用节力原则，注重自身防护（2分）
合计	100分	

裁判长：　　　　裁判员：　　　　核分员：　　　　年　　月　　日

从表中可以看出，实操考试评分标准按照规范化操作流程制定：首先，每个一级指标对应相应的二级指标，一、二级指标之间是完全的包含关系，其逻辑框架严密，无重复、无遗漏；其次，每个指标给出严格的评分标准，要求评分者按照这个操作流程和标准进行评分，既不能使顺序错乱，也不能不符合标准，正确就得分，错误不得分，标准客观；第三，每个指标都是一个具体的项目，不仅给出操作的类型（口述、操作、口述+操作），还给出了操作的具体要求，基本没有创新的空间和基于情境的考虑。可以看出，这些评分标准可以评价的是客观要求，或者说只能评价技能的客观部分。在竞赛过程中，按照教育部的要求，这个评分标准还要提前作为赛题库在赛前公开。这种公开得到了参赛院校的好评，因为依据这些标准，参赛院校在组织选手备赛时的针对性就增强了。在教育部审批赛项时，谁的评分标准更客观、精细，通过专家评审的可能性就越大。

之后又将操作步骤进行了归拢整理，将所有单项操作概化为"工作准备""沟通评估""实施过程""综合评价"四个步骤，期望向更加标准化的方向发展，即在原有操作过程上构建一个不同实操评分标准可以横向比较的框架。其中重点是实施过程，纳入原有操作部分，尤其是个性化的部分，并按照完整工作过程进行改良，加上沟通评估的信息获取、计划决策环节和后续的综合评价，作为评估反馈，即评分标准框架向典型工作任务方向靠近。

（2）命题特点分析

在三个考场分别考查三项操作，每个单项操作由一组裁判打分，每项操作限定的时间相等，且相互之间不能借用，限制十分严格。从裁判组的角度看，每个裁判组只能观察到一项操作，失去了从整体上把握选手操作能力的机会。将三项操作连在一起，可以构建更为全面的考查测评环境，提供更充分的测评时间，但由于教育部大赛组织部门不支持分组产生奖项，参赛院校对获得奖项十分关注，在上级不支持、下级不认同的双重压力下，只能根据不同情境作出新的判断。这也是COMET职业能力测评理论的一个核心概念，即考查一个从业者职业认同感水平的高低，应当让从业者在具体的情境中，在不同的甚至是相互矛盾的准则之间找到妥协方案。当理想的测量方案（功能性）与现实（社会接受度）冲突时，只能在两者之间求得妥协。

实操考试为三个具体操作项目，较为全面地展示了学生的职业行动能力。养老护理员国家职业技能标准规定了养老护理员的 5 个职业功能，即基础护理、生活照料、康复护理、心理护理和培训指导。其中心理护理和培训指导一般没有单独设计操作测评，而是贯穿在基础、生活和康复三个操作之中。

（3）小结

命题基本遵循了研究设计思路。实操考试更加关注对标准化的外显动作的考核，通过观察法实现对考生的技能评价；COMET 职业能力测评以典型工作任务为基础，突破了实操考试场地、设备和时间的限制，对考生对工作过程知识的理解程度作出判断，进而评价考生的职业认知能力。不同技能评价方法体现了背后的不同测量理论和能力模型，试题基本实现了研究设计的意图，测评结果可以用于分析两种技能评价方式。

（二）技能评价的统计指标检验

为对职业能力测评、实操和工作绩效之间进行三角验证，需要对职业能力测评本身的难度、区分度、信度和效度进行分析。四者的测评对象一致，均为参赛选手。首先进行 COMET 职业能力测评+实操方案难度、区分度和结构效度分析，主要从测量学角度对测评任务的质量进行分析，同时以结构效度检验验证研究的整体设计是否成立，从而为后续研究提供基础。

1. 难度分析

难度是衡量试题难易程度的指标。如果题目过难或过于容易，则无法区分优秀考生、一般考生以及差生。要对技能评价的效度进行分析，首先要进行难度的衡量，确保技能评价工具能够有效区分不同能力的考生。

在教育统计与测量学中用"得分率"概念来描述难度。理论上，得分率为 0.5 说明题目难度适中，得分率低于 0.3 说明题目难度较大，得分率高于 0.9 说明题目难度较小。题目难度太小或太大，区分度都不高，会出现"天花板效应"或"地板效应"。本次 COMET 能力测评中每个指标都采用等级评定方式进行打分，以指标得分的均值除以该指标的配分，得到某一指标的得分率，作为测评难度的参考指标，见表 4-4。

表 4-4 COMET 测试任务难度分析结果（$N=146$）

二级指标	三级指标	配分	均值	标准差	得分率
直观性、展示	F_1	3.00	2.45	0.42	0.82
	F_2	3.00	2.31	0.39	0.77
	F_3	3.00	2.10	0.42	0.70
	F_4	3.00	2.30	0.32	0.77
	F_5	3.00	2.14	0.45	0.71
功能性/专业化	F_6	3.00	1.74	0.26	0.58
	F_7	3.00	1.99	0.70	0.66
	F_8	3.00	2.18	0.40	0.73
	F_9	3.00	1.94	0.46	0.65
	F_{10}	3.00	2.04	0.21	0.68
持久性	F_{11}	3.00	1.84	0.44	0.61
	F_{12}	3.00	1.78	0.51	0.59
	F_{13}	3.00	1.71	0.46	0.57
	F_{14}	3.00	1.76	0.47	0.59
	F_{15}	3.00	1.82	0.25	0.61
效率/经济性	F_{16}	3.00	1.75	0.19	0.58
	F_{17}	3.00	1.71	0.27	0.57
	F_{18}	3.00	1.89	0.49	0.63
	F_{19}	3.00	1.65	0.60	0.55
	F_{20}	3.00	1.80	0.32	0.60
工作过程导向	F_{21}	3.00	2.57	0.65	0.86
	F_{22}	3.00	2.47	0.83	0.82
	F_{23}	3.00	2.16	0.33	0.72
	F_{24}	3.00	2.20	1.02	0.73
	F_{25}	3.00	2.40	0.86	0.80
环境、社会承受度与影响	F_{26}	3.00	1.83	0.70	0.61
	F_{27}	3.00	1.85	0.61	0.62
	F_{28}	3.00	2.38	0.57	0.79
	F_{29}	3.00	1.88	0.28	0.63
	F_{30}	3.00	2.29	0.37	0.76
家庭、社会与文化环境	F_{31}	3.00	1.36	0.58	0.45
	F_{32}	3.00	1.49	0.56	0.50
	F_{33}	3.00	1.56	0.56	0.52
	F_{34}	3.00	1.40	0.52	0.47
	F_{35}	3.00	1.62	0.23	0.54

续表

二级指标	三级指标	配分	均值	标准差	得分率
创造性	F_{36}	3.00	1.16	0.23	0.39
	F_{37}	3.00	1.18	0.31	0.39
	F_{38}	3.00	1.17	0.30	0.39
	F_{39}	3.00	1.57	0.19	0.52
	F_{40}	3.00	1.65	0.28	0.06

从难度上看，各项三级指标除 F40 外，其余的得分率均在 0.3~0.9 范围内，属于适中的范围。得分率最高为 0.86，最低为 0.39。从分布上看，基本上符合认知发展规律，即能力级别越低的指标，得分率越高，所有三级指标中得分率最低的 0.06 就是最后一个指标。

从 8 个二级指标（直观性/展示；功能性/专业化；持久性；效率/经济性；工作过程导向；环境与社会承受度与影响；家庭、社会与文化环境；创造性）层面来看，创造性指标（共 5 个三级指标）比其他 7 个二级指标的得分率低，说明试题的设计符合职业成长逻辑规律，越到高层次的能力，得分率就越低。从三个一级指标（功能性能力、过程性能力、设计能力）上看（表 4-5），得分率也呈现出递减的趋势，从功能性能力的 0.72，到过程性能力的 0.64，再到设计能力层级，已经降到了 0.56。

表 4-5 COMET 测试任务难度分析结果（$N=146$）

指标	指 标 名 称	得分率
K_1	直观性、展示	0.76
K_2	功能性/专业化	0.67
K_3	持久性	0.63
K_4	效率/经济性	0.58
K_5	工作过程导向	0.69
K_6	环境、社会承受度与影响	0.70
K_7	家庭、社会与文化环境	0.52
K_8	创造性	0.46
K_F	功能性能力	0.72
K_P	过程性能力	0.64
K_G	设计能力	0.56
	总　体	0.57

各一级指标的得分率均在 0.4~0.8，属于适中范围。得分率最高为 0.76，最低为 0.46。在分布上基本符合认知发展规律，即能力级别越低的指标得分率越高，功能性能力得分率为 0.72，过程性能力下降到了 0.64，设计能力得分率为 0.56。本研究还考查另一种技能评价方式——实操考试的难度。由于实操考试分项很细，具体分项目数据很难统计，在此仅考查其总体得分率，见表 4-6。

表 4-6　实操考试难度分析结果（ N=146 ）

项目	配分	均值	标准差	得分率
实操考试	100.00	79.79	8.41	0.80

实操考试的难度为 0.7979，四舍五入后为 0.80，在难度值上属于较容易的范畴，这比 COMET 职业能力测评总体难度 0.57 要高，但未达到上限 0.9。总体来说，这两种测评方法都具有一定的区分度。

COMET 职业能力测评的总体难度高于实操考试的难度。通过对 COMET 题目和实操考试题目的分析可以发现，总体难度高的原因可能是：实操考试命题方式为分解项目，分解后的每个项目都成为有是非对错之分的客观题，同时教育部大赛规则要求题目和评分标准提前公开。实操考试通过观察考生模拟工作场所的操作进行评分，参赛选手只需要拿着题目和评分标准反复练习即可，在备赛过程中通过强化记忆即可获得较好的成绩。

综上所述可以得出如下结论：一是 COMET 职业能力测评和实操考试的难度都处于可区分能力高低的范围，两种技能评价方式都可用于对技能进行评价；二是 COMET 职业能力测评与实操考试相比，对技能评价有更高的区分度；三是 COMET 职业能力测评和实操考试所评价的技能的内涵不一样，实操考试评价的多是可以客观化的部分。

2. 区分度分析

区分度[①] 是指标或整体方案对考生实际技能的区分程度，即高能力考生比水平较低

---

① 项目区分度是被试在测验中获得的总分与项目分数之间的相关系数，由此得到的区分度也叫内部一致性系数。引自闫成海，杜文久，宋乃庆，张健. 高考数学中考试评价的研究——基于 CTT 与 IRT 的实证比较 [J]. 华东师范大学学报（教育科学版），2014(3)：10-18.

的考生更有可能得分。计算时,需要考虑每个次级指标对整体的反映程度,实际上也反映结构效度。COMET 一级指标项目区分度见表 4-7。

表 4-7　COMET 一级指标项目区分度

Pearson 相关系数	K_1	K_2	K_3	K_4	K_5	K_6	K_7	K_8	总分
K_1	1	0.930**	0.933**	0.789**	0.459**	−0.568**	0.904**	0.773**	0.897**
K_2	0.930**	1	0.949**	0.855**	0.524**	−0.458**	0.944**	0.865**	0.952**
K_3	0.933**	0.949**	1	0.812**	0.509**	−0.472**	0.929**	0.794**	0.930**
K_4	0.789**	0.855**	0.812**	1	0.694**	−0.211*	0.800**	0.815**	0.910**
K_5	0.459**	0.524**	0.509**	0.694**	1	0.238**	0.506**	0.601**	0.706**
K_6	−0.568**	−0.458**	−0.472**	−0.211*	0.238**	1	−0.450**	−0.179*	−0.235**
K_7	0.904**	0.944**	0.929**	0.800**	0.506**	−0.450**	1	0.834**	0.928**
K_8	0.773**	0.865**	0.794**	0.815**	0.601**	−0.179*	0.834**	1	0.907**
总分	0.897**	0.952**	0.930**	0.910**	0.706**	−0.235**	0.928**	0.907**	1

从表中可以看出,采用一级指标与 COMET 总评成绩的相关系数进行计算,除了 K_6 外,其余一级指标与总分的相关性都在 0.7 以上,属于强相关。这既说明了 COMET 各一级指标具有良好的区分度,又充分展示了 COMET 技能评价方案良好的结构效度。

3. 信度分析

所有影响信度的因素都会影响评价的效度,保障技能评价的信度非常重要。本研究在实际竞赛活动中进行,无法实施重测或复本信度测量,研究的信度通过以下方式检验:一是对 COMET 测试的信度。采用功能性能力、过程性能力和设计能力与 COMET 总分来测定其内部一致性信度,Cronbach's α 系数为 0.858[①],信度符合要求。二是对实操考试的信度。实操考试分项数据获取困难,无法通过计算内部一致性来测定实操考试信度,只能通过折半信度考查实操考试的信度。通过两年选手成绩随机混合,按照单、双号折半计算,其折半相关系数达到 0.872,属于可以接受的范围。

---

① 一般认为,Cronbach's α 系数大于 0.8 就属于可以接受的信度值。

此外，两种技能评价方式通过增加评分者数量可以提升评分者信度。评分者均为7名，且去掉一个最高分、一个最低分后取平均值。

4. 效度分析

（1）COMET测试的效度。通过SPSS对COMET的8个一级指标进行K-S检验[①]。对8个一级指标运用最大方差法进行主成分分析，抽取特征根大于1的公因子有2个，这2个公因子解释总变异的90.278%，其中第一公因子解释总变异的73.135%，第二公因子解释总变异的17.143%，这说明COMET测评具有良好的结构效度。

（2）实操考试的效度。实操考试的数据有限，但实操考试的效度也可以检验，包括题目对职业标准中明确的职业功能的覆盖程度所代表的职业效度和教学标准内容所标志的课程效度，这需要专家效度证明。实操考试命题之初就邀请了7名专家对实操考试命题的内容效度进行评估，检验评估过程贯穿命题始终，其中最关键的是命制试题是否符合职业标准和课程标准。在命题完成后，还向35名行业专家和32名学校专家征求意见（未打分），一致认为符合标准，有较高的内容效度。在正式成为赛题之前，还在民政职业教育教学指导委员会网站上进行了为期3个月的公示，公开向全社会征求意见，未收到不同意见。以这些赛题为技术文件的赛事申报材料也顺利通过了教育部组织的赛项评审，说明在社会和专家层面，该考试具备一定的内容效度。

本节重点说明两种技能评价数据来源的质量。从难度、区分度、信度和效度方面展开论述。在难度上，主要考查COMET职业能力测评试题各二级指标以及实操考试的难度系数。两者的难度系数均介于上限与下限之间的有效区域，反映出两种技能评价工具的有效性。其中，COMET职业能力测评的难度系数稍高，实操考试的难度系数稍低，但两者都在区分不同能力层级考生方面具有有效性。在区分度方面，通过内部一致性考查了COMET的区分度，确认8个一级指标中的7个都具有良好的区分度。对COMET信度，以其考查的功能性能力、过程性能力和设计能力与COMET总分来测定内部一致性信度，Cronbach's α系数达到了基本要求；实操考试的折半信度系数也超过了0.8，信度符合要求。

---

① KMO统计量为0.890，Bartlett球形检验$P<0.001$，可以做因子分析。

研究的重点是预测效度，是效标关联效度。为了说明数据的质量，对两种技能评价的内容效度或结构效度进行了分析。对数据分层比较详细的 COMET 采用了定量的 K-S 分析，并证实了结果的有效性。对数据相对单一的实操考试，通过专家的背书来保证内容效度。在确保数据来源的技能评价方案的内部结构效度可以接受的前提下，进一步分析技能评价数据与工作绩效数据的关系。

（三）基于 COMET 技能评价结果对工作绩效的预测效度检验

开展 COMET 职业能力测评结果对工作绩效的预测效度检验，首先要对工作绩效的量纲与 COMET 进行统一，确定不同评价者开展的绩效评估的权重，以及每个评价者内部权重。研究者通过多次组织专家讨论会和试调查，对问卷内容和不同评价者应该赋予的权重进行修订。

1. 绩效评价者特点和（问卷题项）权重划分

360°绩效问卷共有 4 种，每种有不同数量的项目。为了确定每个选项的权重，开发者邀请专家和职业学校教师共同确定问卷项目的重要性，按照层次分析法（Analytic Hierarchy Process，AHP）确定权重。

（1）上级评价

上级评价由被评价者工作中的直接上级进行。由于被评价者具有特殊性（学生），所以选择两个类评价者作为其上级：一是实习工作中的直接汇报者，即汇报链、指挥链上最近的上级；二是学校的指导教师，这是学生成长过程中的直接上级。

上级对绩效进行评估是传统的绩效评估方式，也是上级管理下级的重要手段。其他绩效评估方法如 KPI、OBM 等，也都以上级作为重要的评价者。上级对下级的工作整体比较熟悉，对工作结果也有直接感受，对日常工作过程细节的把握比其他层级的管理者更为清晰。涉及 9 个评估项目基本包括了上级评价的各个方面，即：结合老年人实际情况，作出最有利于老年人的照护决策；能与老年人建立良好的信任关系；注重心理、社会因素对老年人疾病发生、发展及转归的影响；能有效保护老年人隐私；与老年人交流时，语言通俗易懂，信息量适当；在老年人表达不同意见后，能尊重老年人的意见；

能设身处地地体察老年人的情绪和感受,理解其想法和立场,恰当地进行回应或处置;遵守规章制度;工作积极,能及时填写护理记录。

上级评价的优势是了解更为全面,能从更高层面评价考生工作对整个工作单元、工作过程乃至工作单位的贡献程度,依托这些评价指标和相关结果对考生进行绩效反馈,进而推动绩效提升。上级多数也是从考生所在的一线岗位成长起来的,从职业发展的阶段来说,比被评价对象(学生或考生)具有更加成熟的职业发展阶段。如果说学生是初学者或高级初学者,那么上级一般应是高手或者专家,评价既能对选手工作绩效进行直接评判,也能以更成熟的职业发展水平为考生提供职业成长、职业能力提升和工作过程知识等方面的支持和帮助。

(2)服务对象评价

根据老年服务与管理专业的特点,将传统360°反馈中的客户确定为服务对象。老年服务与管理专业的培养目标是"能够从事老年人照护、老年人能力评估、养老管家(养老秘书)、养老事务性管理、老年社会工作等工作的高素质技术技能型人才",除了基本素养要求外,从事的工作均为服务性工作,因此服务对象的评价至关重要。在专家排序的过程中,曾有部分专家将其排在上级之前或者与上级并列。

服务对象的优势在于对被测评对象的服务质量有直接感受,对绩效结果的感受更加符合个人需求,但也存在主观性较强、个人感受非专业化、对不同服务人员的分工理解不同以及缺乏专业认识等因素的影响,对被评价者有超出专业要求的期待等主观因素影响。

服务对象问卷共有12个项目,具体包括:对我有礼貌;及时告知病情,采取对我最有利的照护方案;值得我信赖;尊重我对治疗方案的不同意见与选择;能及时发现我的情绪变化,有效地进行安抚;解答我的有关卫生法规和医保政策的问题;与医护人员交流毫不费力,说话明白易懂,交流顺畅;保护我的隐私;不在无关人员面前谈论我的情况;认真了解我的想法和意愿;处理问题时充分考虑我的诉求,听取我的想法,体会我的感受;不索取财物和牟取其他利益;工作认真负责。经过对服务对象的试调查,这些项目基本上可以反映他们对服务者的评价需求。

服务对象是考生工作的最直接感受者,是服务的最终购买者,其重要性不言而喻。但也可能存在着若干变量影响评价效果:一是有些服务对象已经失去意识,或者间断性失去意识,比如失智老人,成为限制民事行为能力人,这种情况下无法对考生的工作作出准确评价,而实际上越是需要协助(在养老护理领域被称为介助老人或介护老人)的类型,对考生的职业能力要求越高,需要其应对的复杂局面越多,面对的典型工作任务的挑战性也越高;二是服务对象水平参差不齐,素质千差万别,各种类型的老人都存在,其评价基础也不一样,有些包容性强的老人给出的评价较为宽松,有些要求高、苛刻甚至有不合理需求的老人给出的评价分数较低。所以在实践中既要发挥其评价职能,同时也要注意到他们的局限性。

(3)同级评价

在评价者的界定上,可以选择两类评价者作为其同级:一是实习工作中的同事。在实际工作中由于学生身份特殊,可能在不同岗位间轮换,故选择最近与其从事相同工作的人员。二是学校同学,即学生在学业成长过程中的陪伴者,遇到问题时的讨论对象。同级平常工作在一起,对工作过程的观察比其他评价者更为直接。

由于日常观察的连贯性、评判的专业性等原因,绩效评价应重视同级评价。但同级评价受人际关系影响较大,不仅有同级相互之间的影响,还可能有上级的影响,有一定的主观偏差。

同事、同学层面的问卷共有9个项目,包括:结合老年人实际情况,作出最有利于老年人的诊疗决策;能与老年人建立良好的信任关系;注重心理、社会因素对老年人疾病发生、发展及转归的影响;能有效保护老年人隐私;与老年人交流时,语言通俗易懂,信息量适当;在老年人表达不同意见后,能尊重老年人的意见;能设身处地地体察老年人情绪和感受,理解其想法和立场,并恰当地进行回应或处置;遵守单位规章制度;工作积极,能及时填写护理记录。

(4)本人评价

本人对自身的认识更清楚,对自我要求严格的人,其自我评价能促进其改进,有利于对问题达成共识,但也存在高估自己的倾向或者寻找借口、隐瞒失误等情况,评价偏于主观。问卷共有 15 个项目,包括:从老年人实际情况出发,作出最有利于老年人的决定;公平合理地利用各种医疗及服务资源;在老年人和家属表示不同意见后,能够尊重老年人和家属意见;充分考虑心理因素与疾病的关系;安慰老年人,消除其焦虑等负面情绪;与老年人建立良好的人际关系;解答老年人有关卫生法规、医保政策等问题;保护老年人的隐私;表达的意图,能被他人充分理解;根据实际情况,选择最有效的沟通方式;通过表情、语气和肢体等非言语信息,准确判断他人的情绪与情感状态;从老年人的角度考虑问题,充分听取和理解老年人及家属的诉求;工作不需要他人的督促,严格要求自己;及时准确地完成各种护理记录;清楚自己的职责、权利和义务。这些基本的绩效项目对于考生自我评价来说比较全面。

研究者要针对四种评价者确定权重。首先采用德尔菲法,向 5 位行业专家和 7 名院校教师发放确定四类评价者重要性排序的问卷,经过一轮问卷和专家沟通后,专家均同意采用该排序。通过德尔菲法确定排序,然后应用层次分析法确定各指标的权重,见表 4-8。

表 4-8 不同评价主体层次分析法权重确定表

主体	上级	服务对象	同级	本人	权重
领导	1	1	3	5	0.310176
服务对象	1	1	1	1	0.247515
同级	1/3	1	1	1	0.225861
本人	1/5	1	1	1	0.216448

在此基础上根据问卷结果,确定每位选手的绩效总成绩。由于 360° 绩效评估问卷填写者不同,同样的工作从不同评价者得到的评价结果可能不一样。研究者首先提前培训发放问卷的指导教师,使其充分理解各项指标;基于 360° 绩效评估的多元评价原理,对不同依据的评分者信度进行了均衡,认为通过 4 类评价者的多元评价,评分者信度可以满足绩效评估的要求。这一点在绩效问卷数据分析上可以得到证明:将有效问卷的得分折合为百分数,均值为 91.73,标准差为 6.17,说明原始数据符合正态分布。对工作绩效进行随机分布后的折半信度进行计算,得到的折半信度系数为 0.903,属于可以接

受的范围。

2. 基于 COMET 技能评价结果对绩效的预测效度

（1）COMET 测试结果对绩效的整体预测效度

根据层次分析法确定的权重和问卷搜集到的信息，将选手的绩效转化为百分制量纲。从 64 名 2018 年选手中收回有效问卷 63 套，83 名 2019 年选手中收回有效问卷 83 套，合计有效问卷 146 套。按照 COMET 级别划分方式，将 40 个评分点得分、8 个一级指标得分和三个能力层级得分转化为百分制量纲。每位选手至少有 4 份问卷，4 份为一套，然后按照层次分析法确定的各类评价者的权重，将其合并成一个百分制的数值，以便能够与其他数据进行相关分析。以选手姓名作为对应项，建立二维表后纳入 SPSS 进行分析。

从图 4-3 可以看出，虽然有特异点存在，但是主流仍然是正相关关系。如果允许剔除特异点，则相关性还将进一步加强。从图中可以看出，除了在中部的拟合线周围的点外，其他距离较远的点之间仍然呈现正相关的趋势。

进行相关性分析得到的数据也证实了上述结论，见表 4-9。

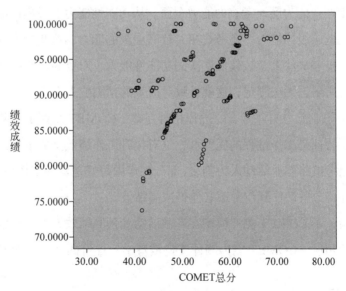

图 4-3　COMET 整体成绩与绩效成绩散布图

表 4-9 COMET 整体成绩与绩效成绩的相关性

项目		COMET 总分	绩效成绩
COMET 整体成绩	Pearson 相关性	1	0.460**
	显著性（双侧）		0.000
	N	146	146
绩效成绩	Pearson 相关性	0.460**	1
	显著性（双侧）	0.000	
	N	146	146

说明：** 在 0.01 水平（双侧）上显著相关。

可以看出，COMET 整体成绩与绩效成绩的相关性达到了显著相关水平，相关系数为 0.46，在 0.01 的水平上已达到显著相关[①]。对绝大部分情况而言，相关（或效度）系数达到 0.3 或以上即可认为测试是有用的。这说明，COMET 职业能力测评总分可以预测实际工作绩效。COMET 整体成绩对绩效的预测效果较好的可能原因如下。

① COMET 职业能力测评的理念是职业导向而非课程导向，工作绩效考查职业活动中的实际表现，两者在理念上是相同的，都是面向职业，只不过一个测量在校期间的潜力，另一个是对工作中实际表现的考查。

② COMET 职业能力测评考查的能力全面。从功能性能力、过程性能力到设计性能力，不仅考查较低层级的能力，还考查相对较高层级的能力，这些能力共同为良好绩效奠定了基础。实操考试注重考核较低层次的功能性能力，对更高层级的能力如设计性能力等，囿于工具所限，无法测定，这就导致对绩效的预测能力不足。

③ COMET 职业能力测评考查的过程相对完整。COMET 测评工具基于典型工作任务开发，其重要特征是工作过程的完整性，这对提升工作绩效至关重要。以项目反映理论为基础的实操考试将职业活动人为割裂，部分工作做得好是良好工作绩效的必要条件，但不是充分条件，分解动作到位并不必然带来高绩效。

综上所述验证了 COMET 测评模型在考试活动和预测绩效方面是有效的。从信息经济学信号理论的角度，COMET 能力测评支持教育学对评价的理解，即能发现测评对象

---

① 根据 Biddle 的统计标准，在实践中测试分数与真实工作表现之间的相关（或效度）系数很难超过 0.5。

的潜力。从多元智能理论角度出发,使测评能发现测评对象的智力在不同方面有所不同;从信息经济学角度出发,测试结果作为信号,可以判断雇员的生产力水平。COMET 测试得分高的考生,在实际生产服务活动中得到的 360°绩效评估分数也较高,两者间呈现出较高的相关性,说明这种"信号"的假设经得起实证检验。

本研究还针对分项的各个一级指标进行分析,以进一步确认预测的有效性及相关原理。

（2）COMET 分项测试结果对绩效的整体预测效度

为了详细分析测试结果对绩效预测的影响因素,本研究分别就三个能力层级的得分与绩效评估分值进行了相关分析,结果见表 4-10。

表 4-10 COMET 三个能力层级与绩效成绩的相关性

项　　目		*KG*	*KP*	*KF*	绩效成绩
绩效成绩	Pearson 相关性	0.391[**]	0.439[**]	0.412[**]	1
	显著性（双侧）	0.000	0.000	0.000	
	N	146	146	146	146

说明:**在 0.01 水平（双侧）上显著相关。

可以看出,三个层级的能力值与绩效成绩在 0.01 水平上均显著相关,说明 COMET 各层级能力对工作绩效均有预测效果,即 COMET 不但在总体上可以作为工作绩效的有效预测指标,而且其各层级能力也可以预测工作绩效,工作绩效与 COMET 各层级均有较高的相关性。其中,过程性能力与工作绩效的相关系数最大,达到了 0.439,即在实际工作中,过程性能力对绩效有较大影响,这证明了工作过程相关性理论的正确性。工作过程知识需要对工作进行有意识反思才能获得,包括显性知识和隐性知识。工作过程知识对工作绩效十分重要,仅靠实操考试不能完整地考核出来。可以说,实操考试考查的部分能力是高绩效的必要条件,但不是充分条件,而工作过程知识与工作绩效则是紧密相关的。功能性能力与工作绩效的相关系数为 0.391,超过 0.3,达到了预测效度的要求。过程性能力与工作绩效的相关系数是三个层级里最高的,设计能力的相关度达到 0.412,也是显著相关,说明在这个层级上,被测学生也具备了较强的潜力。

为了详细分析测试结果对绩效预测的影响因素,分别就 8 个一级指标的得分与绩效评估的分值进行回归分析，结果见表 4-11。

表 4-11 COMET 8 个一级指标与绩效成绩的相关性

项 目		K_1	K_2	K_3	K_4	K_5	K_6	K_7	K_8	绩效成绩
绩效成绩	Pearson 相关性	0.412**	0.409**	0.371**	0.456**	0.371**	−0.037	0.434**	0.387**	1
	显著性（双侧）	0.000	0.000	0.000	0.000	0.000	0.660	0.000	0.000	
	N	146	146	146	146	146	146	146	146	146

说明：** 在 0.01 水平（双侧）上显著相关；* 在 0.05 水平（双侧）上显著相关。

可以看出，除 K_6（环境与社会承受度）指标外，其余 7 个一级指标在 0.01 水平（双侧）上均与绩效成绩显著相关。其中，K_1、K_2、K_4、K_7 四项指标的相关系数均超过了 0.4；K_3（持久性）、K_5（工作过程导向）、K_8（创造性）三项指标的相关系数也都在 0.35 以上。K_6 指标出现变异，需要分析该指标相关性不强的原因。该指标对实际身份为学生的被试来说，对社会的认知尚不全面，其原因可能是社会对环境的认知和要求比较高，而用人单位（包括上级、服务对象、同级和本人）对该项指标的认知和要求与社会的要求不一致，而且该指标与其他 7 个一级指标的变化趋势也不一致。具体来说，K_4（效率/经济性）指标的相关系数最高，达到了 0.456，说明在对工作绩效影响方面，效率和经济性指标与工作绩效中考核内容的相关性最强。得分第二高的是 K_7（家庭、社会与文化环境），达到了 0.434。这一结果超出了我们的预期，因为该指标属于高级别能力维度，从初始假设出发，与该功能性和过程性能力对应的指标会更直接地反映到绩效中，设计能力应属于潜力范畴，而非直接反映在当期绩效中。之所以会出现这种情况，可能是由于这个专业更加关注家庭和社会文化，如很多养老机构提出"替儿女尽孝"宣传口号（在一定程度上反映了养老机构的宗旨和使命，也反映着绩效考核的导向），所以该项指标得分较高应该是专业特征造成的。K_1（直观性、展示）指标达到了 0.412、K_2（功能性/专业化）指标达到 0.409，说明功能性能力对绩效产生的影响还是比较大的，基本符合初始假设。属于设计级能力层级的 K_8 指标达到了 0.387，超过功能性能力层级的 K_3 和过程性能力层级的 K_5。K_3 和 K_5 指标都是 0.371，且 K_8 指标与绩效相关系数较高，这反映出在与人打交道的专业工作中可能需要更多的创造性，而不像传统理解的工科或工作对象为物的专业那样，更加关注持久性或过程导向。

3. 实操考试结果对工作绩效的预测效度检验

从图 4-4 可以看出,实操成绩与绩效成绩之间的关系杂乱无章,找不到正负相关或者非线性相关的迹象。

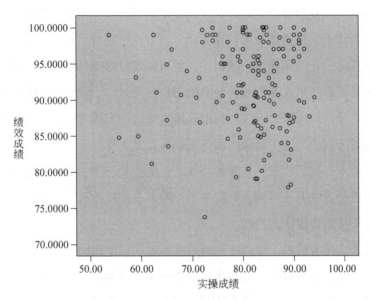

图 4-4　实操成绩与绩效成绩散布图

随后进行的相关分析也证实了这种判断,见表 4-12。

表 4-12　实操成绩与绩效成绩的相关性

项　目		绩效成绩	实操成绩
绩效成绩	Pearson 相关性	1	−0.010
	显著性(双侧)		0.901
	N	146	146
实操成绩	Pearson 相关性	−0.010	1
	显著性(双侧)	0.901	
	N	146	146

从测试结果可以看出,实操测试结果对工作绩效的显著性(双侧)为 0.901[①],两者之间基本没有相关性,Pearson 相关性系数为 −0.010,说明实操考试成绩无法预测未来

---

① 一般来说,该值大于 0.05 说明相关性不强,可以简单理解为不相关。

的工作绩效。在实际工作中,实操测试花费了大量的人力、物力和时间资源,但是从结果上看,此类测试结果并没有为未来的雇佣决策提供信号,也不能预测员工的工作绩效,这需要引起我们的注意。

从实操测试与职业教育的关系看,实操测试的理论模型及其对职业教育的指导一般体现在标准化操作上。这类任务可以在考评分离方式下完成,如针对有产品产生且有客观评价标准的任务。在结果导向的项目中,可以用实操结果预测工作绩效,因为工作绩效和实操考试都是以结果或者产品为导向的,具有一致性。本研究的对象是为老人服务,在以人为工作对象的情况下,仅仅以标准化流程规范的实操考试,难以体现或预测工作绩效情况,即对于以人为工作对象的服务型职业及其工作任务,用单纯的标准化操作很难满足个性化需求,这适应于养老服务行业。在此也验证了,由于技能内涵的变化,观察法作为一种评价方法并不可靠;对服务于人的专业或职业而言,更多的心智活动无法通过外在的动作技能直接作出判断。

总的来说,实操考试对工作绩效预测效度不高的可能原因如下。

(1)用独立于工作过程之外的观察法评价职业能力并不可靠,这与专家智能研究的结果相符。在现代劳动组织和技术条件下,工作情境具有很大不可预知性和随机性,我们只能在具体情境或工作行动中对能力进行间接评价,因为在困难情境中解决复杂专业问题的能力是一种无法准确鉴定的社会现实,不可能被直接观察到,只能通过诊断性评价来判别[①]。

(2)实操题目与被测量的绩效之间缺乏一致性。目前的实操考试限于时间、场地、竞赛相关规定等因素需要进行分解,依据项目反映理论将整体化的职业活动情境硬性拆分为不同的"项目"。为了追求准确,将这些"项目"越分越细,导致无法反映整体职业能力。目前有一些职业的实操考试已引入更为综合性的情境考核,如何在遵守教育部大赛有关规定的同时,提高实操考试的综合性和情境性,为选手提供更多的展示空间和机会,是需要解决的问题。

(3)实操考试这种形式整体上与测评的绩效相关性不高,因为实操考试的测评重点

---

① 辜东莲.一体化课程教学改革:学生职业能力测评实证研究[M].北京:中国劳动社会保障出版社,2013:18.

是可观察到的外显动作，标准化的外显动作可以被分解和被客观化，从而实现简单、重复的劳动，这些简单、重复的劳动在功能性能力层级有一定支持和帮助（数据分析显示，实操考试成绩整体上与 COMET 成绩相关性不高，从功能性能力到设计能力逐级降低），但是对于其他层级能力的评价存在问题。

（4）标准化操作与工作对象多样性的矛盾。老年服务与管理专业或养老护理职业工作服务的对象不是物品或程序（如制造业专业和物流专业等），而是活生生的人。对人进行服务时，人的多样性需求会导致工作很难做到标准化，而实操评价的标准却是标准化的（因为竞赛要求公平性，这些评价标准须提前公布），这就造成了实际工作绩效和实操评价指标之间的结构性不对应，实操评价成绩反映的可能只是背诵评分标准，按照标准化要求进行"表演"的能力，而非与实际工作绩效有关的能力。

（5）对人文关怀的忽视，这不但对老年服务与管理专业十分重要，而且对其他以人为对象的专业（如医疗、护理等）都很重要，即使在发展比较成熟的医疗护理类专业，也经常将服务对象看作"病人"，甚至开发"标准化病人"，即重点考查对"病"的治疗和护理，而不是对"人"的服务。实际工作绩效更加关注"人"，尤其是老年服务与管理专业，这无法通过标准化的操作来反映。

综上所述可以得出以下结论。

（1）研究中使用的实操考试和 COMET 职业能力测评两种评价方式从难度、区分度、信度及效度来说是可靠的，可以依据它们得出的数据开展相关分析。

（2）COMET 职业能力测评的整体成绩与 360º 绩效评估的绩效的相关性较高。同时，COMET 职业能力模型的 8 个一级指标中有 7 个都与 360º 绩效评估显著相关。这说明，COMET 职业能力测评的职业技能评价方式对工作绩效有较高的预测效度。证实了假设 1：COMET 职业能力测评可以预测工作绩效。

（3）当前的实操考试成绩和 360º 绩效评估的工作绩效之间几乎没有相关性。证伪了假设 2：实操考试可以预测工作绩效。这说明，目前流行的实操考试方式无法预测工作绩效成立。该结论不是对实操考试的整体否定，而是针对现有方式组织的单项技能点实操考试所得出的结论。

（四）技能评价的成本分析

除了对不同技能评价方式的预测效度进行分析外，本研究还对不同技能评价方式的成本差异进行了考量。技能评价的成本分为以下几个方面：一是经济成本，可以按照教育部大赛管理制度中规定的劳务支出、购买商品和服务的支出等分类；二是无形成本，如时间成本、组织管理的成本等。两种测评方式有大体相同的命题支出、裁判员培训支出和所需的评价系统支出。为了方便对比，将经济成本分为两个部分：一是COMET职业能力测评的成本；二是实操考试的成本。

两种测评方式的实施成本主要区别在以下两个部分：一是裁判员劳务支出；二是购买物品支出。COMET职业能力测评遵循选择最大量原则，选择了7名裁判员。实操考试包括三个实操模块，每个模块均需7名裁判员，共需21名。两者在裁判员劳务支出方面相差三倍。在购买物品支出方面，实操考试按照标准化设施、设备套餐，一套需要14万元。由于需要备物、准备不同考场等因素，实际施测过程中备了四套，价值56万元；COMET职业能力测评仅付出了几乎可以忽略不计的试卷印刷费。从有形成本角度来看，实操考试比COMET职业能力测评更高。

从无形成本看，两者之间的差异更大。从时间成本上看，实操考试需要单个轮替进行，考生数量直接影响考试时长。由于保密要求，考生必须在一天之内完成考试。实操考试早上5点开始，晚上10点结束，全程17个小时，耗时长。由于考生数量和单个考生考试时长成反比，有效考试时间和考生数量直接制约考试时长。考试时长又直接影响可考核评价的范围，时间越短，考核越不充分。长时间连续工作对裁判员的评分工作效果也会产生负面影响；更换裁判员则会导致打分尺度不一。COMET职业能力测评时长固定为2小时，由于试卷密封，评卷工作随时可以中断，裁判员连续工作强度低，评卷可以更从容、准确。

两者的组织管理差异也很明显。实操考试需要封闭的检录区、候考区、考生备物间、若干实操考场。考生行进路线按照单循环运行，一旦进入考试区域，除非出现紧急情况，否则考试区域一直封闭到考试结束。在此期间的餐饮、休息全部需要封闭管理，甚至选手使用洗手间都需要监管，以免出现泄密事件，对组织方的压力较大。考试过程中各种设施设备均需有备份，以备出现问题随时更换，在人力、物力、财力方面都需充分准备。而对于 COMET 职业能力测评，考生仅需要纸笔作答，一般教室均可承担该项任务。试卷密封之后考试阶段就告一段落，组织、管理难度相对比较低。

可以看出，与实操考试相比，无论是有形的经济成本还是无形成本，COMET 职业能力测评都具有压倒性优势。

（五）小结

通过相关分析可以发现，实操考试、COMET 职业能力测评结果和工作绩效之间的关系有以下特点。

（1）COMET 职业能力测评作为技能评价工具，对工作绩效有较好的预测效度，符合用人单位对技能评价的定位，即可以采用评价结果选择未来较高工作绩效的员工。鉴于 COMET 职业能力测评采用纸笔作答，成本低且适合大规模开展，因而可作为"1+X"证书开展技能评价工作的一种可行的技能评价方式。COMET 职业能力测评涉及从基础的功能性能力到高级别的设计能力的各层级能力，这些能力比分之间有机综合，相互联系。员工的高绩效，尤其是服务类职业或专业的员工的高绩效，与综合能力密切相关，而不是与某个单项操作技能水平相关。这反映了社会发展对人的技能的要求。在流水线作业生产组织方式下，员工的外显性动作技能对绩效影响较大；在更加突出人性化的现代劳动生产组织方式下，仅靠动作技能不能直接带来高绩效。

（2）采用实操考试的评价，没有体现出对工作绩效的预测效度。虽然原因多样，但是耗费大量人力、物力、财力以及时间、空间开展的实操评价，至少在养老服务赛项中，按照现有的公布考试试题、公布评分标准、相对割裂为不同职业功能进行评价，是相对无效的。养老服务的对象是人，不是标准化的产品。基本照护操作技能是开展养老服务的基础，但不是卓越绩效的充分条件。目前的实操考试只是在分项考核具体肢体动作，其中也会少量涉及对老人心理的关注，但总体上人文关怀相对较少。养老服务的人文关怀以职业认同感为基础，职业认同感通过实操考试难以考核，因此实操考试结果与工作绩效的相关性较低。尽管实操考试与传统的理论知识考试相比已经是一种进步，在一定程度上可以避免会写、会说但不会做的问题，对初学者具有一定的检验和促进作用。但是当能力发展进入较高阶段时，仅仅依靠外显肢体动作技能考试不能反映实际工作中的表现。在此，应当考虑优化人才培养体系，将实操考试改为工作场所学习中的过程性考核，在实际工作环境中和更长的周期里进行。这样可以让考评者（师傅）有更充分的时间进行观察，不仅可以考查外显的肢体动作，还可以深入了解内隐的职业认同感和职业道德水平。

（3）总体上实操考试和COMET成绩的相关性不高，但从数值上可以清晰地呈现出从功能性能力、过程性能力到设计能力逐渐下降的趋势，说明实操考试能够反映出职业能力的一部分。从职业能力发展水平看，功能性能力属于基础层，实操考试与功能性能力的相关性高于过程性能力和设计能力。实操考试采用观察法，关注外显肢体动作，但学生外在活动的标准化并不必然反映其对职业活动中缄默知识的掌握程度。医疗、护理等领域的综合性实操考试，通过标准化病人等方式可以在一定程度上提高对考生综合素质的考量，考虑人文关怀等因素，也为我们提供了启发，通过更加规范的心理照护技能测量，同时兼顾培训指导等其他高等级技能，可能会提高实操考试的效度。

四、结论及建议

（一）主要结论

本研究对我国目前两种主流的职业技能评价方式——实操考试和COMET职业能力测评进行了比较研究并发现以下结论。

1. 研究中采取的情境性测试题目的难度适中，区分度较高

在技能评价测试中，各指标的得分率均为0.4~0.8，得分率最高为0.76，最低为0.46，难度适中。从分布上来看，难度基本符合认知发展规律，即层次越低的能力方面得分

率越高：在功能性能力方面得分率为0.72，在过程性能力方面得分率下降到了0.64；而在设计性能力方面得分率下降到了0.56。越高层次的能力得分率就越低，说明依据COMET职业能力测评模型开发的工具的结构效度符合职业成长规律，即职业成长过程遵循从功能性能力、过程性能力到设计性能力的逐渐进阶，功能性能力和过程性能力是基础，只有基础扎实，才能在设计性能力上取得较好的成绩。

按照经典测试理论，中等难度的测试题目的区分度相对较高[①]。开放性测试题目与标准化测试不同，要想获得理想的区分度并不容易，因为在标准化测试中可通过调整选择题的干扰项（错误选项）让所设计的题目达到预先设定的难度和较高的区分度，但这在职业技能评价中是不行的。在职业技能评价测试中，实际工作任务的复杂程度决定着测评题目的难度。如果通过对错误选项的人为操控（如巧妙的文字表述等）调整技能评价题目难度，则无法反映真实的工作要求，特别是涉及与生产和生命安全相关的技能时，人为降低难度是被绝对禁止的，因为此类题目不具备内容效度，反映不了"职业的效度"[②]，这也从另一个角度验证了本研究采用的情境性测试题目的重要性。

本研究表明，来源于真实工作世界的标准化案例性任务（即典型工作任务），可以用于观察和确立被试的技能发展水平能力。完成典型工作任务不仅需要理论知识和外在的动作技能，更要关注蕴含其中的抽象化和普适化的解决问题的方式，这些可以迁移的技能是最关键的[③]，以此为依据进行的技能评价和颁发的技能等级证书才有实际意义。这启发我们，技能评价测试题目应尽量符合情境性测试题目的要求，即"让被试在真实工作条件下进行工作，通过对其工作行为、工作成果的观察和必要时对特殊工作环节的解释，评价其职业能力发展水平，通过解决（或未成功解决）问题的方式，揭示实践问题解决策略"[④]。

---

① Bortz J. & Drtz J. & Forschungsmethoden und Evaluation[M]. Berlin：Springer, 2002：219.
② 赵志群, 等. 职业能力测评方法手册 [M]. 高等教育出版社：2018：99-101
③ Hacker W. Knowledge Diagnosis Winfried Hacker[A]. Rauner, F., Maclean, R. eds. Handbook of Technical and Vocational Education and Training Research[C]. Dordrecht：Springer, 2008：656-660.
④ 赵志群, 孙钰林, 罗喜娜. "1+X"证书制度建设对技术技能人才评价的挑战——世界技能大赛试题的启发 [J]. 中国电化教育，2020(2)：8-14.

2. 理论知识[①]与实践性知识[②]不融通，可能导致评价指标变异

与原有研究相比，本研究中的环境与社会承受度指标存在变异。研究发现，设计能力中的 K_6（环境与社会承受度）指标与其他指标明显不同，该指标与实操考试成绩呈现负相关，与绩效几乎不相关，其得分率为 0.7（高于另外两个设计性指标和过程性指标的得分），成为 8 个一级指标中的唯一变异值。该指标不涉及具体操作，考查被试对职业活动的整体理解和职业认同，需要学科知识作为支撑。实操考试更关注具体操作的标准化和规范化，要求熟练操作，依靠技能技巧和实践知识。两者之间存在负相关的原因可能是，在两类知识未实现跨越与融通的情况下，不同理念之间可能会有冲突：实操考试要求在特定框架内进行规范操作，而设计性能力要求突破现有框架，在更高层面实现职业活动的目的和创新。与绩效的低相关可能是由于用人单位（包括领导、服务对象、同级职员和本人）对该项指标的认知和要求与社会的要求不一致，绩效评价中对于这类问题的体现不充分，即在 360º 评价中，参与者对外界环境和社会承受度的重视程度不同，导致绩效结果与该指标相关性不大。对于实际身份为学生的被试来说，他们对环境和社会承受度方面的认知与其他评价主体的认知不同。得分率较高，说明被试与 COMET 职业能力评价者的意图是一致的。绩效相关性低，说明答题结果不能完全反映用人单位的需求。学者、教师和学生期望的理想环境接受度，在现实中可能会与用人单位降低成本的诉求之间存在差异。这种差异体现在该指标成绩与绩效相关性不大的表征上，证明了 COMET 职业能力测评在不同指标的测量上更为精细的颗粒度，即不仅 COMET 总体指标有区分度，各指标反映的能力都有其独特价值。总体成绩可以作为整体能力的指标，各分项能力成绩也可以分别显示，这种分项显示为进一步分析和提升被试职业能力提供了更为清晰的指导方向。

3. COMET 职业能力测评可作为预测工作绩效的可靠方式

本研究发现，以 COMET 职业能力测评为基础开发的技能评价方案所得成绩与工作

---

① 与情境无关，学科系统化的，为实践辩护的，客观的知识。引自 Raner F., Die Bedeutung des Arbeitsprozesswissens für eine gestaltungsorientierte Berufsbildung[A]. Fischer M., Rauner F., Lernfeld：Arbeitsprozess[C]. Baden-Baden,Nomos, 2002：34.

② 与情境相关的，不明确的，指导和反思实践的，主观的知识。引自 Raner F., Die Bedeutung des Arbeitsprozesswissens für eine gestaltungsorientierte Berufsbildung[A]. Fischer M., Rauner F., Lernfeld：Arbeitsprozess[C]. Baden-Baden, Nomos, 2002：34

绩效的相关性较高，能对职业能力进行较全面、有效的评价（结果之间的标准化相关系数为 0.46），即 COMET 职业能力测评成绩能够有效地预测工作绩效，而实操考试不能预测工作绩效，实操考试成绩与工作绩效几乎没有相关性（相关系数为 -0.01）。

实操考试由于针对划分过细的职业活动，无法体现整体的职业能力，在反映用人单位需求的工作绩效作为效标的预测效度检验时，体现出很低的相关性，可以被判定为不相关。可以进行更深入的分析，分析哪些特征更能体现出被试的职业能力（如熟悉业务流程，懂得护理知识，能够制订合理的照护计划，能够进行心理辅导等），哪些特征是被试努力程度的体现（如操作熟练，工作中是否认真负责，工作时间长，工作中愿意请教别人等），哪些特征是工作人员的基本素养（如礼貌，尊重患者隐私等），这些特征单独看起来对于职业能力都很重要，而能否在测试中整合反映出整体能力，则是另外一回事。

COMET 职业能力测评的相关系数达到了 0.46，可以被判断为有效。细分的项目在传授客观的职业定向知识和程序性知识方面有一定优势，在课程开发中经常被应用，以项目反映理论为基础开发的测评工具，可以反映"课程标准"或者"技能等级标准"的效度；而实际工作中需要的是基于职业认同和综合职业能力的"职业效度"[①]，显然 COMET 职业能力测评在保证"职业效度"方面是有效的。这也再次证明了技能评价"不仅要评价动手操作技能，而且要评价认知技能（心智技能）"[②]，而对认知技能的鉴定无法通过简单的技能操作考试实现，应关注技能动作执行的内潜性等复杂性特征[③]。

以上发现表明，以"典型工作任务"为基础设计的 COMET 职业能力测评方案发送的考生信号，可以反映其劳动生产率（以 360° 绩效评估结果为指标）；而以实操成绩为信号的预测效度则不高。在目前的技能评价实践中，对于老年服务与管理专业的学生而言，COMET 职业能力测评可以有效预测工作绩效，而耗费大量人力、物力、财力举行

---

① Hoey D. How Do We Measure Up? Benchmarking the World Skills Competition[A]. MacLean R. Wilson D. International Handbook of Education for the Changing World of Work[C]. Dordrecht：Springer (2009)：2827-2840.

② 赵志群，孙钰林，罗喜娜."1+X"证书制度建设对技术技能人才评价的挑战——世界技能大赛试题的启发[J]. 中国电化教育，2020(2)：8-14.

③ 冯忠良，伍新春等. 教育心理学[M]. 北京：人民教育出版社，2015：398.

的实操考试对于评价功能性能力有帮助,但是对整体绩效的预测效度较低。这启发我们,在"1+X"职业技能等级证书的推广中,应借鉴 COMET 理论开发相应的测评模型,保证职业技能评价证书作为职业能力水平的有效"信号"作用,降低测评成本,提高测评效度。

4. 现有技能实操考试有改进空间

现有实操考试不能预测工作绩效,实操考试成绩与工作绩效几乎没有相关性(相关系数为 -0.01),这并不完全否定实操考试的价值。本研究中的被试是经过层层选拔的,实操考试题目和评分标准提前公布,而且要求评分标准尽可能细化,所以在实操考试准备中,比拼的是记忆力或模仿能力。而 COMET 职业能力测评虽然也提前公布了题目情境和评分参考的解题空间,但是仍然为考生留下了较广阔的发挥空间。实操考试为单个轮替项目,导致单项目的操作时间有限,无法进行更为详尽的观察。化繁为简是教学设计的常用方法,可以将较为复杂、完整的操作进行分解,从而降低教学难度,考试提前公布题目及评分标准也是基于方便被试的考虑。基于这种现实,实操考试应在现有基础上进行改进,尤其在"X"证书实践中,可以从"课证合一"角度加强过程性考核,将基础的功能性能力通过日常考核来体现,将考核与工作场所学习密切结合,保证学生对程序性知识的掌握。将改良的实操考试融入教学改革实践和评价体系中,可以提升"X"证书作为劳动市场信号的作用。

5. 选手功能性能力区分度低可能是实操考试预测效度不高的原因

实操考试成绩与 COMET 职业能力测评成绩的总体相关性不高,但与其中反映功能性能力的 K_1(直观性/展示)、K_2(功能性/专业化)指标和反映过程性能力的 K_3(持久性)指标显示出一定的相关性,说明实操考试在较低能力层次与职业能力测评存在相关性。本研究是在全国大赛平台上展开的,技能评价和绩效评估对象都是经过层层选拔的优秀选手,他们在功能性能力和部分过程性能力上都已经达到了较高的水平,甚至可以说这些层次的能力已经成为常量。评价结果的变化部分主要是较高层次的设计性能力和部分过程性能力,对这些能力的测量,COMET 职业能力测评展示出了较大优势,在预测工作绩效时取得了较好的效度。在推广到大批量的普通学生时(其较低层次的功能性能力区分度较大),实操考试的预测效度有可能会有所改善。基于以上结论,研究提出以下建议。

（二）建议与展望

1. 将综合性的评价体系应用于各类技能评价工作

职业教育的地位通过《国家职业教育改革实施方案》得到了确认和提升，但是其自身发展所面临的问题并不会因此就得到全部解决。在该方案出台之后，教育部等四部门专门印发了《关于在院校实施"学历证书+若干职业技能等级证书"制度试点方案》，其目标就是"深化复合型技术技能人才培养培训模式和评价模式改革……拓展就业创业本领"。其中，人才培养培训模式改革和评价模式改革是作为提高人才培养质量的重要手段。"1+X"证书制度对于职业教育改革的引领示范作用可以在改革过程中得到体现。同时，在"1+X"证书制度强势推进的大背景下，教育部及相关部委不断出台政策，指导"1+X"证书制度试点实践工作。这些政策的核心都是强调证书的质量，但证书质量的关键在于支撑起证书考试的测评模型是否可以准确地预测获证人员未来的工作绩效。从分析测试结果上来看，总体上呈现出COMET职业能力测评整体成绩可以有效地预测工作绩效的结论。本研究结合教育部等多部门牵头组织的全国职业院校技能大赛"养老服务技能"赛项活动的实施过程，分别运用两种主流技能评价方式建立了纸笔测试题库和技能操作题库。以COMET方案为基础开发了纸笔测试部分的测评任务和解题空间。同时，借助原有职业资格鉴定考试的方式建立了技能操作部分的考试题库，以"工作准备""沟通评估""实施过程""综合评价"为一级指标开发了评价标准。选取148个选手样本施测，采用得分率检验、相关分析等方法对测评的难度、区分度、结构效度、预测效度以及影响预测效度的因素进行检验和分析。对于究竟什么样的人才培养模式、评价模式可以起到引导教学改革的作用，学界目前并未有很多实证研究。本研究以科学伴随典型试验的框架和实证研究的方法，为选择评价模式提供了实证基础。

"1+X"证书制度的实施，是对以往职业资格考试（鉴定）的替代和升级。学历证书主要是通过学校内部的教学评价实现的，其培养者、评价者均在学校内部，优势是过程性考核比较充分，评价者对学生的整体情况比较熟悉，但问题也同样存在，由于这项证书的产生更多的是在师生之间进行，评价更加关注"课程效度"，而非"职业效度"。在这种情况下，迫切需要引入独立于师生之外的第三方的培训评价组织，关注"职业效度"的"X"证书的必要性。

"1+X"证书制度可以保证独立性，但并不是天然就具备"职业效度"，其证书制度实施的基础，即培训培养模式和测评模式，是否能够保证制度设计的初衷，需要方法论和技术基础。本研究表明，COMET职业能力测评对职业能力可以作出较为全面、相对有效的评价，不但可以诊断职业能力的水平高低及特征轮廓，而且能够有效地预测未来的工作绩效。在COMET职业能力测评模型指导下开展测评实施方案的开发，测评结果分析研究可以对学生职业能力的发展水平作出科学的诊断。对测评结果的分析，可以提供有关院校和学生在培养质量方面的关键参数，帮助职业教育参与者改善教与学的质量，为产教融合和校企合作提供实证基础，并为"1+X"证书制度的实施提供理论支撑。

在开发"1+X"证书的培养和测评模型时可以参考COMET方案。经过一系列实证检验，COMET职业能力解释框架的科学性得到了认可，该模型不仅可以为开展考试并依据考试结果发放证书提供工具，也可以为教师的教学设计、教学改革提供直接的支持。结合背景问卷调查，还可以为不同学校之间、不同地区之间的同专业的比较提供实证数据，为学校开展人才培养相关工作提供理论支持。

对不同能力层级的技能等级考试，可以变换技能评价方式。如对于较低层级主要通过实操考试考查其功能性能力；对于高级别，则重点采用COMET职业能力测评。对不同的职业可以考虑采用不同的技能评价方式，如对职业行动能力要求较高的工科类职业或者专业，可关注实操考试和发证；对职业认知和职业认同感要求较高的服务类职业或者专业，则主要采用COMET职业能力测评。

2. COMET方案支撑下的技能评价可以作为平台推动产教融合

COMET方案实施的基础是实践专家讨论会。如果用COMET方案支撑目前正在实施的"1+X"证书制度，"1"是学历证书，颁发主体是学校；"X"证书的颁发主体是培训评价组织，全部是行业企业或者单位，那么在制度总体构架上，就搭建了产教融合的平台。"1+X"证书制度的COMET方案可以从区域、院校和教师（或者课程）层面促进教育教学改革，对职业院校也可起到积极作用，它不仅可以帮助教师更好地理解职业教育的特点，还可以帮助他们开发课程，设计教学，对学校效果进行科学的评价。

在教学中，教师可参照 COMET 能力模型的内容维度开发和设计学习任务。首先，与企业的实践专家合作，按照职业效度的标准甄别典型工作任务，依据学生情况、学校基础教学条件等个性特点确定学习任务，根据职业能力的成长规律设计教学内容。COMET 方案针对能力模型要求维度所设计的评分表，可以作为教师和学习者开展教学和学习评价的诊断工具。教师和学习者可以协商，使用评分表中的哪些指标进行评价或自评。

3. 技能评价实施需要更多的理论研究予以支撑

目前的"1+X"证书制度在有关部委的强势推动下，各省、自治区、直辖市，各相关的职业院校乃至应用型本科院校都积极参与其中。其中有大量的财政资源投入（仅中央本级财政经费在 2019 年就安排了 12 亿元，各省还有配套，各个院校还有大量投入），有领导的重视，但是如果没有合适的理论支撑，没有开发出科学的测评工具，证书在预测工作绩效或者工作潜力方面效度不高，那么就会浪费大量的人力、物力、财力和时间。

要做好这些基础性工作，需要在审定相关发证机构的条件时，除了考查其基本的软硬件条件外，还应对其测评体系、测评试题、支持测评工作的理论模型进行实证研究，深入分析证书的效度，使经费投入可以得到期望的效果。按照教育学观点，科学的能力测评的基础，是在教育学理论基础之上建立科学的能力模型和测评模型[①]。"1+X"证书制度要想促进评价事业发展，在基础上推动校企合作和产教融合，提升人才培养质量，不能仅仅为了证书而测评，证书的含金量来自社会的认可度，社会的认可度来自测评结果的效度，测评结果的效度来自测评模型的科学性，科学的测评模型需要大量实证研究予以验证。本研究即为养老领域"1+X"证书制度实施的一种尝试。

4. 应做好技能评价相关工作与国家资历框架、衔接

技能评价可以为"1+X"证书制度实施提供支撑。"1+X"证书制度是一个跨越学历

---

① 赵志群，等. COMET 职业能力测评方法手册 [M]. 北京：高等教育出版社，2018：12.

证书和技能证书的体系，拥有资历框架的部分属性。为什么在学历证书之外还需要"X"证书？究其根源，是因为单纯学历证书提供给就业市场的信号不够充分，需要有其他的证书作为补充，从而向雇主发送更为充分的信号。在实践中，要想做好两者的衔接，需要处理好以下几种关系。

首先是"1"与"X"的关系，即"1"与"X"是交叉重叠还是完全独立。从设计上来看，"X"应该是"1"的补充，即两者之间应是独立的关系，但又不是完全独立，存在着部分交叉。

其次是"学分银行"的转化基础研究。目前政策中提出建立职业教育国家"学分银行"，对学历证书和职业技能等级证书所体现的技能进行登记、储存，进而开展认定积累和转换工作。互通、转化的基础除了硬件方面的登记、存储、转换等基础外，最关键的是两者之间在内容上具备相互转换的基础，即有共同的内核。目前仅仅提出转换，其具体依据什么转换，是时长还是其他？目前的基础研究并不足以支持它们之间的转换。如果两者之间的课程体系、测评体系有共同的逻辑基础，如都是在产教融合、校企合作的理念指导下，以典型工作任务作为"1"和"X"两类共同的理论基础，则可以将两个证书体系内分别涵盖的典型工作任务作为转换的基础。比如一个专业的学历证书共有 20 个典型工作任务，某个"X"证书涵盖了其中两个典型工作任务，则获证学生按照程序规定学习该专业的学历课程时，就可以直接获得该 X 证书涵盖的两个典型工作任务对应课程的学分，相关的课程或者模块可以免修。这样可以缩短修业年限，提升人才培养效率。

5. 职业技能标准的质量是否需要讨论

"X"证书理论上包括的教育部门认定的机构颁发的证书以及人力资源和社会保障部门认定的机构颁发的证书，以往教育学研究中，往往以人力资源和社会保障部门的"职业标准"作为"职业效度"的效标，无论是课程论证还是教育对接产业的情况，均以职业标准作为依托。在新的环境下，尤其在教育部门不断备案新的"X"证书的背景下，这些职业证书所依托的职业标准值得再思考，即对原来职业教育中的"前提"进行讨论。本研究仅依托竞赛平台进行了反思性研究，只对评价方式进行了实证研究，但职业标准的影响面更大，内容更加具体，应该在未来给予更大关注，并在此基础上建立证书、标准、评价机构的准入退出机制。

附件：本项目中采用的职业院校技能大赛养老服务技能赛项试题

【情境描述】

王丽奶奶，82岁，神志清楚，右侧偏瘫，长期留置胃管，于今日上午入住某养老机构301室2床。老人现平卧于床上，养老护理员于9时按新入院护理常规为老人测量体温，午餐时间到了，养老护理员协助老人进食，12时30分进餐完毕。护理员了解到老人每日午睡后需坐轮椅外出活动。

一、基础护理

试题1：为老年人测量腋下体温

（1）本题分值：100分

（2）考核形式：实操＋口述

（3）考核具体要求：①做好操作前的准备工作；②做好沟通工作；③按照操作流程，完成为老年人测量腋下体温的全过程；④做好操作后的整理工作；⑤掌握操作的注意事项。

（4）否定项：体温表折断，老年人受伤，该题不得分。

二、生活照料

试题2：为带鼻饲管的老年人进行进食照料

（1）本题分值：100分

（2）考核形式：实操

（3）考核具体要求：①做好操作前的准备工作；②做好沟通工作；③按照操作流程，完成通过鼻饲管进食的全过程；④做好操作后的整理工作；⑤掌握操作的注意事项。

（4）否定项：①操作过程中，泄露考生信息（地区、单位、姓名等），该题得"0"分；②鼻饲前，未进行抽吸见胃液的操作，即通过胃管喂水、喂饭，该题得"0"分。

三、康复训练

试题3：使用轮椅转运老年人

（1）本题分值：100分

（2）考核形式：实操＋口述

（3）考核具体要求：①能做好转移前的准备工作；②能够采用合理的沟通方式，取得老年人的配合；③能够正确辅助老年人坐立并转移至轮椅；④能够正确使用轮椅（转弯，上、下坡，上、下台阶，进、出电梯）转运老年人；⑤能够对老年人做好保护；⑥能掌握操作的注意事项

（4）否定项：①老年人在转移过程中跌倒，该题不得分；②从老人患侧上轮椅，该题不得分。

【评分标准】

一、基础护理

试题1 为老年人测量腋下体温实操评分标准表

项目总分	技术操作要求	扣分
步骤1 工作准备 与评估 （28分）	1.1 环境准备 口述：室内清洁（1分） 口述：温湿度适宜（1分） 口述：关闭门窗（1分）	
	1.2 护理员准备 口述：服装整洁（1分） 口述：仪容大方（1分） 口述加操作：七步洗手法洗净双手（1分） 口述：了解腋下体温正常值为36~37℃（1分）	
	1.3 物品准备 （1）口述：物品备齐（3分），少1件（2分），少2件以上（1分） 床、毛巾、治疗盘、清洁腋温计存放盒、腋温计消毒盒、纱布、记录单、笔、免洗洗手液 （2）口述加操作：检查体温计（2分）	
	1.4 老年人准备 （1）口述：老年人平卧于床上（1分） （2）口述：评估老年人神志清楚（2分）	

续表

项目总分	技术操作要求	扣分
步骤1 工作准备 与评估 （28分）	1.5 评估，与老年人沟通： 口述加操作：30分钟前有无进食冷、热饮（3分） 口述加操作：30分钟前有无做过剧烈运动（3分） 口述加操作：30分钟前有无洗过热水澡（3分）	
	1.6 解释说明 口述加操作：向老年人解释测量体温的目的，取得配合（2分） 要求态度和蔼，语言亲切（2分）	
步骤2 测量体温 （32分）	2.1 放入体温计，测量体温： 操作：携物至床前，老年人取平卧位（2分） 口述加操作：向老人问好，一手打开近侧盖被一角（1分） 操作：暴露老年人健侧肩、胸部（3分）	
	操作：解开衣扣（1分） 口述加操作：用毛巾擦干腋下汗液（3分） 口述加操作：右手持体温计，将水银柱甩至35℃以下（4分） 操作：双手配合将体温计水银端放于腋窝处（4分）	
	操作：体温计紧贴皮肤腋窝深处（4分） 口述加操作：嘱老人上肢屈臂过胸夹紧（4分） 备注：体温表折断，老年人受伤为否定项，全题不得分	
	操作：为老年人盖好盖被（3分） 口述：测量时间为10分钟（3分）	
步骤3 读取体温 （13分）	3.1 取出体温计，读数 口述加操作：向老年人解释，掀开近侧盖被一角（1分） 操作：取出体温计用纱布擦净体温计汗渍（2分） 操作：盖好盖被（1分） 操作：右手横拿体温计（2分） 操作：远离水银柱端（1分）	
	操作：慢慢转动（1分） 操作：眼睛与水银刻度在同一水平线上（3分） 口述加操作：读取数值37.5℃（2分）	
步骤4 整理用物 （9分）	4.1 用物处理、洗手记录 口述加操作：将体温计甩至35℃以下（注意周围环境）（1分） 口述：用75%医用酒精消毒30分钟（1分）	
	口述加操作：帮老年人系好衣扣整理床单位（1分） 口述加操作：询问需求，拉上床挡（1分）	
	口述加操作：七步洗手法洗净双手（1分） 口述加操作：记录；（时间、温度、老年人感受）（2分） 口述：立即向医生报告老年人的体温情况（2分）	

续表

项目总分	技术操作要求	扣分
注意事项（8分）	5.1 口述 甩体温计的操作范围在胸前（1分） 注意不要触及周围物品，以防破碎（1分） 5.2 口述 测量过程中告知老年人如果发生体温计滑落或脱位，应保持原体位不动（1分） 护理员应耐心寻找（1分） 避免体温计破碎误伤老年人（1分） 5.3 口述 一旦发现体温计破碎水银外流（1分） 护理员应立即戴口罩、手套（1分） 用硬纸收集包裹按医疗垃圾处理（1分）	
整体评价（10分）	1. 熟悉操作流程（2分）；动作准确规范（2分） 2. 有效沟通，语言亲切自然（2分） 3. 随时观察（2分）；准确把握测温时间（2分）	
合计得分		

裁判长： 裁判员： 核分员： 年 月 日

二、生活照料

试题2 为带鼻饲管老年人进行进食照料实操评分标准表

项目总分	技术操作要求	扣分
步骤1 工作准备 （14分）	1.1 环境准备（口述） （1）房间干净、整洁（1分） （2）空气清新、无异味（1分） 1.2 护理员准备（口述） （1）着装整齐（1分） （2）用七步洗手法洗净双手（1分） 1.3 老年人准备 （1）操作加口述：护理员站在床前，身体前倾，微笑面对老年人，评估，核对（1分） （2）操作加口述：评估胃管插入长度完好（1分） （3）操作加口述：检查胃管固定周围的皮肤情况（1分） （4）操作加口述：无口腔内盘旋与折叠（1分） （5）口述：询问老人是否需要排便（1分） 1.4 物品准备：物品备齐（5分），少1件（4分），少2件（3分），少3件以上（1分） 口述：物品准备完好，包括餐碗（内盛200ml鼻饲液）、水杯（内盛温水）、推注器1个、污物碗1个、弯盘2个、毛巾和餐巾纸、无菌纱布1块、笔和记录单、免洗洗手液	

续表

项目总分	技术操作要求	扣分
步骤2 核对沟通 （9分）	2.1 核对 （1）操作：护理车推至床头（1分） （2）口述：再次核对房间号、床号、姓名、性别（2分） （3）口述：核对饮食（1分） 2.2 沟通 （1）口述加操作：护理员附在老年人耳边唤醒老年人（2分） （2）口述加操作：做好解释，取得配合，态度和蔼，语言亲切（3分）	
步骤3 鼻饲前 准备 （12分）	3.1 摇高床头 （1）口述：护理员向老人解释需摇高床头（1分） （2）操作：摇高床头30°~45°（3分） 3.2 进餐前准备 （1）口述：护理员再次洗手（1分） （2）口述加操作：物品摆放合理（1分） （3）口述加操作：在老年人的颌下垫毛巾（2分） （4）口述加操作：颌下放弯盘（1分） （5）口述加操作：打开别针，打开胃管末端纱布（1分） （6）口述加操作：胃管末端放在颌下弯盘内，纱布放在治疗车污物碗内（2分）	
步骤4 检查胃管 （15分）	4.1 详细口述三种检查胃管是否在胃内的方法 （1）详述：观看气泡（3分） （2）口述：剑突下听诊（3分） （3）口述：抽吸见胃液（3分） 4.2 采用抽吸见胃液的方法 （1）口述加操作：用空推注器连接胃管末端（1分） （2）口述加操作：抽吸见胃液（1分） （3）口述加操作：将胃液推回（1分） （4）口述加操作：断开连接（1分） （5）口述加操作：推注器放在餐桌弯盘内（1分） （6）口述加操作：盖好胃管末端盖帽，放在颌下弯盘内（1分）	
步骤5 进行鼻饲 （30分）	5.1 测试温度 （1）口述加操作：用推注器抽吸少量温水，进行手腕内侧试温，温度适宜（2分） （2）口述加操作：用推注器抽吸少量鼻饲饮食，进行手腕内侧试温，温度适宜（2分） （3）口述：温度为38~40℃（2分） 备注：未测试温度，扣6分 5.2 初次进水 （1）口述加操作：用推注器抽吸20 mL温水（1分） （2）口述加操作：注入胃管润滑胃管（模拟）（1分） （3）口述加操作：断开连接，推注器放于桌面弯盘内（1分） （4）口述加操作：盖好胃管末端盖帽（1分）	

续表

项目总分	技术操作要求	扣分
步骤5 进行鼻饲 （30分）	5.3　初次进食 （1）口述加操作：用推注器抽吸鼻饲饮食 50 mL（1分） （2）口述加操作：打开盖帽，连接胃管（1分） （3）口述加操作：鼻饲液缓慢注入胃管，速度：10~13mL/min（2分） 5.4　再次进食 （1）口述加操作：注完后断开连接，盖好盖帽（1分） （2）操作：持推注器正确（1分） （3）口述加操作：反复抽吸、推注、每次鼻饲量不超过 200 mL（2分） 5.5　再次进水 （1）口述加操作：用推注器抽吸 50 mL 温水（1分） （2）口述加操作：连接胃管，以脉冲式方法，冲洗胃管管壁残渣（2分） （3）操作：断开连接，将推注器放在护理车上的弯盘内（1分） （4）口述加操作：提起胃管，让胃管内水分充分流入胃内（1分） （5）口述加操作：冲洗胃管末端，盖好盖帽（1分） 5.6　固定鼻饲管 （1）口述加操作：用新的无菌纱布包好胃管末端，固定在老年人枕边（2分） （2）口述：保持进食体位 30 分钟后再将床放平（2分） （3）口述：避免误吸（2分） 备注：鼻饲完毕立即放平床位，扣6分	
步骤6 整理记录 （8分）	6.1　整理用物 （1）口述加操作：护理员为老人擦净口鼻分泌物，撤下毛巾（2分） （2）口述加操作：整理床单（1分） （3）口述加操作：清洗灌注器及餐具备用（1分） 6.2　洗手、记录 （1）口述加操作：护理员洗手（2分） （2）口述加操作：记录鼻饲时间和量（2分）	
注意事项 （6分）	口述 （1）长期鼻饲老人做好口腔清洁（1分） （2）避免口腔、气管、消化道感染（1分） （3）老人鼻饲前后 30 分钟内禁忌吸痰（1分） 口述 （1）鼻饲老人用药在医生指导下粉碎（1分） （2）鼻饲过程中，观察老年人表现（1分） （3）发现有恶心、呕吐、胃液中混有咖啡样物，立即停止操作并报告（1分）	
综合评价 （6分）	（1）与老年人沟通要体现人文关怀（3分） （2）操作过程动作轻柔、准确、熟练、安全（3分）	
合计得分		

裁判长：　　　裁判员：　　　核分员：　　　年　月　日

第五章 COMET 职业能力测评实践案例

以上研究证明，高质量的技能评价应当采用"真实性"评价策略和情境考试题目，反映真实工作要求，关注认知和情感领域的内容；高技能人才评价需要更复杂的综合性方法，应当借鉴职业能力测评理论，按照教育测量技术要求建立测评模型，重点考查综合职业能力。本章报告开展的研究课题是 COMET 职业能力测评工作。本课题在 2021 年 6—9 月期间对自动化类、机械类、汽车类、计算机类和电子类 5 个重要制造业相关专业的 32 所职业院校的学生（包括毕业生）进行了 COMET 职业能力测评，在此基础上对技术技能人才职业能力成长特点以及能力发展影响因素和作用机制进行深入分析，从而为建立高质量的技能评价体系提供实证基础。测评邀请包括多家世界 500 强企业在内的行业龙头企业选派实践专家参与出题和评卷。

一、测评工具的选择与开发

（一）测评方案的选择

按照《国家职业教育改革实施方案》有关建立"1+X"制度的要求，"X"是"职业技能水平的凭证"，反映职业活动和个人职业生涯发展所需要的综合能力。以综合能力观为指导的职业技能评价应满足以下条件：①遵循职业能力自身的发展规律，充分考虑职业能力的特征，这就要求确保测评内容的职业性、真实性、情境性和开放性；②测评内容的设计必须有行业企业的参与，确保反映工作实际的真实要求，测评评价的是学生职业生涯发展所学的知识和技能；③满足心理测量质量要求，同时合理控制成本；④评价结果应有助于学校和企业等机构诊断职业能力发展的问题所在，不只是提供个人的成绩。

通常，学校内部教学质量评估或者技能考试都面临成本与质量的技术问题。COMET 职业能力测评（Competence Measuremet）的特点是：按照教育性目标和职业规范的双重要求，采用开放式测评任务，并以相关背景数据为基础分析参评者的职业认知特征。它追求的是"职业"的效度，而非"课程"或"教学标准"的效度，目的是为职业教育体系设计和质量控制提供实证依据，并帮助教师分析教学设计和实施中的问题，提供教学方法的支持。COMET 职业能力模型和测评模型介绍见第一章和有关文献。

（二）背景问卷开发

在职业能力测评的同时采用背景调查问卷搜集多方数据，可以进行深入的分析。COMET 职业能力测评在起始阶段，针对德国双元制职业教育的质量提出了双元制质量（Qualitätsprofile）模型[①]，其背景问卷搜集不同职业的培训生对双元制质量模型的主观评价，体现了他们对学校和培训企业的教学和环境以及校企合作水平的整体感知，问卷结构如表5-1所示。

表5-1 德国双元制质量问卷

量　表	操作性定义	项目示例	项目数	Cronbach's α 系数
工作过程导向	培训生对能否充分了解企业的上下级结构及生产流程，体会到生产部门、员工之间的衔接与合作的感知	我逐步了解了其他同事工作的内容和职责	7	0.83
培训质量	培训生对工作内容能否培养责任意识，反映日常工作要求和职业语境下广泛的职业行动领域中培训内容之间的联系的评价	实习企业把重要的工作任务交给我	5	0.79
培训支持	培训生对培训者（包括技术工人）是否愿意帮助、指导他们的感知	我可以从培训人员那里学到很多	4	0.77

---

① Rauner F. Ausbildungsberufe：Berufliche Identität und Arbeitsethik[M]. Münster：LIT Verlag. 2019：89.

续表

量 表	操作性定义	项 目 示 例	项目数	Cronbach's α 系数
学校氛围	培训生对学校、班级和课堂支持学习的环境的感知	班上同学经常扰乱课堂秩序	5	0.71
教学质量	培训生对教师的教学水平,包括教师与其他教师合作行为的评价	老师共同商讨教学设计及实施的问题	6	0.84
教师支持	培训生对教师关心、尊重、理解并在学习方面帮助他们的感知	老师对学生负责	4	0.83
校企合作（组织）	培训生对企业和学校在组织形式上的合作情况的评价	学校和企业保持良好的合作关系	4	0.64
校企合作（内容）	培训生对企业和学校在教学内容上的合作情况的评价	学校课程和企业实习内容能很好地衔接	5	0.89

该问卷由职业院校、培训企业和校企合作3个方面、8个量表构成,职业院校方面包括学校氛围、教学质量、教师支持3个量表,企业方面包括工作过程导向、培训质量、培训支持3个量表,跨组织合作方面有校企合作（内容和形式）量表。问卷充分考虑了企业实践的重要性,把学校教学和企业实践对职业能力发展的影响加以区别,这对我国以学校教育为主的教学制度并不完全适用,对此,我们依据我国学校教育的实际情况进行修订。

1. 职校学生职业能力影响因素的多层次框架

参考教育心理学对人的发展的影响因素的研究,特别是中国著名教育家叶澜对人的发展的影响因素的分类,把职业能力发展的影响因素分为个人条件、环境条件和发展活动三类[①]。依据情境学习理论,职校学生的学习包括在真实或模拟的工作情境中,进行个人或集体（共同体）的,以获取专业知识、提升职业技能和发展职业能力为目的的,各种正规、非正规和非正式的活动。职业能力发展的本质是基于工作的学习,探究职业能力发展的影响因素必须考虑基于工作的学习的复杂性。

专业课教学和企业实习是职校学生专业学习活动的两种主要形式,其内容、组织、场所、环境都不相同。为了系统分析职校学生学习过程中对职业能力产生影响的各类因

---

① 叶澜.教育概论[M].北京：人民教育出版社，2006：174-220.

素，本研究构建了职校学生能力发展影响因素的理论模型，如图 5-1 所示。

模型分为环境/组织—活动—个人三个层次，依次位于模型的底部、中部和顶部。模型左边为学校要素，右边为企业要素，学生、教师、企业人员和校企合作构成的区域表示了职校学生的职业工作与专业学习的活动空间，学校和企业中进行的发展活动的媒介分别以课程和任务为主。职校学生在学校和实习企业的身份分别是"学生"和"实习生"。在学校，学生的学习活动以参与教师主导的专业课程（理论课、实训课、理实一体化课程等）教学为主；在企业，实习生的职业工作以完成企业的生产性任务为主，企业专业人员以非正规或非正式形式提供指导和帮助。该模型关注基于工作学习的基本特征，强调学校和企业协同育人的重要性。

2. 职校学生职业动机的理论模型

根据学生职业能力发展影响因素的理论模型，在个体层次，学生在职业能力发展过程的主观能动性对职业能力发展产生了重要影响。德国职业教育专家菲利克斯·劳耐尔及其团队结合职业教育学和工业心理学的相关研究，提出认同感、承诺和工作道德的扩展理论模型，旨在解释职业认同感、职业承诺、企业认同感、企业承诺和工作道德的复杂关系（图 5-2）。该模型认为，各因素之间存在多种相互影响的关系。正如职业伦理和工作道德的差异，职业认同感和企业认同感及其相应的职业承诺和企业承诺的区分对职业教育研究也具有理论价值。

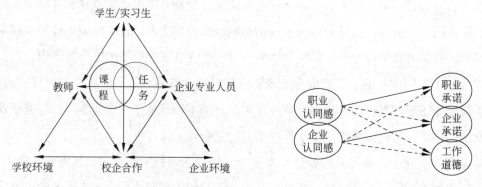

图 5-1 职校学生能力发展影响因素的理论模型　　图 5-2 认同感、承诺和工作道德的扩展理论模型[①]

---

① Rauner F, Frenzel J, Heinemann L, et al. Identität und Engagement：ein Instrument zur Beschreibung und zum Messen beruflicher Identität und beruflichen Engagements[R]. Bremen：Univ. Bremen IBB. 2016.

职校学生具有"学生"和"实习生"双重身份，其职业动机的动力来源多元化，既包括外部诱因刺激产生的动机，也包括自身能力发展的基本需求，具有经济性、职业性、社会性、发展性和自主性特点。以自我决定理论和认同感、承诺和工作道德的扩展理论模型为基础，构建职业动机的理论模型，如图5-3所示。

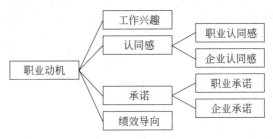

图 5-3 职业动机的理论模型

职业动机由工作兴趣、认同感、承诺和绩效导向四个因素构成，其中认同感和承诺分别包含了职业和企业两种形式。工作兴趣不完全是与生俱来的好奇心和求知欲，而是对"工作"产生的内在需求。认同感是指人们承认和肯定某事物的价值和作用的主观判断，指接纳某类职业或者组织赋予的身份和角色并肯定其价值的主观倾向。承诺建立在认同感的基础上，是一种愿意承担责任、履行义务的积极态度和情感联系，具体指愿意承担某类职业或组织相关工作的责任并履行相应的义务的心理状态。绩效导向是职业动机中唯一的、受外部奖赏刺激产生的动力来源。

本研究以职业能力影响因素的多层次框架以及职业动机理论模型为基础，在COMET原背景问卷和PISA历年背景问卷基础上设计有关职业能力影响因素的背景问卷。

二、测 试 过 程

（一）COMET 职业能力测评

课题组和服务型制造研究院于 2021 年对全国制造业 5 个重要相关专业领域（自动化、机械、汽车、计算机和电子技术）职业院校学生开展的大规模职业能力测评工作，测评流程如图 5-4 所示。

图 5-4 COMET 测评流程图

1. 出题

2021 年 5 月 25 日召开为期一天的实践专家研讨会，邀请 14 名长三角地区相关代表性企业（如宇视科技、贝因美、老板电器等）的实践专家（自动化类 3 人、电子类 3 人、机械类 4 人、计算机类 4 人）和三位方法专家共同完成出题工作。实践专家为企业技术骨干，具备丰富的一线专业岗位工作经验，深知企业实际用人需求，以确保试题的职业效度。实践专家在方法专家的指导下，以专业类别分组完成出题。汽车类试题直接从已经通过质量检验的 COMET 测评试题库中选取。出题会上完成 3 道自动化类试题、3 道电子类试题、4 道机械类试题和 4 道计算机类试题。

出题会结束后，方法专家对所有试题的内容效度进行综合评估，同时参考其他未参与出题的企业实践专家的意见，择优选择 1 道试题用于正式测评。内容效度重点主要考虑：试题开发基础是不是一个职业的典型工作任务；典型工作任务的代表性、真实性、重要性如何；难度是否适合参评对象相应的能力水平，是否符合职业标准与规范；试题能否涵盖 COMET 职业能力模型的所有指标。

2. 抽样

职业能力测评处于动态发展过程中，最佳测评时间是学生完成学业之时，这意味着理想的测评对象是职校应届生。他们已经积累了一定的企业实习经验，整体能力得到相对充分的发展。

采用学校层面目的性抽样和学生层面以班级为单位的整群抽样相结合的方式。分别选择中、西、东部的"双高计划"和非"双高计划"高职院校、来自中部和东部的技师学院，以及少数其他类型学校。正式参加测评的学校有 32 所，来自全国 14 个省（直辖市/自治区），包括应用型本科 1 所、高职院校 24 所、技师学院 4 所、中职学校 3 所[①]。学生层面由各校以班级为单位进行整群随机抽样。大部分学校只组织了毕业班学生参加测评；1 所高职院校同时参加了所有专业类别的测评，且每类专业均组织了毕业班和高年级非毕业班学生参加；1 所高职院校在电子类专业和 1 所技师学院在计算机类专业只组织了高年级非毕业班学生参加测评；中职学校参评学生大部分是高年级非毕业班学生。

3. 施测

测评实施包括教师培训、学生培训和学生测试三个环节。2021 年 6 月 10 日以线上线下相结合的形式召开了参评院校教师培训会，向各参评学校测评负责人介绍测评实施的具体要求。在学生参加测评前，要求各校针对测评的形式、特点以及注意事项对学生进行培训，重点说明试题的开放性特点和作为评分依据的能力指标的基本含义。正式测评按专业类别以学生所在院系或企业为单位在 6—9 月期间陆续开展。参评学生需在 120 分钟内完成一道开放式情境性综合任务的方案制定，并完成背景情况调查问卷，测评以开卷形式进行。参加测评学生总计 1541 名，其中 1472 名学生完成职业能力测评试题。除去作为对照组的应用型本科院校学生，电子类专业参评学生只有 91 名，应届生占比仅为 4.4%。应用型本科和中职学校都只参加了部分专业类别的测评。

4. 评分

2021 年 10 月 12 日，COMET 测评评分培训会在北京召开。11 名高职院校教师和 12 名来自多家世界 500 强企业的专业人员共同完成评分，他们均具备丰富的专业工作经验。为保证评分的客观性，所有答卷在正式评分前会经匿名化处理。所有评分者首先必须通过专门集中培训，经 3~4 轮评分训练，评分者一致性满足要求后，才可以进入在线评分系统进行独立、匿名评卷。在评分者培训环节，各专业组的评分者就解题空间、标准评分表和评分标准达成共识。正式评分工作历时一周，最终评分结果采用双人平均分。并且，会采用在线评分系统辅助评分工作和数据管理，避免因人工原因造成不必要

---

① 应用型本科和中职学校是本次职业能力测评的对照组，中职学校均为中德政府合作项目，是优秀的中职学校代表。应用型本科只参加电子类测评，中职学校只参加自动化和汽车类测评。

的数据污染。

采用 FINN 系数评价评分结果的一致性[①]。正式评分数据的一致性系数检验结果显示，自动化、机械、汽车、计算机、电子组评分者信度 FINN 系数分别达到 0.88、0.88、0.87、0.83 和 0.90，说明评分者一致性比较理想（0.5 以上合格，0.7 以上良好）。

（二）背景问卷调查

本研究进行了严谨的背景问卷调查。首先确定三个方面的职业能力影响因素，包括个人背景、职业动机和校企环境。以网络形式向学生个体发放并回收问卷。为了尽可能全面搜集问题可能的选项，使用了部分开放式问题。正式问卷的问题全部为封闭式问题。为了便于进行数据统计分析，问卷采用结构化问卷形式。背景问卷设计开发的流程如图 5-5 所示。

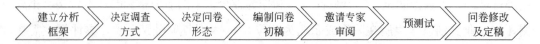

图 5-5　问卷设计流程图

1. 设计初稿

首先根据研究问题建立分析框架，确定研究变量，再将变量进行操作化，并列出所有的研究项目。问卷以职校学生职业创造性的影响因素为主题，涉及学校和学生两个水平、内外两个维度的潜在影响因素和控制变量，包括基本信息、个人背景和环境因素，基本信息涉及学生家庭、学校、实习背景和其他个人背景，影响因素由多个量表构成。量表采取李克特 5 点量表，态度、看法、观点类项目从"完全不认同""比较不认同""一般""比较认同""完全认同"依次记为 1 分、2 分、3 分、4 分、5 分；行为类项目从"从不这样""有时这样""一般""经常这样"和"总是这样"依次记为 1 分、2 分、3 分、4 分、5 分。

2. 专家审阅及完善

采用专家评判法评估内容效度：邀请职业教育研究专家审阅和评估量表实际内容与

[①] Asendorpf J, Wallbott H G. Maße der Beobacherübereinstimmung：Ein systematischer Vergleich[J]. Zeitschrift für Sozialpsychologie. 1979, 10：243-252.

研究计划获取内容的一致性。专家提出的很多建议，如量表应考虑学生在学习过程中所处环境的特殊性；内部动机和外部动机是动机在宏观层面的两个独立的分类，不适合和认同、承诺维度处于一个水平；工作过程导向有丰富的内涵，单维度量表结构很难完全涵盖其内容；应区分"实习实训支持"和"教师支持"量表，因为"实习实训支持"对职校学生有特殊的意义，等等。

根据专家建议对量表进行了修改和增补，如参考PISA2018背景调查问卷，重新设计"差异化教学"的项目，新增"教学创新"变量及其相关项目；把原职业动机量表"内部动机"维度修改为"工作兴趣"，"外部动机"维度修改为"绩效导向"；为分析学校和企业整体氛围对学生能力发展的影响，新增"学校实践氛围"和"企业学习氛围"两个变量，以"学校实践氛围"替换原有的"班级氛围"；把"工作过程导向"精简为"工作导向"，强调以工作的逻辑组织学习活动，并从工作组织、要素、要求等方面修改相关项目；明确"教师支持"的对象特指学校专业课教师，"实习实训支持"的对象特指实训课教师和企业师傅或其他可以指导实习生的企业专业人员。

3. 预测、修订与检验

（1）预测对象

预测采用方便抽样，对广西、北京、黑龙江、浙江、江苏共8所高职院校的大学二年级及以上学生进行调查。通过网络发放并回收问卷1323份，其中有效问卷861份，问卷有效率65.1%。以量表为单位对预测数据进行项目分析和因素分析。有效问卷中有411人有企业实习经历，剩余450人没有企业实习经历。缺少实习经历的学生缺失企业认同感、企业承诺，以及对企业学习环境的认识不深刻。选择411份有实习经历的数据用于探索性因素分析（EFA）。

（2）预测量表与项目

以职业动机的理论模型为测量框架，借鉴认同感、承诺和工作道德的扩展理论模型④、迈尔（J.P. Meyer）等开发的企业承诺量表[①]、布劳（G.J. Blau）等的职业承诺量

[①] Meyer J P, Allen N J. A three-component conceptualization of organizational commitment[J/OL]. Human Resource Management Review. 1991. 1(1)：61-89. https://doi.org/10.1016/1053-4822(91)90011-Z.

表①、艾马贝尔（T.M. Amabile）的工作动机量表②构建具体的问卷项目。预测问卷包含职业动机量表和工作道德量表，职业动机量表包括6个维度，36个项目；工作道德量表是单维度量表，改编自劳耐尔及其团队的量表4。对原量表进行了如下修改：①为降低量表项目间的异质性，删除了原量表中表示工作美德的项目，并增设两道对上级指令绝对性服从的项目；②增设反映工作道德绩效导向特征的相关行为的两道项目。因此本研究的工作道德量表包括6个项目。

职业动机属于职业能力影响因素的多层次分析框架的内部因素，在外部因素方面，针对学校环境人文的测量工具综合参考了大学课堂环境问卷（CUCEI）③和课堂环境调查问卷（WIHIC）④、PISA2018背景问卷⑤中有关教师教学的项目和德国双元制质量问卷有关学校环境和教学的项目，包括教师支持、教学创新、课堂互动、差异化教学4个量表。针对学校环境的测量工具综合参考了邱皓政的（学校）组织创新气氛量表（COCI）⑥和塞尔兹尼克的学校环境量表⑦的学校支持和院系支持维度，形成学校实践氛围量表。针对企业的环境变量的测量工具主要参考了双元制质量问卷④有关企业培训的项目和刘云等人的组织创新气氛量表⑧，包括实习实训支持、工作导向、任务特征3个量表，其中任务特征量表是多维度量表。针对企业环境的测量工具，参考了艾曼贝尔的创造氛围

---

① Blau G, Paul A, St. John N. On Developing a General Index of Work Commitment[J/OL]. Journal of Vocational Behavior. 1993. 42(3)：298-314. https://doi.org/10.1006/jvbe.

② Amabile T M, Hill K G, Hennessey B A, et al. The Work Preference Inventory：assessing intrinsic and extrinsic motivational orientations[J]. Journal of personality and social psychology. 1994. 66(5)：950-967.

③ Fraser, B.J., Treagust, D.F. Validity and use of an instrument for assessing classroom psychosocial environment in higher education. High Educ 15. 37-57 (1986). https://doi.org/10.1007/BF00138091

④ Aldridge J M, Fraser B J, Huang T C I. Investigating Classroom Environments in Taiwan and Australia With Multiple Research Methods[J/OL]. The Journal of Educational Research. 1999. 93(1)：48-62. https://doi.org/10.1080/00220679909597528.

⑤ OECD. PISA 2018 national questionnaires [EB/OL]. 2020. https://www.oecd.org/pisa/publications/pisa-2018-national-questionnaires.htm.

⑥ 邱皓政，陈燕祯，林碧芳. 组织创新气氛量表的发展与信效度衡监[J]. 测验学刊. 2009，56(1)：69-97. DOI：16094905-200903-201104190020-201104190020-69-97.

⑦ Selznick B S, Mayhew M J. Developing First-Year Students' Innovation Capacities[J]. The Review of Higher Education. 2019. 42(4)：1607-1634.

⑧ 刘云，石金涛. 组织创新气氛与激励偏好对员工创新行为的交互效应研究. 管理世界. 2009，(10)：88-101.

评估量表（KEYS）① 的充足资源和压力两个维度的项目，形成企业学习氛围量表。校企合作氛围量表直接采用了双元制质量问卷④的多维度量表，详见表 5-2。

表 5-2 职业能力影响因素的预测问卷

量　　表	维　　度	项目数	操作性定义
职业动机	职业认同感	6	人们为将来从事某类职业做准备，开展职业工作的专门性活动的内部心理倾向
	职业承诺	7	
	企业认同感	7	
	企业承诺	6	
	工作兴趣	6	
	绩效导向	4	
工作道德	—	6	不与具体工作内容发生联系的、无条件服从工作要求的、抽象的美德
教师支持	—	6	学生所感知的学校专业课教师对其学习和生活方面给予的关心和帮助
教学创新	—	5	专业课教师在采用多样化的学习材料、媒介和方法开展教学的频次
课堂互动	—	6	专业课上自身与老师和同学，以及学生之间、学生和老师之间的沟通交流的频次
差异化教学	—	3	专业课教师立足学生的个体差异、满足学生的个性化需求和促进其发展的相关教学行为的频次
学校实践氛围	—	5	学生对学校为学生参加社会实践活动提供精神和物质层面的支持的共享心理知觉
实习实训支持	—	4	学生所感知的企业师傅等企业专业人员和实训课老师在其实习实训过程中给予的关心和帮助
工作导向	—	5	学生对实训课和企业实习期间完成的工作（学习）任务的内容在多大程度上完整地反映工作的要素（工作对象、工作流程、劳动组织结构等）的评价
任务特征	自主性	6	学生对实训课和企业实习期间完成的工作（学习）任务的内容的自主性、综合性和专业性程度的评价
	综合性	8	
	专业性	3	
企业学习氛围	—	5	学生对实习企业提供有利于开展职业学习的条件和资源的共享心理知觉

---

① Amabile T M, Conti R, Coon H, et al. Assessing the Work Environment for Creativity[J/OL]. The Academy of Management Journal. 1996, 39(5)：1154-1184. https://doi.org/10.2307/256995.

续表

量表	维度	项目数	操作性定义
校企合作氛围	形式合作	4	学生对学校和企业在内容和形式两方面的合作程度的共享心理知觉
	内容合作	4	
共计	—	105	—

4. 问卷质量分析

首先对预测问卷进行信度分析，然后依次进行项目分析和因素分析，最终确立满足心理测量技术要求的正式问卷。

（1）信度

信度是指测量结果的稳定性。信度评价结果反映了测量过程中的随机误差，是效度的前提条件。采用 SPSS 22 分别计算量表分维度和整个量表的内部一致性 α 系数。企业实习氛围量表和工作道德量表的内部一致性 α 系数略低，分别为 0.67 和 0.77，其余各（分）量表的内部一致性 α 系数均超过 0.8，信度表现良好，所有（分）量表均满足要求。企业实习氛围量表信度较低是因为有一道反向题（IE4R）数据表现不理想，将在项目分析中进一步讨论。

（2）项目分析

项目分析包括区分度（极端组比较法）、项目与量表相关性、同质性检验。使用 SPSS 22 进行项目分析，具体各项分析内容的评判标准如下：作为极端值临界比值的 t 统计量若未达到显著水平或小于 3.0，则项目的鉴别度较差，可考虑删除；项目与总量表的校正相关系数若小于 0.5，则此题与其余项目测量的行为或心理特质的同质性不高，可考虑删除；项目删除后，其余项目内部一致性 α 值若明显变大，则此题误差很大，稳定性较差，可考虑删除；共同性表示项目能解释共同因素（总量表）的变异量，共同性数值若小于 0.2，则项目对共同因子的解释有限，可考虑删除；因子负荷量表示项目与共同因素相关的程度，使用主成分分析法，若小于 0.45，则项目与共同因素的关系不紧密，可考虑删除。

① 职业动机量表。反向题除了 PC1R 以外，PC5R 和 OI2R 的分析结果显示，其与总分的相关性不高，说明这两项与其他项目同质性不高；PO4R 在转换分数后与总分负相关性，说明 PO4R 与绩效导向维度的其他项目不同质，因此这三题在后续分析中予以删除。

② 工作道德量表。WE3 的高、低分组的均值分别为 2.73 和 2.58，极端组比较差异

不显著；WE6 的项目分析的 5 项结果不满足要求，这两题予以删除。"我小心应付以减少工作失误"（WE5）因共同性和因子负荷量都明显低于其他项目，予以删除。

③ 教师支持量表。虽然所有项目经检验满足要求，但 TS6 的因子负荷量明显低于其他项目，说明 TS6 与 6 道题共同形成的构念的关系不如其他项目紧密。具体来看，TS6 在 TS4 和 TS5 的基础上，对教师参与校企合作的经历提出更高的要求，在目前的教育实践中，这个要求经常难以满足，这对学生的客观评价也造成了困扰。综上，TS6 予以删除，其他项目保留。

④ 企业实习氛围量表。IE4R 反向计分后与量表总分负相关，高分组和低分组的组平均分分别为 2.19 和 2.85，独立样本 T 检验结果差异显著。这道题表述不清楚，学生对"工作任务"的理解存在歧义。设计 IE4R 的初衷基于以下假设：在实习氛围良好的实习单位，学生可以参与多种工作。"实习期间，我有机会做不同的工作，并且用到多种知识和技能。"（IE5）是 IE4R 的进一步的具体描述，检验结果符合要求。综上，IE4R 予以删除。该量表删除 IE4R 后的内部一致性 α 系数为 0.921。

教学创新、课堂互动、差异化教学、实习实训支持、工作导向、任务特征、学校实践氛围和校企合作氛围量表经检验所有项目满足要求，全部保留。

（3）探索性因素分析。探索性因素分析的目的是探索各量表的理论结构与数据观测值的相符程度，并探索问卷结构简化的可能。探索性因素分析方法有极大似然估计（ML）、主轴法（PAF）等，所有量表项目的偏度和峰度绝对值分别在 1 和 2 以内，符合使用 ML 的条件[①]，因此本研究使用 MPLUS 8 采用 ML 法进行探索性因素分析。

考虑到只有具备实习经历的学生才具备完整的职业动机，预测这部分学生样本量只有 411 份，验证性因素分析必须在不同样本中进一步验证探索性因素分析得到的量表结构，同时样本量需要为变量的 5~10 倍，因此预测阶段只能进行探索性因素分析，职业动机量表的验证性因素分析在正式测试中进行。

对于任务特征和校企合作氛围量表，将预测总样本随机分为 431 和 430 两部分，分

---

① Finney S J, DiStefano C, Hancock G R, et al. Non-normal and categorical data in structural equation modelling[M]//Hancock G R & Mueller R O eds. Structural equation modeling: A second course. Greenwich, CT: Information Age Publishing. 2006. 269-314.

别用于探索性和验证性因素分析。在进行因素分析之前,检验职业动机量表、任务特征量表和校企合作氛围量表的整体效度,三个量表的 KMO 检验结果分别为 0.96、0.95 和 0.95,全部大于 0.5;职业动机量表(x^2=12803.05,df=528,$p<0.001$)、任务特征量表(x^2=9036.24,df=136,$p<0.001$)和校企合作氛围量表(x^2=4564.515,df=28,$p<0.001$)的 Bartlett 球形检验结果都达到了显著水平,说明三个量表内各项目存在模式化关系,适合进行因素分析。

考虑到多维量表的维度存在不同又相互关联的情况,探索性因素分析采用了斜交因子模型,在确定因子保留个数时同时参考平行分析结果[①]和模型拟合优劣。平行分析中当真实数据特征值小于一组随机矩阵的平均特征值,表示相应因子没有保留价值。

① 职业动机量表。平行分析结果表明,职业动机应保留 4 个因子,职业动机的理论模型构建了职业认同感等 6 个维度。比较 4-6 因子模型的各项拟合指数和因子负荷矩阵发现,六因子模型的数据结构与理论差异很大,因此不作考虑。根据探索性因子负荷矩阵的提示,进一步删除因子负荷较低的项目并观察量表结构,此时四因子模型的拟合情况与五因子模型差异不大,五因子模型较四因子模型没有形成理论可以解释的新因子。综上,将初始量表中职业认同感和职业承诺、企业认同感和企业承诺构成的新因子分别命名为"职业认同与承诺"和"企业认同与承诺",修订后的职业动机量表包括 4 个维度,和平行分析结果一致。

② 任务特征量表。平行分析结果表明,任务特征应保留 2 个因子。随着因子数量增加,不同因子模型拟合指数得到改善。虽然四因子模型的各项模型拟合指数最佳,但是较三因子模型而言模型拟合改善幅度趋缓,最重要的是四因子模型的因子 4 没有明确归属的项目。因此选择三因子模型,与理论模型的因子数相同。删除跨负荷型的项目,并调整少数项目归属后,确立符合任务特征的三因子模型。

③ 校企合作氛围量表。平行分析支持校企合作氛围量表是单维量表。但是二因子模型拟合评价指数明显优于一因子模型。二因子模型因子负荷矩阵显示,各项目归属因子情况与理论假设的因子结构高度符合,只是 SCC4 被划分到内容合作维度。在我国目

---

① Henson R K, Roberts J K. Use of exploratory factor analysis in published research:Common errors and some comment on improved practice[J]. Educational and Psychological measurement. 2006, 66(3):393-416.

前校企合作实践中，就学生实习实训展开合作是最常见的形式。虽然项目表述中没有明确具体的合作领域（例如实训课或实习项目开发），但是已经涉及实质性合作的具体内容。因此，需要采纳数据结论，把 SCC4 从形式合作维度划到内容合作维度，并在验证性因素分析检验其效度。

（4）预测和正式测评的验证性因素分析

使用另外预测的 430 份数据、正式测评数据分别验证任务特征量表和校企合作量表、上述三个量表的探索性因素分析结果与数据的匹配程度，分析软件 Mplus 8，分析方法为 ML。

① 任务特征量表。使用预测数据进行验证性因素分析的初始模型拟合指数并不理想，参考修正指数的结果，删除归属模糊的 TC_P1。当 TC_A5 和 TC_A6、TC_C7 和 TC_C8 相关时，拟合指数得到很大改善。所有维度的 AVE 值大于 0.6，说明各项目一致地解释了所归属因子，量表的聚合效度良好；CR 值均大于 0.8，说明维度合成分可靠性较高；AVE 平方根值都大于该因子与其他因子的相关系数，说明各维度得到很好的区分，即区分效度良好。使用正式测评数据进行验证性因素分析，结果显示双因子模型明显优于斜交因子模型和二阶模型（如表 5-3 所示），说明量表能够很好地反映全局因子"任务特征"的内涵。基于双因子模型计算量表的合成信度为 0.97，同质性系数为 0.93，表明任务特征量表总分数可靠性良好，所有项目测量特质的同质性程度很高。

表 5-3　任务特征量表三因子 CFA 模型拟合指数（N=961）

Model	x^2	df	TLI	CFI	AIC	BIC	SRMR	RMSEA(90% CI)
斜交因子模型	842.692	74	0.950	0.959	22349.828	22576.848	0.030	0.095[0.089-0.101]
双因子模型	625.785	63	0.957	0.970	22154.921	22437.435	0.022	0.088[0.082-0.095]
判标准则	—	—	>0.9	>0.9	—	—	<0.08	<0.1

② 校企合作氛围量表。使用预测数据进行验证性因素分析的模型拟合评价指数的 RMSEA 值过大，根据 MI 修正指数提示，当允许 SCCC1 和 SCCS3 相关时，拟合指数得到很大改善。所有维度的 AVE 值大于等于 0.6，说明各项目比较一致地解释了所归属因子，量表的聚合效度良好；CR 值均大于 0.8，说明维度合成分可靠性较高。"内容合作"的 AVE 平方根值大于与"形式合作"的相关系数，但是形式合作的 AVE 平方根小于与

内容合作的相关系数，说明"校企合作氛围"更多的由内容合作维度决定，内容合作和形式合作的区分效度不佳。因此校企合作氛围修订为单维量表，包含 8 个项目。

③ 职业动机量表。使用正式测评数据进行验证性因素分析的模型拟合评价指数详见表 5-4。斜交因子模型 SRMR 值优于双因子模型和二阶模型，其他模型指标满足基本要求。所有维度的 AVE 在 0.72~0.81，说明各项目一致地解释了所归属因子，量表的聚合效度良好；CR 值均大于 0.8，说明维度合成分信度良好。AVE 平方根值都大于该因子与其他因子的相关系数，说明各维度得到很好的区分，即区分效度良好。

表 5-4 职业动机量表四因子 CFA 模型拟合指数（N=961）

Model	x^2	df	TLI	CFI	AIC	BIC	SRMR	RMSEA(90% CI)
斜交因子模型	2372.596	293	0.916	0.924	45747.145	46116.361	0.046	0.085[0.082-0.088]
双因子模型	2029.615	273	0.925	0.936	45439.015	45896.140	0.102	0.081[0.078-0.084]
判标准则	—	—	>0.9	>0.9	—	—	<0.1	<0.1

根据预测数据情况，除了修订量表以外，还进一步优化了问卷其他项目的内容、项目和表述。比如预测结果反映，学生常把"实习"泛化理解为包括专业相关的正式实习和无关专业的社会实习实践在内的所有活动，因此在正式问卷中明确强调"在校期间""专业相关"这些条件。根据实习企业类型、找实习的途径、先前教育背景、招生录取方式等项目的"其他"项完善问卷选项，根据预测数据的频率分布合并或删除部分选项，例如调整了实习时长的选项。招生录取方式地域差异性较大，不少学生无法准确作答，因此在正式问卷中删除该项目。《国家职业教育改革实施方案》规定原则上顶岗实习时间应为 6 个月，参照该标准将实习时长修改为 6 个月及以内和 6 个月以上。正式问卷的量表详见附录。

三、测评结果分析

（一）学生职业能力现状

1. 参评院校及学生基本情况

参评院校共 32 所，包括高职高专 24 所、技师学院 4 所、中职学校 3 所，应用型本科 1 所，如表 5-5 所示。应用型本科为某南方省会城市的工科高校，中职学校是位于西南部中德合作项目的优秀学校代表。

表 5-5　参评院校（系）的基本情况

专业类型	学校类型	数量	专业名称	专业类型	学校类型	数量	专业名称
自动化类	技校	1	数控技术	机械类	技校	1	数控技术
	"双高计划"高职院校	3	机电一体化技术、电气自动化技术、工业机器人技术、机械制造与自动化技术等		"双高计划"高职院校	3	机械制造与自动化技术、数控技术、机械设计与制造等
	非"双高计划"高职院校	12			非"双高计划"高职院校	5	
	中德合作项目中职学校	2	机电一体化技术、工业机器人技术	汽车类	技校	1	汽车维修
计算机类	技校	3	计算机网络应用技术		"双高计划"高职院校	4	汽车检测与维修技术
	"双高计划"高职院校	4	计算机应用技术、计算机网络技术、大数据技术与应用、软件技术、移动应用开发等		非"双高计划"高职院校	2	
	非"双高计划"高职院校	3			中德合作项目中职学校	2	汽车维修
电子类	"双高计划"高职院校	4	电子信息工程技术、物联网应用技术	总计		32	/
	应用型本科院校	1	电子信息工程				

说明：相同院校不同专业类别分别计算。

能力测评与背景问卷调查分别进行，两种数据来源的样本数量有所差异[①]，各院校及学生参测情况详见表 5-6。

表 5-6　高职（专科）院校参评学生的基本情况

分类	项	人数	百分比（%）	分类	项	人数	百分比（%）
性别	男	1157	87.5	专业	自动化类	387	41.0
	女	165	12.5		机械类	253	26.8
院校类型	技师学院	123	9.3		汽车类	304	32.2
	"双高计划"院校	720	54.5		计算机类	287	21.7
	非"双高计划"院校	479	36.2		电子类	91	6.9

---

① 据背景问卷数据统计，高职/专科院校参评学生 1322 名，中职生 110 名，本科生 19 名。

续表

分　类	项	人数	百分比（%）	分类	项	人数	百分比（%）
学制	全日制专科或中高职衔接	1150	87.0	生源地	河南	500	37.8
	专升本或专本连读	49	3.7		湖北	121	9.2
	高级工或技师	123	9.3		辽宁	114	8.6
入学前教育背景	普高毕业生	866	65.5		浙江	88	6.7
	中等职业学校毕业生 a	423	32.0		重庆	76	5.7
	初中毕业生	33	2.5		四川	73	5.5
实习与否	是	1087	82.2		山西	70	5.3
	否	235	17.8		广东	65	4.9
实习时长	6个月以上	714	65.7		内蒙古	57	4.3
	6个月及以内	373	34.3		安徽	42	3.2
年级	应届毕业生	1057	80.0		其他	116	8.8
	在校生	265	20.0		总计	1322	100

说明：中等职业学校包括职高、中专和技校。

82.2%的参评学生在校期间有实习经历。总体上来看，44%和27%的学生在校期间在大中型非国有企业和小微型企业实习。自动化类、机械类、汽车类和电子类专业学生最常见的实习单位是大中型非国有企业，占比分别为50%、45%、42%和57%；计算机类专业学生最常见的实习单位是小微型企业，占比44%，如图5-6所示。

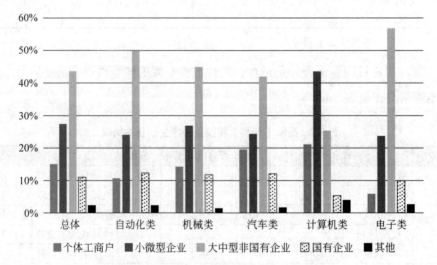

图5-6　学生实习企业类型的比较（$N=1087$）

说明：统计范围包含非应届毕业生的学生。

65.7%的学生在校期间实习时间超过6个月,自动化类、机械类、汽车类、计算机类和电子类学生在校期间实习最长超过6个月的占比分别为66.3%、65.3%、72.2%、59.4%和71.2%。计算机类专业学生实习最长时间为一周以内的占比高达10.3%,该专业学生找实习单位的主要途径是自己找,实习质量相对不高。

2. 职业能力总体特征

(1) 职业能力得分情况

COMET测评对任务解决方案的解释和评价按照由4个能力级别的8个能力指标组成的指标体系进行,8个指标分别是:"直观性/展示""功能性""使用价值和可持续性""经济性和效益""工作过程和企业生产(经营)流程导向""环保性""社会接受度(责任感)"和"创造性",如图5-7所示。每项指标设5个观测评分点,这些指标均经过心理测评技术的信度和效度验证。

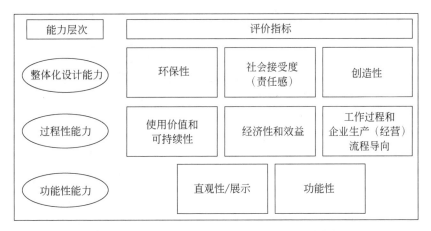

图5-7 COMET职业能力的水平级别与评价指标

评分者按照观测评分点打分。每个观测评分点设有"完全不符合""基本不符合""基本符合"和"完全符合"四档。开放式题目没有标准答案。COMET方案为每道试题设计了"问题解决空间",描述可能出现的解决方案,提示评分者重点考虑的方面。

COMET测评评分标准参照了工作过程知识的三个层次(引领行动的知识、解释行动的知识和反思行动的知识)确立四个评分档次:0分为"完全不知道"(don't know),1分为"知道是什么"(know that),2分为"知道怎么做"(know how),3分为知道"为什么这样而不是那样"(know why)。每个评分点得分在 0~3 分。根据舍恩的理论,3 分代表"反思行动的知识"的认知水平,只有作为"反思的实践者"才能达到,这对于已有一定工作年限的专业人员也绝非易事。

自动化、机械、汽车、计算机和电子类专业参评学生总体职业能力(极差化处理后)的百分比分布情况如图 5-8 所示。可以看出,各专业能力总分表现差异较大,样本总体平均分为 44.1 分。以往 COMET 测评职校学生成绩的范围在 50 分左右,本次测评总体平均成绩符合这一范围,成绩最好的前 25% 的学生成绩达到 60 分以上,成绩最差的后 25% 的学生成绩未能超过 30 分。计算机类和自动化类专业超过 75% 的学生成绩低于 50 分,大部分学生集中在低分段;电子类专业少于 25% 的学生成绩低于 50 分,大部分学生集中在高分段;汽车类专业学生成绩分布与总体接近。

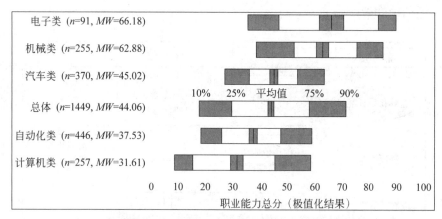

图 5-8 职业院校学生职业能力的百分比分布图(N=1449)

说明:MW 为平均值,统计人数包括缺失背景问卷但完成能力测评的学生,计算机类不包括本科学生成绩。

不同院校的平均成绩(原始分数)差异较大。在自动化专业,表现最好的院校平均成绩可以达到表现最差院校的两倍。数据显示,中职学校学生的成绩并不一定低于高职院校,参加自动化专业高职院校的平均成绩为 26.6 分,中职学校的平均成绩为 25.8 分,独立样本 T 检验结果显示二者的差异不显著。其中一所中职学校的平均成绩为 28.9 分,超过了所有高职院校的平均分,另一所中职学校的平均成绩为 20.9 分,在所有参测院校中得分最低,说明优秀的中职学校学生的职业能力可以得到很好的发展,甚至达到高职院校学生的平均水平。汽车类专业同样如此,高职院校和中职学校的平均成绩分别为 36.6 分和 35.7 分,没有显著差异,且汽车类专业测评得分最低的院校并不是中职学校。尽管测评表现受到诸多因素的影响,但这两类专业的类似发现都表明,高年级优秀中职生可以达到高年级高职生的平均水平。

应用型本科与高职院校的差异情况如何呢?在电子类专业,本科院校的平均成绩为 39.4 分,高职院校的平均成绩为 38.4 分,没有显著性差异,而且现代学徒制试点高职院校的学生平均成绩比本科院校高,即具备一定实践经验的学生解决实际工作问题的能力更高。

(2)职业能力水平分布

COMET 职业能力模型将职业能力按照水平由低到高划分为名义性能力、功能性能力、过程性能力和设计能力四个层级。名义性能力者无法独立完成工作任务,尚未达到企业用人的基本要求,属于"风险群体";功能性能力者具备基本的专业知识和技能,能独立完成简单任务;过程性能力者具备工作过程知识,了解企业生产(经营)流程,可以独立完成复杂任务;设计能力者具备丰富的工作经验,能在一定程度上创造性地完成任务。

被测学生的职业能力(原始成绩)整体水平分布情况如图 5-9 所示,汽车类、电子类、自动化类和计算机类专业分别有 4.3%、5.5%、9.9% 和 38.0% 的学生处于名义性能力。

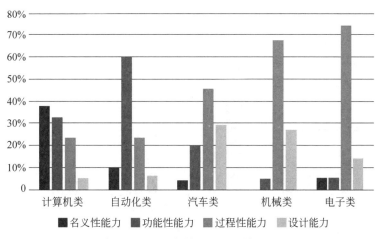

图 5-9 学生职业能力整体水平分布情况(N=1449)

汽车类、机械类和电子类专业学生集中在过程性能力水平，占比分别为 45.9%、67.8% 和 74.7%；60.1% 的自动化类专业学生达到功能性能力水平；虽然 38.0% 的计算机类专业学生处于名义性能力，占比最高，但是也有 33.1% 的学生达到功能性能力。此次计算机类专业表现较差，这与测试题目偏大工业生产企业要求有关，多数学校日常教学和实习企业较少涉及此类工作要求。

电子类专业人数较少，绝大部分是高年级在校生，且全部来自"双高计划"院校，不具备代表性。除去电子类专业，可以看出，机械类和汽车类专业学生成绩高于总体平均水平，学生集中在过程性能力水平，自动化类和计算机类专业学生成绩低于总体平均水平，学生集中在功能性能力及以下。机械类和汽车类专业与自动化类和计算机类专业在职业工作的对象和内容上存在较大不同，前者偏重于具体化，实物化，而后者则偏重于抽象化、符号化。出题专家和评分员都表示，后者的工作任务难度一般要大于前者，本次测评结果也印证了这个观点。

自动化类专业学生职业能力水平整体分布情况如图 5-10 所示，其中 37 人（9.4%）处于名义性能力水平，237 人（60%）达到功能性能力水平，94 人（23.8%）达到过程性能力水平，27 人（6.8%）达到设计能力水平。51 名中德合作项目中职学校参评学生作为对照组，相应职业能力水平分布情况如图 5-10 所示，7 人（13.7%）处于名义性能力水平，31 人（60.8%）达到功能性能力水平，11 人（21.6%）达到过程性能力水平，2 人（3.9%）达到设计能力水平。

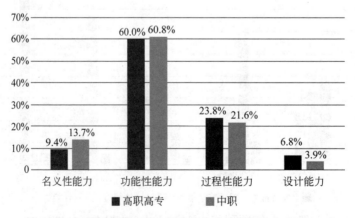

图 5-10　自动化类专业学生职业能力水平整体分布（N=446）

机械类专业学生职业能力水平整体分布情况如 5-11 所示，没有学生处于名义性能力水平阶段，13 人（5.1%）达到功能性能力水平，173 人（67.8%）达到过程性能力水平，69 人（27.1%）达到设计能力水平。

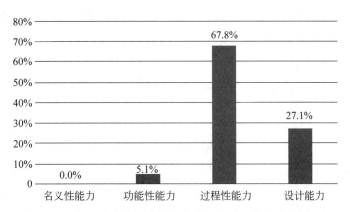

图 5-11　机械类专业学生职业能力水平整体分布（N=255）

汽车类专业学生职业能力水平整体分布情况如图 5-12 所示，其中 17 人（5.6%）处于名义性能力水平，64 人（20.9%）达到功能性能力水平，135 人（44.4%）达到过程性能力水平，89 人（29.1%）达到设计能力水平。65 名中德合作项目中职学校参评学生作为对照组，相应职业能力水平分布情况如图 5-12 所示，没有学生处于名义性能力水平，12 人（18.5%）达到功能性能力水平，34 人（52.3%）达到过程性能力水平，19 人（29.2%）达到设计能力水平。在自动化类和汽车类专业，经过行动导向教学改革的优秀中职学校代表的学生的职业（认知）能力的水平分布情况与高职（专科）院校相似。

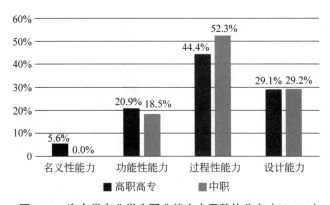

图 5-12　汽车类专业学生职业能力水平整体分布（N=370）

计算机类专业 287 名参评学生职业能力水平整体分布情况如图 5-13 所示,其中 109 人(38%)处于名义性能力水平阶段,95 人(33.1%)达到功能性能力水平,68 人(23.7%)达到过程性能力水平,15 人(5.2%)达到设计能力水平。专业学生成绩较差的一个原因可能是,此次测试题目是由大型制造业企业专家设计,但是计算机类专业学生多数在小企业实习,或者没有正规实习,实习组织安排对学业成绩产生了较大影响。

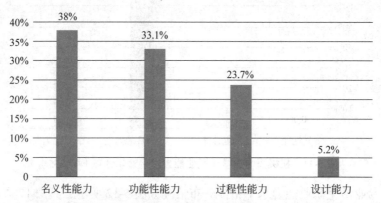

图 5-13 计算机类专业学生职业能力水平整体分布($N=287$)

电子类专业高职院校有 91 名参评学生,职业能力水平整体分布情况如图 5-14 所示,其中 5 人(5.5%)处于名义性能力水平阶段,5 人(5.5%)达到功能性能力水平,68 人(74.7%)达到过程性能力水平,13 人(14.3%)达到设计能力水平。23 名应用型本科院校参评学生作为对照组,相应职业能力水平分布情况如图 5-14 所示,没有学生处于名义性能力水平,3 人(13.0%)达到功能性能力水平,12 人(52.2%)达到过程

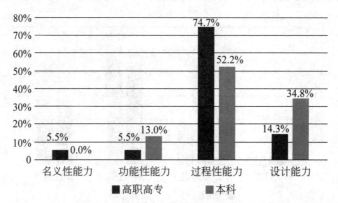

图 5-14 电子类专业学生职业能力水平整体分布($N=114$)

性能力水平，8 人（34.8%）达到设计能力水平。专科院校学生达到过程性能力水平的比例高于本科院校，达到设计能力水平的比例低于本科院校，少数学生仍处于名义性能力水平，这也符合当前此类学校的特点。

（二）职业能力水平的差异表现

本次参测单还有开展现代学徒制试点的企业。根据测评实施单位分组，可比较各专业不同参测单位学生的职业能力情况。

相同专业不同院校（企业）学生职业能力水平分布情况存在较大差异。在自动化、机械和电子类专业，来自企业的现代学徒制（专科）毕业生[①]的职业能力分布优于大部分普通高职院校毕业生（学生）。在汽车和计算机类专业，技师学院学生的职业能力分布优于大部分高职院校学生。相同专业普通高职院校学生的职业能力水平分布情况也存在很大差异，有的院校学生职业能力水平全部达到功能性能力水平及以上，有的院校超过 20% 的学生仍然处于名义性能力水平。

图 5-15 为自动化专业不同院校（企业）学生职业能力水平分布情况。

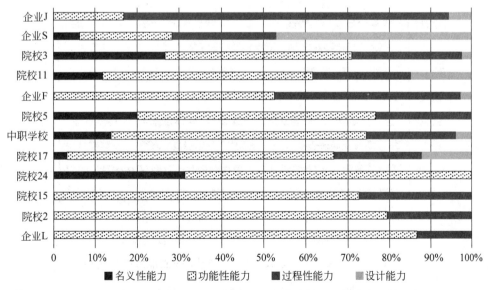

图 5-15　自动化类专业不同院校（企业）学生的职业能力水平的分布

---

① 这部分学生由企业组织参加测评。

- 院校2、国际龙头制造企业F、院校15、国内大型民营企业L和世界500强企业J的学生全部达到功能性能力水平及以上,企业F和J有部分学生达到设计能力水平,企业F大部分学生集中在功能性能力水平,企业J大部分学生集中在过程性能力水平,比例高达77.8%。

- 大型民营科技企业S和院校3的学生职业能力水平跨度最大,覆盖从名义性能力到设计能力四个能力水平,企业S达到设计能力水平的学生高达46.9%,在所有参评单位中占比最高。

- 院校2、15和企业L的学生职业能力水平分布情况较为相似,80%左右的学生达到功能性能力水平,既没有学生处于名义性能力水平,也没有学生达到设计能力。

对照组中职学校为由德国大型咨询公司指导的中德合作项目,其学生也有达到设计能力水平的,尽管人数不多。中职学校大部分学生仍集中在功能性能力水平,比例为60.8%;13.7%的学生处于名义性能力水平。但是总体而言,其能力水平的分布结构与高职院校差异不大。

图5-16是机械类专业不同院校(企业)学生职业能力水平分布情况。

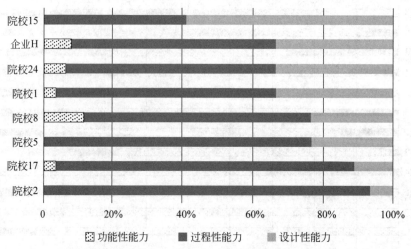

图5-16 机械类专业不同院校(群组)学生的职业能力水平的分布

- 院校2、5、15的学生全部达到过程性能力水平及以上,其中中部地区中德合作项目院校15达到设计能力水平的学生高达58.8%,在所有参评院校中占比最高。

- 院校 1、24 和企业 H 的学生职业能力水平分布情况较相似，超过 90% 的学生达到过程性能力水平及以上，其中达到过程性能力水平的学生约占比 60%，达到设计能力水平的学生占比约 30%。
- 技师学院 8 达到功能性能力水平的学生比例相对偏高，同时有 23.5% 的学生达到设计能力水平，说明该校学生的能力发展水平差异较大。
- 中德项目院校 17 大部分学生集中于过程性能力水平，比例高达 85.1%，仅次于院校 2，院校 2 达到过程性能力水平的学生占比 93.3%。

图 5-17 是汽车类专业不同院校学生的职业能力水平分布情况。

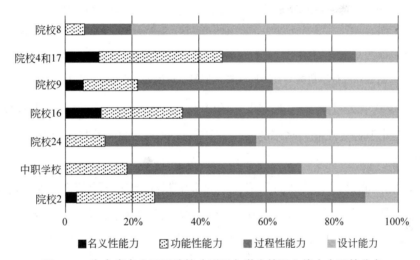

图 5-17　汽车类专业不同院校（群组）学生的职业能力水平的分布

- 院校 8 和院校 24 均没有名义性能力水平的学生，技师学院 8 达到设计性能力水平的学生在参评院校中占比最高，高达 80.0%。
- 院校 8 的学生职业能力水平明显高于其他院校，一定程度上反映了该技师学院的教育质量较高。
- 院校 2 和 9 接近 80% 的学生达到过程性能力水平及以上。

所有参评院校的职业能力水平整体分布各有特点。对照组中德合作项目中职学校达到设计能力水平的学生占比约 30%；人数不多，大部分学生集中在过程性能力水平，占比为 52.3%；没有学生处于名义性能力水平。总体而言，其能力水平分布结构优于部分高职院校。

图 5-18 是计算机类专业不同院校学生的职业能力水平分布情况。

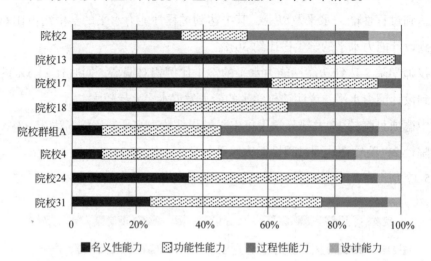

图 5-18　计算机类专业不同院校（群组）学生的职业能力水平的分布

➢ 各院校均有处于名义性能力水平的学生，占比 9.1%~76.9%，其中院校 13 和院校 17 处于名义性能力水平的学生占比超过 60%，两所院校未有学生达到设计能力水平。

➢ 技工院校群组 A 和"双高"院校 4 的学生职业能力分布情况相似，达到功能性能力水平的学生占比 36% 左右，达到过程性能力水平的学生占比 40%~50%，其中"双高"院校 4 达到设计能力水平的学生占比 13.6%，是所有院校中占比最高的；

➢ 技工院校群组 A 达到设计能力水平的学生占比 6.8%，达到过程性能力水平及以上的学生占比均为 54.5%，是所有院校中占比最高的。

图 5-19 是电子类专业不同院校（群组）学生职业能力水平分布情况。

➢ 院校 24 为"双高"专业群建设院校，A 班是普通班，B 班采用现代学徒制培养，A 班有 11.1% 的学生处于名义性能力水平，部分学生达到设计能力水平；B 班学生全部达到功能性能力水平和过程性能力水平，其中达到过程性能力水平的学生占比最大，为 84.6%，凸显了现代学徒制人才培养的优势。

➢ 企业 J 为世界 500 强外资企业，其学生均达到过程性能力水平及以上，其中达到过程性能力水平的学生占比 75.0%，达到设计能力水平的学生占比 25.0%。

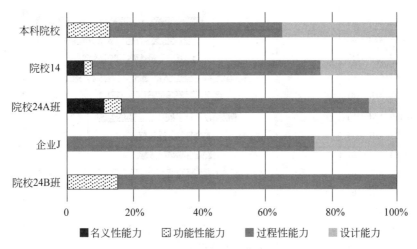

图 5-19 电子类专业不同院校（群组）学生的职业能力水平的分布

- "双高"院校 14 的职业能力水平分布情况与院校 24 A 班相似，学生职业能力水平跨度相对较大，80% 以上的学生达到过程性能力水平及以上，其中 23.1% 的学生达到设计能力水平。
- 对照组本科院校的学生全部达到功能性能力水平及以上，达到过程性能力水平的学生占比 52.2%，达到设计能力水平的学生比例比高职院校的学生高，为 34.8%。

职业能力百分比分布图不同映不同院校（企业）学生职业能力的总得分值的区间，每个百分位数对应的条形反映了结果位于 10%~90% 的学生的跨度，不涵盖最好和最差的 10% 的结果的原因是避免因个别异常值而扭曲宽度的现象。

对自动化类专业各院校（企业）学生职业能力得分的百分比分布情况（如图 5-20 所示）分析如下。

- 虽然企业 S 学生平均得分最高，但是整体而言分值分布较分散，这与该企业实习生分管理岗和技术岗的岗位安排有关；企业 J 学生平均得分仅次于企业 S，分值分布较企业 S 来说相对集中。
- 院校 11 学生平均得分高于总平均值，但是分值分布分散，10% 和 90% 的学生得分值差异超过 30 分，说明该学校的教学组织尚存在问题。
- 对照组中职学校的平均得分比高职（专科）院校总平均值低 1 分，且分值分布比较相似，说明中、高职的课程和教学组织没有明显差异。

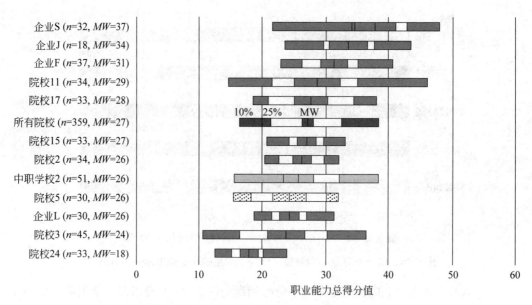

图 5-20　自动化类专业不同院校（企业）学生职业能力百分比分布图

> 相对能力水平最高的是"双高"院校和大型龙头企业，但这些学校和企业同时也有大量能力发展水平较弱的学生（员工）。

对汽车类专业各院校学生职业能力得分的百分比分布情况（如图 5-21 所示）分析如下。

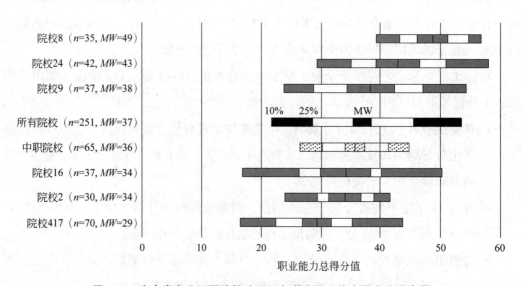

图 5-21　汽车类专业不同院校（群组）学生职业能力百分比分布图

- 从职业能力得分平均值来看,各参评院校的差距较大。
- 对照组中职学校的平均得分比高职(专科)院校总平均值低1分,分布相对更集中。
- 相对水平最高的是"双高"院校和教学改革比较积极的院校,如有的学校专门设立了课程研发机构促进教学改革,其工作成果也体现在学生的能力测评结果上。

从电子类院校(企业)职业能力得分的百分比分布情况(如图5-22所示)分析如下。

- 所有高职院校学生职业能力总平均值为37,院校14和企业J的学生平均值高于总平均值,院校24两个班的学生平均值相似,低于总平均值,而B班学生的职业认同感与承诺高于A班。
- 院校14学生的平均值最高,成绩排名最低的15%的学生分值差异大于最好的15%的学生。

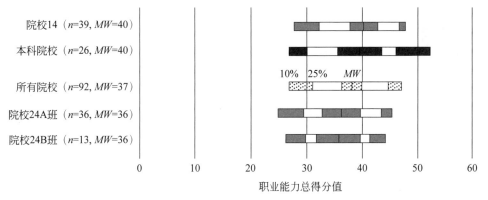

图5-22 电子类专业不同院校(企业)学生职业能力百分比分布图

说明:企业J的人数过少,没有百分位数结果。

- 虽然院校24两个班的平均值相同,但是A班学生得分与B班相比更分散。
- 本科院校除了少数较优秀的学生,其他学生与专科学生相比,并没有较大差异,这也需要引起注意。

限于篇幅,其他专业职业能力得分的百分比分布情况略。

(三)职业能力轮廓结构的差异表现

COMET职业能力测试结果不仅给出职业能力的总分值,还提供了职业能力的质性解释。职业能力轮廓图刻画了学生职业的认知模式，有助于了解能力得分值无法反映的能力的内涵特征。职业能力轮廓图提供了以下信息：①能力轮廓的面积越大，职业能力水平越高；②能力轮廓的形状越接近圆形，职业能力发展越均衡，同时变异系数 V 值也提供评价均衡性的量化指标；③功能性能力、过程性能力和设计能力的水平差异。过程性能力和设计能力属于较高层次的能力，要求工作者不仅能完成任务，而且需在具体情境中理解任务内容，以负责任的态度自主地采取行动，并及时地自我反思。这对学生的实践经验、工作过程知识和综合职业素养都提出了较高要求。

各类专业参评学生的能力轮廓图如图 5-23 所示。总体上来看，学生能实现任务的功

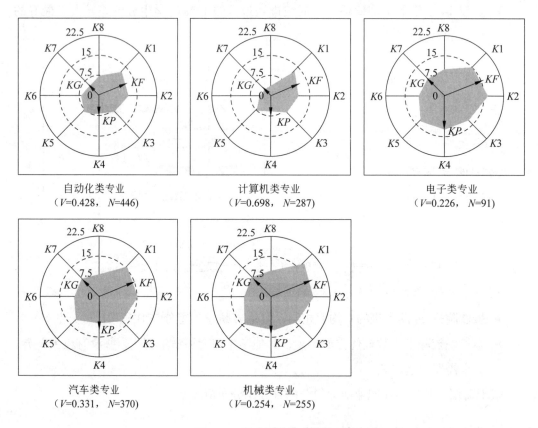

图 5-23　学生职业能力轮廓图

说明：$K1$ 表示"直观性"，$K2$ 表示"功能性"，$K3$ 表示"使用价值导向"，$K4$ 表示"经济性"，$K5$ 表示"经营与工作过程导向"，$K6$ 表示"环保性"，$K7$ 表示"社会接受度"，$K8$ 表示"创造性"。KF 表示"功能性能力"，KP 表示"过程性能力"，KG 表示"设计能力"，下同。

能性要求，但较少能提供完整而全面的问题解决方案，在过程性能力和设计能力相关指标，特别是"经济性""环保性"和"创造性"方面考虑较少。过程性能力和设计能力要求工作者不仅能完成任务，而且在具体情境中理解任务内容，负责任地自主采取行动，并及时进行自我反思，这意味着学生必须具备较多实践经验和较高职业素养。学生差异系数 V 衡量职业能力发展的全面性，与职业能力总分具有显著的负相关（$r=-0.67$，$p<0.001$），说明无法以不全面的认知特征达到较高的能力水平。

图 5-24 是自动化类专业不同院校（企业）学生的职业能力轮廓图，自动化类专业参评学生总体的功能性能力表现最好（KF 平均值为 12.23），过程性能力其次（KP 平均值为 8.24），而设计能力相对较弱（KG 平均值为 6.71）。企业 S 的职业能力水平最高，除了指标 $K3$（使用价值和可持续性）和 $K8$（创造性）相对较低以外，在其他指标上均表现较好，尤其是 $K6$（环保性）方面。院校 2 和企业 J 的轮廓相似，在 $K4$（经济性）和

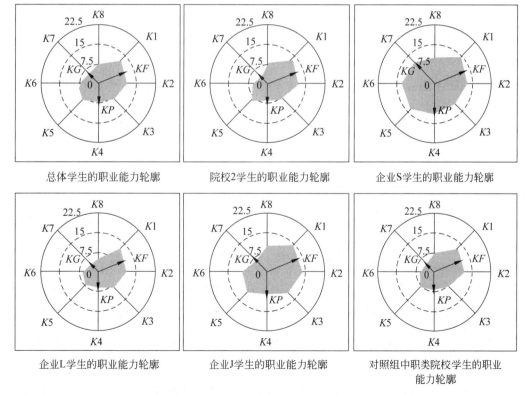

图 5-24　自动化类专业不同院校（企业）学生的职业能力轮廓图

$K7$（社会接受度）方面表现得比学生总体稍弱，企业 L 在 $K7$（社会接受度）等设计能力相关方面较其他指标表现得稍弱。对照组中职学校学生在功能性能力方面与高职（专科）总体差异很小，但是在 $K6$（环保性）和设计能力相关指标上表现得稍逊一等。相对来说，企业学徒制毕业生在"工作过程和企业生产（经营）流程导向"和"环保性"发展方面，要明显高于职业院校的学生，这与企业实际采用的劳动生产方式和环保标准有关。

图 5-25 是机械类专业不同院校（企业）学生的职业能力轮廓图，机械类专业参评学生总体的功能性能力表现最好（KF 平均值为 17.18），过程性能力其次（KP 平均值为 13.16），而设计能力相对较弱（KG 平均值为 10.20），这与该领域职业院校普遍的教学实际相关。各校（企业）学生的职业能力水平差距较小，职业能力轮廓非常相似，只在各项分值上存在差异。企业 H 和中德合作项目院校 15 学生职业能力发展相对更好。企业 H 在 $K5$（工作过程和企业生产（经营）流程导向）方面表现最好，院校 15 在 $K1$（直观性）方面表现最好。总的来说，所有学校差别不大，但中德合作学校和学徒制培养毕业生的能力发展相对较好。

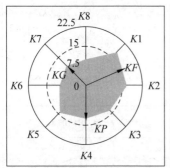 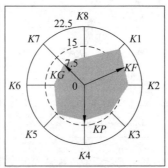 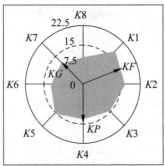

总体学生的职业能力轮廓　　校15学生的职业能力轮廓　　企业H学生的职业能力轮廓

图 5-25　机械类专业不同院校（企业）学生的职业能力轮廓图

图 5-26 是汽车类专业不同院校（群组）学生的职业能力轮廓图，汽车类专业参评学生总体的功能性能力表现最好（KF 平均值为 15.84），过程性能力其次（KP 平均值为 11.70），设计能力相对较弱（KG 平均值为 9.37）。技师学院 8 的职业能力水平相对更高，除了指标 $K6$（环保性）和 $K8$（创造性）较低以外，在其他指标上均表现很好。院校 9、16 和对照组中职学校的轮廓与院校 8 极为相似，只是分值更低，院校 2、4、17 和对照

组中职学校在指标 $K8$ 方面能力较学生总体稍弱,"双高"院校 24 在指标 $K8$ 则表现得比总体情况好。总体而言,除了在最高能力层级对应的指标 $K6$~$K8$ 方面较弱以外,学生普遍在指标 $K4$(经济性)方面表现得较弱。可以看出,采用现代学徒制的技师学院和"双高"院校,其学生的职业能力发展相对较好。

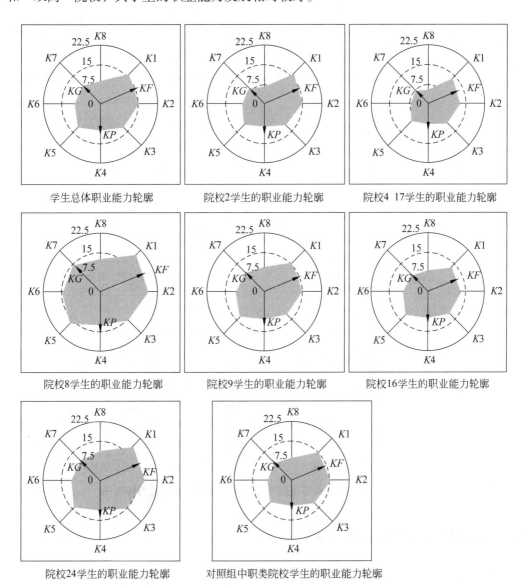

图 5-26　汽车类专业不同院校(群组)学生的职业能力轮廓图

图 5-27 是计算机类专业不同院校（群组）学生的职业能力轮廓图，计算机类专业参评学生总体的功能性能力表现相对较好（KF 平均值为 11.83），过程性能力其次（KP 平均值为 7.65），而设计能力相对较弱（KG 平均值为 3.76）。学生在 $K1$（直观性）、$K2$（功能性）、$K3$（使用价值和可持续性）方面的能力相对较高，在 $K5$（工作过程和企业生产（经营）流程导向）次之，在 $K6$（环保性）和 $K8$（创造性）方面表现得相对较弱。"双高"院校 4 和技工院校群组 A 的职业能力水平最高，其中院校 4 各个指标的能力比院校群组 A 更均衡，院校群组 A 在功能性能力方面是所有院校中表现最好的。

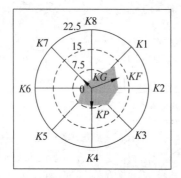

总体学生的职业能力轮廓

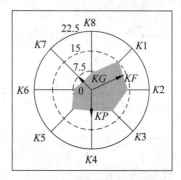

院校4学生的职业能力轮廓

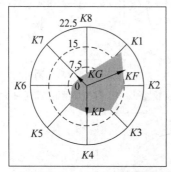

院校群组A学生的职业能力轮廓

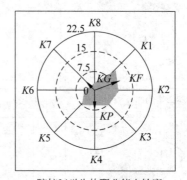

院校24学生的职业能力轮廓

图 5-27　计算机类专业不同院校（群组）学生的职业能力轮廓图

（四）职业能力的潜在特征分析

1. 职业的认知模式：职业能力的结构特征

从职业能力轮廓图可以发现，各能力指标的关系既存在专业特点，又有跨专业的共同点。一个值得研究的问题是：职业的认知模式是否存在一定的规律，代表着群体的能力异质性？如果能确定职校学生的职业认知模式，将有助于进一步加深对学生能力发展状况的了解，有针对性地指导课程和教学改革。

依据马斯腾（T.Martens）等的理论[1]，采用潜类别分析（简称 LCA）探究职业的认知模式。对以往我国 COMET 职业能力测评数据以专业为单位进行 LCA 分析发现，在相同专业，超过一半的人完成测试任务的认知模式相似，持有相同认知模式的学生只存在分值高低的差异，也就是说，存在着"典型"模式，代表了某类人完成任务的认知特征。德国的数据分析结果发现，这种典型模式并非针对某一测试题目所特有的认知特征，即排除了评价工具的干扰后，职业典型的认知模式依然存在[2]。这意味着职业能力水平不同的学生，可能不仅存在水平上的差异，还可能是因为存在不同的认知模式。

中国和德国的案例分析结果显示，典型的职业认知模式表现为：在功能性能力相关指标上表现出较高的水平，而在过程性能力和设计能力的相关指标上表现出较低的水平 12，这也符合 COMET 能力模型预判的认知模式。除了典型的认知模式以外，也可能有一些非典型的模式，但是和典型模式相比人数较少。

先前在检验测评方案的建构效度时，以专业为单位的分析结果表明，不同专业的能力轮廓总体存在一定相似性。考虑到学生职业能力总得分具有嵌套结构，将其分为学生和院校两个水平，建立不加入任何预测变量的零模型，结果显示组间变异为 168.753，组内变异为 219.424，组内相关系数 ICC 为 0.435，经验标准是 ICC 值高于 0.059 即相关性不容忽视[3]，因此有必要使用多水平分析方法。

采用潜类别分析法表征学生职业的认知模式的数据分析步骤如下：

➢ 以专业为单位进行分组单水平潜类别分析（Simultaneous LCA）；
➢ 采用学生和院校构成的两水平潜类别模型，同时纳入水平 2 变量专业类别；

---

[1] Martens T, Rost J. Der Zusammenhang von wahrgenommener Bedrohung durch Umweltgefahren und der Ausbildung von Handlungsintentionen[J]. Zeitschrift für Experimentelle Psychologie. 1998. 45(4): 345-364.

[2] 赵志群，菲力克斯·劳耐尔等. COMET 职业能力测评方法手册. 北京：高等教育出版社，2018.

[3] 王孟成，毕向阳. 潜变量建模与 Mplus 应用：进阶篇 [M]. 重庆：重庆大学出版社, 2014.

> 直接对学生总体进行单水平潜类别分析；
> 综合比较不同潜类别模型的拟合情况，确定最优模型。

不同专业测试题目的难度很难保持一致，因此学生的成绩无法直接比较。进行潜类别分析的目的不是比较学生职业能力水平的高低，而是确定不同职业能力模式反映的一般性认知特征，因此无论试题的难度如何，理论上这种认知特征是相对稳定的，基于COMET测评数据的已有研究也证实了这点12。潜类别分析使用测评原始数据，因为电子类专业人数过少（$N=91$），代表性有限，接下来的分析排除了电子类专业数据。

在实际研究中，LCA分析的模型拟合评价指标常常表现得不一致。伯纳姆（K.P.Burnham）和爱德森（D.R.Anderson）认为，模型评价时应该综合使用多个信息评价指标[①]。模型拟合的类别数从4类别到8类别，模型包括单水平、两水平和分组三种方法，单水平不考虑数据嵌套结构和4类专业的差异，两水平考虑数据嵌套结构，分组考虑4类专业差异。表5-7总结了不同模型的拟合情况，分组潜类别分析结果的信息评价指标表现得最差，表明以专业类别作为潜类别分类依据并不合理。根据专业类别进行分组潜类别分析没有考虑到认知模式跨专业的一般特征，模型出现大量信息冗余，以上发现都支持不同试题（专业类别）职业的认知模式既存在着相似性，又具有一定独特性。两水平模型和单水平模型的信息评价指标优于分组潜类别分析，两水平模型很好地兼顾了数据嵌套结构和专业类别对潜类别分析的影响，信息评价指标表现最佳。不过两水平模型和单水平模型的拟合情况差异并没有想象得大，如果有更多的专业类别和院校，两水平模型的优势将更加突出。从本研究数据涉及的四个专业来看，学生个体所属的专业和院校对其职业能力的模式有一定影响，但是影响较小。不存在针对某个试题（专业类别）的完全独立的认知模式。综合模型拟合的各项指标，4个潜类别的模型的分类精确度最高，随着潜类别数目增加，Entropy指数大致呈现下降趋势。各模型的Entropy指数都大于0.8，比较理想。从信息评价指标来看，各类信息评价指标随着潜类别数目增加而优化。

---

① Burnham K P, Anderson D R. Multimodel inference: understanding AIC and BIC in model selection[J]. Sociological methods & research. 2004. 33(2): 261-304.

表 5-7　不同潜类别模型拟合情况的比较（$N=1147$）

类别	k	AIC	AICc	BIC	aBIC	Entropy	LMR	BLRT	类别概率
3（单水平）	350	44304	44307	44475	44367	0.910	**	***	0.25/0.39/0.35
4（单水平）	467	43335	43339	43550	43414	0.922	*	***	0.19/0.38/0.33/0.10
5（单水平）	584	42796	42802	43057	42892	0.898	0.190	***	0.14/0.27/0.25/0.06/0.28
6（单水平）	701	42476	42483	42782	42588	0.888	0.262	***	0.17/0.07/0.25/0.24/0.22/0.05
7（单水平）	818	42278	42287	42628	42406	0.882	0.393	***	0.07/0.17/0.21/0.08/0.19/0.22/0.06
8（单水平）	935	42078	42090	42473	42222	0.889	0.052	***	0.07/0.17/0.21/0.08/0.21/0.19/0.06/0.006
4（两水平）	471	42686	42690	42921	42772	0.926	0.236	***	0.19/0.39/0.33/0.09
5（两水平）	589	42126	42132	42411	42230	0.900	0.650	***	0.15/0.25/0.27/0.27/0.06
6（两水平）	707	41788	41797	42123	41910	0.891	0.282	***	0.07/0.24/0.18/0.24/0.21/0.05
7（两水平）	825	41561	41573	41946	41702	0.891	0.626	***	0.07/0.19/0.18/0.08/0.21/0.22/0.05
8（两水平）	943	41363	41378	41799	41522	0.898	0.269	***	0.07/0.19/0.18/0.20/0.21/0.08/0.06/0.006
1（分组）	350	51615	51619	51831	51694	1	—	—	0.22/0.28/0.36/0.15
2（分组）	699	47177	47189	47558	47316	0.966	—	—	0.15/0.15/0.23/0.10 0.07/0.13/0.12/0.05
3（分组）	1048	45304	45329	45850	45504	0.955	—	—	0.08/0.08/0.12/0.05 0.12/0.14/0.17/0.07 0.02/0.06/0.07/0.03

说明：① 两水平 LCA 模型纳入水平 2 变量"专业类别"；② AICc 是当样本总量相对于模型的自由度较小时，AIC 的调整值，aBIC 是根据样本量调整的 BIC 值；③ *$p<0.05$，**$p<0.01$，***$p<0.001$。

由图 5-28 可知，aBIC 随着潜类别数目增加而递减，单水平和两水平模型均在 4 类模型后减幅趋缓。最佳模型不仅要与数据匹配度较高，同时要考虑模型的简约性和类别个数对样本量的要求，潜类别的样本量过少会影响分类的可靠性和稳定性。综合考虑各项指标，以两水平 4 类别模型为拟合最优模型，平均类别归属概率在 95.4%~96.5%，分类结果可靠，详见表 5-8。

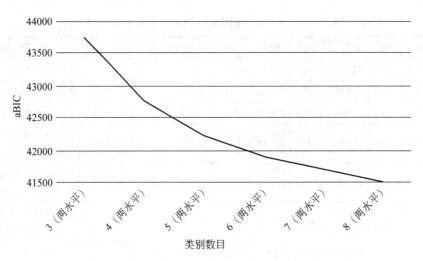

图 5-28 职业能力潜类别分析两水平模型的 aBIC 值陡坡图

表 5-8 两水平 4 类别模型的平均类别归属概率

潜类别	1	2	3	4
1	0.965	0.035	0.000	0.011
2	0.025	0.954	0.000	0.020
3	0.000	0.000	0.961	0.039
4	0.000	0.023	0.021	0.956

图 5-29 是根据潜类别分析结果绘制的职业能力轮廓图，每个潜类别代表了一种认知模式。学生变异系数 V 值衡量各项能力指标得分的差异程度，可以用来判断职业能力发展的全面性。从 COMET 测评的经验来看，当 V 值小于 0.3 时，各项指标得分差异小，职业能力发展均衡；如果 V 值大于 0.6，则表示各项指标得分差异非常大，职业能力并没有得到全面发展，V 值与职业能力总分显著负相关（$r=-0.73$，$p<0.001$）。根据 V 值的大小和整体能力水平的高低，把代表了不同认知模式的四个潜类别依次命名为"全面发展的高水平类"（简称Ⅳ类）、"较全面发展的中等水平类"（简称Ⅲ类）、"有限全面发展的低水平类"（简称Ⅱ类）、"欠全面发展的低水平类"（简称Ⅰ类）。

图 5-30 是各潜类别在功能性能力、过程性能力、整体设计能力三个能力层级的平

第五章 COMET 职业能力测评实践案例

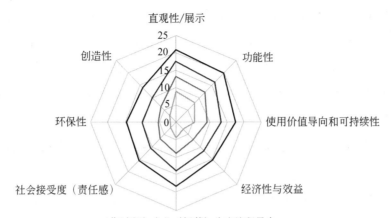

图 5-29 基于潜类别分析的职业能力轮廓图

说明：变异系数 VAR（以下简称 V 值）=（$K1:K8$）标准差/（$K1:K8$）平均数，表示不同能力指标得分的差异程度，用于衡量职业能力的均衡性。V 值在 0~1，越接近 0 表示能力发展越全面。

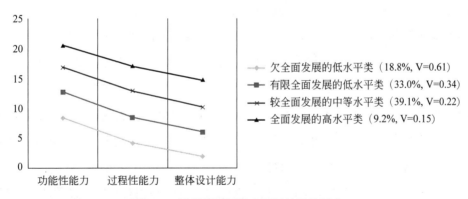

图 5-30 潜类别不同能力层级的平均得分

均得分情况。COMET 方案的评分标准按照工作过程知识的类型规定了评分的四个档次：0 分为"不知道"（don't know）；1 分为"知道是什么"（know that）；2 分为"知道怎么做"（know how）；3 分为知道"为什么这样而不是那样"（know why）。根据舍恩的理论，3 分代表的最高层次只有作为"反思的实践者"才能达到。结合评分系统的具体算法，"欠全面发展的低水平类"对各项指标的认知情况处于 0~1 分，介于"不知道"和"知道是什么"

的状态;"有限全面发展的低水平类"对各项指标的认知情况处于 0.5~1.5 分,介于"知道是什么"和"知道怎么做"的状态;"较全面发展的中等水平类"对各项指标的认知情况大部分处于 1~1.5 分,也是介于"知道是什么"和"知道怎么做"的状态,但是各指标的差异比前两种模式的更小,"直观性/展示""功能性"指标在 1.5~2 分,对专业知识和技能的掌握更全面;"全面发展的高水平类"对各项指标的认知情况处于 1.5~2 分,职业能力全面达到了"知道怎么做"的状态,是本次测验中发展最全面、职业能力水平最高的认知模式。

从不同的认知模式在具体指标上的分布可以看出,所有认知模式在"直观性/展示""功能性""工作过程与企业(经营)生产流程导向"上的表现相较于其他指标都更好一些,这可能反映了现有教育体制和教学方式对这些指标相关能力的培养做得比较好。"欠全面发展的低水平类"在所有能力指标上都表现得很差,设计能力的三个指标(社会接受度、环保性和创新性)、经济性与效益表现得尤其不理想,这说明持有此种认知模式的学生在完成任务时,仅仅关注到任务必须满足的功能性要求,但是对于控制成本、提高效益,以及着眼于更广阔的社会视角进行及时的自我反思则很少考虑到,方案中常出现选择成本高昂的材料或器材,并进行无必要的复杂故障诊断步骤,欠缺对用户显性及隐性和短期及长远需求的考量等。要想达到更高水平的能力指标,必须积累一定的工作过程知识和反思性工作经验。认知模式也反映了,即便是水平较低的学生,也能在功能性能力的两个指标(直观性/展示、功能性)有相对更好的表现,说明功能性能力指标反映了工作任务最基本的要求,是最容易培养的能力,但是其他指标有必要在职业共同体中通过"合法的边缘性参与"获得。

由图 5-30 可知,所有认知模式的功能性能力表现得都相对较好,过程性能力其次,设计能力表现得都较差,因此职业能力轮廓比较接近,与典型的认知模式的偏离程度不大,完全符合职业能力模型的预判。因为本次潜类别分析选择了四潜类别结果,类别数目不多,所以整体上看所有类别的轮廓比较相近,在能力水平上呈现明显的分化。能力水平最低的认知模式占总样本的 18.8%,能力水平最高的认知模式仅占比 9.2%,其余 72% 的都属于"较全面发展的中等水平类"和"有限全面发展的低水平类"。

持有"有限全面发展的低水平类"和"较全面发展的中等水平类"的学生占总体学

生的33%和39%，是本次测评中两种比较主流的认知模式，如图5-31所示。把这两种主流的认知模式与四类专业的整体认知模式进行比较，可以发现计算机类和电子类专业学生整体接近于"有限全面发展的低水平类"，机械和汽车类专业学生整体更接近于"较全面发展的中等水平类"。结合图5-30和图5-31，仅有不到10%的学生持有"全面发展的高水平"模式，但是80.4%的机械类专业学生和45%的汽车类专业学生都属于这类认知模式。52.4%的计算机学生持有"欠全面发展的低水平"认知模式，这类模式在自动化类专业占比为25%，在汽车类专业占比为7.5%，在机械类专业并没有此类模式的学生，可见工作对象和内容具体（汽车类和机械类专业的特点）比抽象的学生整体的职业能力水平更容易得到全面发展。

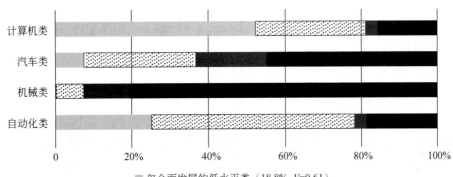

欠全面发展的低水平类（18.8%, V=0.61）
有限全面发展的低水平类（33.0%, V=0.34）
较全面发展的中等水平类（39.1%, V=0.22）
全面发展的高水平类（9.2%, V=0.15）

图5-31　潜类别在不同专业的分布情况

不同专业的认知模式也存在独特性，由图5-32可知，计算机专业的学生在"直观性/展示""使用价值导向和可持续性""工作过程与企业（经营）生产流程导向"三个指标上的表现达到"有限全面发展的低水平类"，但是在要求更高的设计能力相关维度表现非常不理想，低于该类别的一般要求；自动化类专业的学生则在设计能力相关维度上比计算机类专业的学生表现得更好，达到或者略高于"有限全面发展的低水平类"；机械类专业的学生整体表现得最好，"经济性与效益"指标略高于"较全面发展的中等水平类"，也是四类专业中该指标表现最好的，汽车类专业的学生则在"经济性与效益"指标上表现稍逊色。

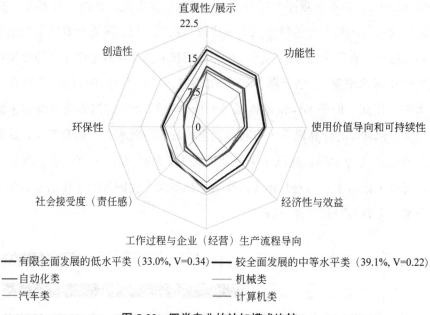

图 5-32 四类专业的认知模式比较

2. 职业的认知模式与职业能力的关系

认知模式与能力水平是否显著相关？不同认知模式是否直接与名义性能力、功能性能力、过程性能力和设计能力一一对应？某种认知特征能否预测职业能力水平？为了探究这些问题，比较不同认知模式的职业能力测评总分、整体职业能力水平、职业能力的变异系数是否存在显著差异。因为 LCA 结果的分类误差非常小，分类准确度高达 93%，因此在下面的分析中假设分类误差为零。

相关性分析结果显示，认知模式和整体职业能力水平高度呈正相关，Spearman's $p=0.752$，$P<0.001$，Kendall's tau_b$=0.656$，$p<0.001$。由表 5-9 可知，尽管认知模式和能力水平不是严格地一一对应，但是倾向性明显。99% 的Ⅳ类都达到设计能力水平，74.5% 的Ⅲ类达到过程性能力水平，但是也有少数持有该模式的学生只有功能性能力水平或者达到设计能力水平。69.5% 的Ⅱ类只有功能性能力水平，不过该模式仍有 30.2% 的学生成功达到过程性能力水平。Ⅰ类模式的学生最好的情况也止步于功能性能力水平，超过一半的学生都只有名义性能力水平，尚不具备完整意义上的职业能力。参见表 5-9。

表 5-9　认知模式在整体职业能力水平的分布情况　　　　　　　　单位：%

认知模式	整体职业能力水平				总计
	名义性能力	功能性能力	过程性能力	设计能力	
Ⅳ类	0.0	0.0	1.0	99.0	100
Ⅲ类	0.0	3.5	74.5	22.0	100
Ⅱ类	0.3	69.5	30.2	0.0	100
Ⅰ类	54.6	45.4	0.0	0.0	100

说明：Ⅳ类是全面发展的高水平类，Ⅲ类是较全面发展的中等水平类，Ⅱ类是有限全面发展的低水平类，Ⅰ类是欠全面发展的低水平类，表 5-10 同。

不同潜类别的能力测评总得分和变异系数 V 值都存在显著差异。V 值与测评总分值具有显著的负相关性（$r=-0.73$，$p<0.001$），从表 5-10 可以看出，随着认知模式总分均值减小，V 值呈现增大的趋势。这说明分值越高，能力水平越高，各项能力指标得分的差异越小，能力发展得越全面。

表 5-10　不同认知模式的能力水平和变异系数差异比较

认知模式	GPW	事后多重比较（P<0.001）	V 值	事后多重比较（P<0.001）
Ⅰ类	18.75	Ⅳ类＞Ⅰ类，Ⅳ类＞Ⅱ类，Ⅳ类＞Ⅲ类，	0.77	Ⅳ类＜Ⅰ类，Ⅳ类＜Ⅱ类，Ⅳ类＜Ⅲ类，
Ⅱ类	36.54	Ⅲ类＞Ⅰ类，Ⅲ类＞Ⅱ类，Ⅱ类＜Ⅰ类	0.39	Ⅲ类＜Ⅰ类，Ⅲ类＜Ⅱ类，Ⅱ类＜Ⅰ类
Ⅲ类	55.56		0.29	
Ⅳ类	73.93		0.26	

说明：GPW 值是总分极差化处理后结果计算，V 值根据原始分数计算。

由图 5-33 可知，典型的认知模式分布在第二、四象限（能力水平低且发展不全面和能力水平高且发展全面），很少有分布第一、三象限，因为能力发展的全面性与能力水平是负相关的。但是不排除在比较精细的潜类别分类的情况下，或者是某群体特殊的背景因素的影响下，可能出现个别虽然能力水平较低但发展相对均衡或者能力水平较高但发展不全面的情况，但是这难以代表群体的某种稳定的认知模式。

3. 职业的认知模式与学生背景的关系

虽然学生的背景变量并不参与 LCA 的分析过程，但是探讨职业的认知模式与学生背景情况的关系有助于进一步了解认知模式与哪些背景因素联系更紧密。通过分析背景变量在各个潜类别的概率分布或均值差异，可以确定与职业认知能力最紧密相关的因素。

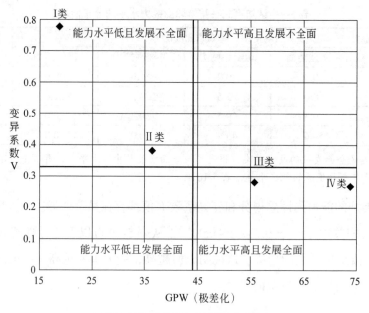

图 5-33 职业的认知模式象限图

这里假设分类误差为零。

本研究的背景变量分为教育背景、实习背景和家庭背景三类，潜类别变量（即职业的认知模式）有 4 个类别，如果以潜类别变量作为因变量，需采用多项 Logistic 回归。为了便于对回归分析结果做出合理解释，分类背景变量的数目不宜过多，因此对部分背景变量进行了合并再编码。数据分析使用同时完成测评答卷和背景问卷、在校有实习经验的四类专业（自动化、机械、汽车、计算机）的 1147 份数据。

（1）教育背景

教育背景包括入学前教育背景、学制、学校类型和年级。专业是院校层面而非学生个体层面的变量，在潜类别分析过程中已加以考虑，因此不再分析专业的影响。参评学生入学前教育背景分为普通高中毕业生、中职学校毕业生和初中毕业生三类。学制为高级工或技师、专升本或专本连读、普通专科、中高职衔接、中职五类。学校类型分为技师学院、"双高计划"院校、非"双高计划"院校、中职四类。考虑到总样本学制复杂，年级转码为二分变量，即应届生和在校生。

总样本中，入学前教育背景为普通高中毕业生、中职学校毕业生、初中毕业生的学生占比分别为 60.7%、32.0% 和 7.3%，其中初中毕业生来自技校和中职。相关性检验结果显示 Cramer's V=0.073，p>0.05，各认知模式在不同入学前教育背景中的分布无明显差异，具体分布情况如图 5-34 所示。

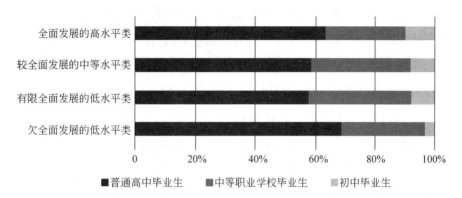

图 5-34 入学前教育背景在各认知模式中的分布情况（N=1147）

总样本中，学制高级工或技师、专升本或专本连读、普通专科、中高职衔接、中职的学生占比分别为 8.2%、4.2%、78.3%、3.9% 和 5.4%。相关性检验结果显示 Cramer's V=0.170，p<0.001，各认知模式在不同学制中的分布有显著差异（如图 5-35 所示）。高级工或技师学制学生在高水平认知模式的比重高于低水平认知模式，普通专科学生相反，在低水平认知模式上的比重高于高水平认知模式；专升本或专本连读生持有较全面中等水平模式的人数最多，普通专科生持有发展不全面的低水平模式的人数最多，中职生没有学生持有高水平的认知模式，更多集中在有限发展的低水平模式，与不同学制对应的

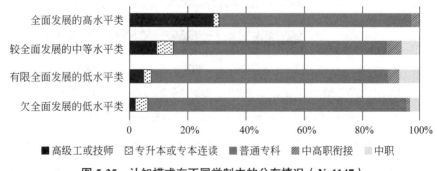

图 5-35 认知模式在不同学制中的分布情况（N=1147）

说明：专升本或专本连读生特指刚完成专科阶段学业，尚未开始本科学习的学生。

人才培养目标的层级基本吻合。进一步使用 Bonferroni 校正法的两两比较（显著性水平 0.05）结果发现，高级工或技师学制学生在两种低水平认知模式的分布显著低于普通专科学制学生，在欠全面发展的低水平模式的分布显著低于专升本或专本连读学制学生，在有限全面发展的低水平模式的分布显著低于中职生；高级工或技师学制学生在全面发展的高水平模式的分布显著高于除中职以外的其他学制类型。

学制与学校类型有关。总样本中，学校类型技师学院、"双高计划"院校、非"双高计划"院校、中职学生占比分别为 8.2%、45.1%、41.3%、5.4%。相关性检验结果显示 Cramer's $V=0.173$，$p<0.001$，各认知模式在不同学校类型中的分布有显著差异，具体分布情况如图 5-36 所示。使用 Bonferroni 校正法的两两比较（显著性水平 0.05）结果发现，技师学院学生在两种低水平认知模式的分布显著低于非"双高计划"高职院校学生，在欠全面发展的低水平模式的分布显著低于"双高计划"高职院校学生，在有限全面发展的低水平模式的分布显著低于中职生；"双高计划"高职院校学生在较全面的中等水平模式的分布显著高于非"双高计划"高职院校。可见高级工或技师学制学生整体的职业认知模式优于其他学制类型，这可能与技工院校的教学组织方式和人才培养模式有关。

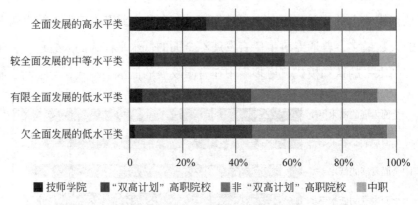

图 5-36　认知模式在不同学校类型中的分布情况（$N=1147$）

总样本中，应届生和在校生占比分别为 87.1% 和 12.9%。相关性检验结果显示 Cramer's $V=0.066$，$p>0.05$，各认知模式在应届生和高年级在校生中分布没有显著差异。尽管如此，从图 5-37 可以明显看出，应届生持有全面发展的高水平模式的比例与其他

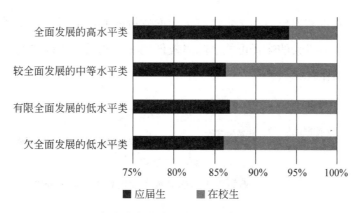

图 5-37　年级在各潜类别中的分布情况（$N=1054$）

模式相比更高。

以上分析结果表明，认知模式与教育背景存在相关性。具体来看，认知模式与学校类型和学制有关，技师学院（高级工或技师）学生认知模式的分布情况比较好，中职生的认知模式分布情况较差，而学生的入学前教育背景和年级与认知模式的关联性不强。这从侧面反映了认知模式的可塑性，对职业教育的启发是，职校学生的认知模式容易受到教育因素的塑造，不同学校类型学生的表现与其对应的人才培养目标相称，说明要想改善学生的认知模式，和生源相比，改革人才培养方式更为重要。

（2）实习背景

有关实习背景的变量包括找实习的途径、实习单位的类型、实习时长，均为分类变量，找实习的途径和实习单位的类型为多选题。《国家职业教育改革实施方案》规定原则上顶岗实习时间应为 6 个月，参照该标准将实习时长转码为 6 个月及以内和 6 个月以上二分变量。

总体上，44.7% 的学生实习单位为大中型非国有企业，26.1% 的学生的实习单位为小微型企业，在个体工商户和国有企业实习的比例较小，为 17.1% 和 12.2%。学校统一安排或企业来招、老师介绍、亲戚朋友介绍、自己找这四种找实习的途径的占比分别为 51.5%、10.1%、8.4%、30.1%。本次自动化、机械、汽车、计算机四类专业参评学生最常见的实习单位类型为大中型非国有企业，其次是小微型企业，最常见的找实习的途径为学校统一安排或企业来招，其次是自己找，如图 5-38 和图 5-39 所示。通过自己找或者亲戚朋友介绍获得实习机会的学生持有欠全面发展的低水平模式的比例高于其他认知模式,这两种找实习机会的途径可能意味着较低的实习质量。各认知模式在不同的实习单位类型中的分布比较相似。

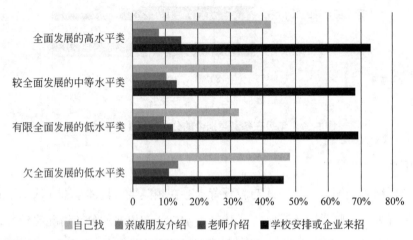

图 5-38 认知模式在找实习的途径中的分布情况（$N=1147$）

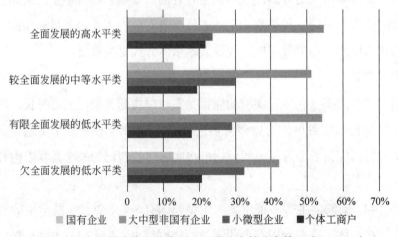

图 5-39 认知模式在不同类型实习单位中的分布情况（$N=1147$）

在总样本中,65.7%的学生实习时长超过6个月,34.3%的学生实习时长6个月及以内。相关性检验结果显示 Cramer's $V=0.093$,$p<0.05$,认知模式与实习时长有关。如图 5-40 所示,认知模式水平越高,实习时长超过6个月的占比越高。

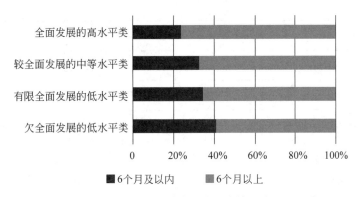

图 5-40 实习时长在各潜类别的分布情况（$N=1147$）

以上分析结果表明，实习时长与认知模式相关，找实习的途径和实习单位的类型与认知模式关联性不强。这从侧面反映了实习组织在一定程度上影响着认知模式的形成。

（3）个人背景

学生的家庭背景主要通过家庭社会经济地位指数反映。该指数由父母最高学历、父母最高职业地位、家庭拥有物三部分构成，采用 IRT 模型合成综合指数，指数范围为 0~1，越接近 0 说明家庭经济社会文化地位越低，越接近 1 说明家庭社会经济文化地位越高。

在多项学生评价比较研究项目中，社会经济地位被证实对学生学业成就具有重要影响。本研究中，家庭社会经济地位（简称 ESCS）与职业能力总得分的相关系数仅为 0.022，$p=0.346$，即家庭社会经济地位与职业能力不相关。那么 ESCS 是否与学生职业的认知模式有关呢？由图 5-41 可知，全面发展的高水平模式的 ESCS 比其他类型认知模式的都要高，但是除全面发展的高水平模式外，其他三类模式的 ESCS 值非常接近。方差分析结果显示，$F=1.092$，$p>0.05$，职业的认知模式间 ESCS 值不存在显著差异，即家庭社会经济地位与学生的职业的认知模式关联性不强。

总样本的性别分布很不均衡，男女生分别占 91.1% 和 8.9%。如图 5-42 所示，女生在全面发展的高水平、较全面发展的中等水平、有限全面发展的低水平、欠全面发展的低水平四类模式的比例依次为 5.9%、7.2%、8.8%、14.0%。相关性检验结果显示 Cramer's $V=0.025$，$p<0.05$，认知模式与性别有关。但是这也可能是由于各专业类别的性别比差异造成的，计算机类专业的性别比最高，为 0.344；机械类专业的性别比最低，为 0.043；不同专业的认知模式存在明显的差异。

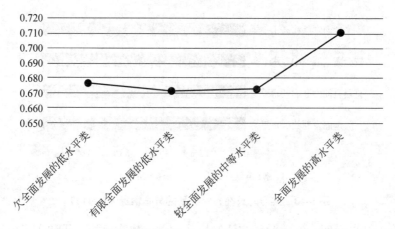

图 5-41　不同认知模式的家庭社会经济地位指数（$N=1147$）

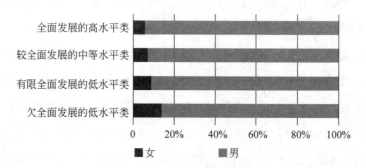

图 5-42　性别在各认知模式中的分布情况（$N=1147$）

以上可见，职业的认知模式与传统认知特征不同，个人背景对职业的认知模式的影响有限，即便存在影响，也可能与社会性背景有关。

（五）职业能力发展的关键影响因素识别

由表 5-11 可知，总体上男生的职业能力显著优于女生（$t=3.882$，$p<0.001$），但是如果不考虑计算机类专业，职业能力在性别上不存在显著差异，因为计算机类专业女生比例最高（30%）但成绩较低。应届毕业生的职业能力显著低于非应届毕业生（$t=-2.549$，$p<0.05$）的原因是，测评成绩最高的电子类专业参评学生 95.6% 是非应届生，如果不考虑电子类专业，应届毕业生的职业能力显著高于非应届毕业生（$t=2.111$，$p<0.05$）。

表 5-11　不同背景学生的职业能力差异比较（$N=1432$）

变量	项	人数	M	SD	t 值/F 值/H 值
答题时长	1. 30 分钟以内	876	42.62	20.28	$F=10.323***$, 4>1***,4>2**, 3>1***,3>2*,2>1*
	2. 31~60 分钟	341	45.38	18.97	
	3. 61~90 分钟	141	49.04	18.65	
	4. 91~120 分钟	74	53.44	20.36	
性别	男	1265	45.21	19.74	$t=3.882***$
	女	167	38.85	21.19	
专业类别	1. 自动化类	435	36.88	—	$H=443.417***$, 2>1***,2>3***, 2>4***, 5>1***,5>3***, 5>4***, 3>1***,1>4**
	2. 机械类	253	66.67	—	
	3. 汽车类	366	45.73	—	
	4. 计算机类	287	29.63	—	
	5. 电子类	91	73.30	—	
找实习的途径	1. 学校统一安排或企业来招	758	47.52		1>3*,2>3*
	2. 老师介绍	146	47.61		
	3. 亲戚朋友介绍	120	41.67		
	4. 自己找	427	44.85		
年级	应届毕业生	1057	44.12	20.54	$t=-2.549*$
	非应届毕业生	375	47.27	20.52	
在校期间实习与否	是	1147	45.49	20.32	$t=2.025*$
	否	285	42.74	21.48	
实习时长	6 个月以上	758	46.67	20.50	$t=2.749**$
	6 个月及以内	389	43.20	19.79	
所在班级是否参加教学改革项目	是	602	49.37	17.87	$t=8.256**$
	否	830	40.92	20.73	
学校类型	1. 技校	123	56.20	—	$H=51.481***$, 1>2***,1>3***, 1>4***,2>3***
	2. "双高计划"高职院校	720	44.91	—	
	3. 非"双高计划"高职院校	479	39.06	—	
	4. 优秀中职学校	110	40.77	—	

续表

变量	项	人数	M	SD	t值/F值/H值
实习企业类型	1. 个体工商户	217	44.54	—	两两比较无显著差异
	2. 小微型企业	332	44.54	—	
	3. 大中型非国有企业	592	46.81	—	
	4. 国有企业	159	46.07	—	
	总计	1432			

说明：样本选择同时具备职业能力测评成绩和背景问卷数据的学生。

表中比较GPW（职业能力测评成绩）极差化数值，M为均值或中位数，专业类别和学校类型的分组方差不齐，采用非参数检验。找实习的途径和实习企业类型采用针对多重响应变量的t检验。$*p<0.05$，$**p<0.01$，$***p<0.001$。

学生平均家庭社会经济地位（简称ESCS）指数为0.55，父母最高受教育程度为初中及以下学生占比90.6%，父母最高职业社会地位集中在中下阶层，占比76.3%，高于整个社会阶层结构中下阶层所占比例。职校学生的ESCS指数与职业能力相关性不显著（$r=0.02$，$p=0.46$），说明虽然职校学生的家庭社会经济地位普遍不高，但是对职业能力没有不利影响。排除中职和技校生的情况下，入学教育背景为普高和中等职业学校毕业生的学生成绩不存在显著差异，即普高毕业生与中等职业学校毕业生相比，在职业能力水平上的发展并不具备优势。

实习与否、实习时长和找实习的途径与职业能力显著相关。在校期间实习学生的职业能力显著高于未实习学生（$t=2.025$，$p<0.05$）；实习时长超过6个月的学生的职业能力显著高于实习时长未超过6个月的学生（$t=2.749$，$p<0.01$）。学校统一安排或企业来招是职校学生获得实习机会的主要途径，总体占比52.4%。通过该途径或老师介绍获得实习机会的学生的职业能力显著高于通过亲戚朋友介绍获得实习机会的学生。最常见的实习企业类型是大中型非国有企业，总体占比45.0%。总体上实习企业类型和学生职业能力并没有显著相关性。答题时长超过1小时的学生成绩显著高于答题时长1小时内的学生，这是因为职业能力较低的学生不能充分挖掘题目的设计空间，无法提供全面的解决方案，最终用较短时间完成简单的方案。

不同学校类型学生的职业能力存在显著差异（$H=51.48$，$P<0.001$），多重比较结

果显示，技师学院学生的成绩显著高于"双高计划"高职院校（调整后 $P<0.001$）、非"双高计划"高职院校（调整后 $P<0.001$）和优秀中职学校（调整后 $P<0.001$），"双高计划"高职院校学生的成绩显著高于非"双高计划"高职院校（调整后 $P<0.001$），"双高计划"高职院校学生的成绩与优秀中职学校差异不显著（调整后 $P=0.145$），优秀中职学生的成绩和非"双高计划"高职院校差异不显著（调整后 $P=1$）。

学生所在班级是否参加教学改革项目也影响职业能力，参加教学改革项目的显著高于不参加的（$t=8.256$，$P<0.01$）。不同专业类别学生的职业能力存在显著差异，机械类和电子类专业显著高于汽车类、自动化类和计算机类专业（调整后 P 值都小于 0.001），汽车类专业显著高于自动化类专业（调整后 $P<0.001$），自动化类专业显著高于计算机类专业（调整后 $P<0.001$）。这与不同专业测试任务的难度有关。例如，计算机类和自动化类专业学习内容更为抽象，学习难度更大，这可能也是一个原因。

职业动机各维度、任务特征、实习实训支持、教师支持、教学创新、工作导向、企业学习氛围、校企合作与职业能力显著相关，相关系数在 0.1~0.5 之间，$P<0.001$。工作道德、差异化教学、课堂互动、学校实践氛围、测试动机与职业能力的相关性不显著，不再纳入接下来的多水平分析。

（六）动机、活动、环境因素对职业能力的影响机制探究

多水平分析结果有力地证实了职业动机对职业能力的重要影响，能有效预测职业能力水平，但是除了工作导向和教学创新以外的活动变量和学校以及企业的环境变量的影响，在多水平分析中没有得到支持，教学创新甚至对职业能力有显著的负向预测性。到底是因为活动和环境因素对学生职业能力影响较小、多水平数据的规模较小还是有其他原因？为此，有必要进一步探究动机、活动、环境和职业能力的复杂关系。

组内相关系数（Intraclass Correlation Coefficients，ICCs）用于评价多水平分析中变量在更高水平的聚合效应[①]。此前，计算因变量 GPW 的 ICC 值，结果显示组间变异为

[①] Bliese P D. Within-group Agreement, Non-Independence, and Reliability: Implications for Data Aggregation and Analysis [M]//Klein K J, Kozlowski S W J(Eds.). Multilevel Theory and Methods in Organizations. San Francisco: Jossey-Bass. 2000. 349-381.

180.473，组内变异为209.028，组内相关系数ICC为0.463，有必要考虑职业能力在学校或班级的聚合效应。计算各预测变量的组内相关性系数可知，ICCs都没有超过经验性判标准则，Rwg显示组内一致性较高，综合来看说明职业能力相关变量在组间差异小，组内共识性程度高，群组聚合效应小到可以忽略不计（见表5-12）。也就是说，不同学校（或班级）学生的职业能力相关变量的差异很小，这种数据条件并不适合建立复杂的多水平结构方程模型13。为了探究活动、环境、动机和能力的复杂关系，本研究采用路径分析，首先进行单水平路径分析。

表 5-12 职业能力相关变量的组内相关性检验

变 量	ICC_1	ICC_2	$R_{wg}(M)$
PIC	0.046	0.528	0.910
OIC	0.036	0.463	0.872
WI	0.052	0.558	0.883
PO	0.040	0.488	0.783
PS	0.029	0.403	0.825
TS	0.032	0.431	0.865
TCR	0.017	0.286	0.866
WO	0.039	0.485	0.887
TC	0.037	0.476	0.840
IE	0.021	0.330	0.802
SCC	0.012	0.212	0.901
判标准则	>0.05	>0.6	>0.7

说明：ICC_1表示总体变异多大程度上源于所属组群特征，ICC_2表示这种特征能否产生稳定的组均值，R_{wg}评价多题项量表的组内一致性。

先前数据分析结果显示，职业动机对职业能力的预测性由高到低分别为职业认同与承诺、绩效导向、企业认同与承诺、工作兴趣。一方面，认同与承诺和工作兴趣具有较高的自主性；另一方面，职业动机和学生背景情况的相关性分析结果显示，职业动机深受教育背景因素影响，具有较强的可塑性；而绩效导向的自主性水平最低，相较于职业动机其他维度相对稳定。尽管除工作导向和教学创新以外，其他活动和环境变量在多水平分析结果中不能有效预测职业能力，我们认为这是因为它们对职业能力的影响机制更复杂。当代心理学认为人的行为结果不是环境特征的产物，动机是人与环境的交互作用。

多水平分析结果表明，职业动机对职业能力有直接的正向预测性，而很多环境和活动因素与职业能力没有直接的关系。职业动机解释学生职业学习行为的内在原因，可能是活动和环境等次级变量影响职业能力的重要路径。因此本研究假设，环境和活动因素对职业能力影响可能是以职业动机为中介的。在接下来的影响机制分析中重点关注职业认同与承诺、企业认同与承诺、工作兴趣、与专业教学紧密相关的活动变量（工作导向、任务特征、实习实训支持、教师支持）、企业学习氛围以职业动机为中介，对职业能力的影响机制。工作导向是唯一的对职业能力具有正向预测性的外部因素，因此假设其他相关因素也可以通过影响工作导向间接影响职业能力。校企合作与职业能力的相关系数仅为 0.13，属于低水平相关，校企合作具有跨组织特点，工作导向的实现需要学校和企业在内容方面的深度合作，校企合作本身与职业动机各维度相关性也不高，故假设校企合作对工作导向具有积极影响。相关变量属于学校还是企业，决定了其影响职业能力的路径，比如能够影响企业认同与承诺的一定是企业相关变量。综上，本研究提出以下假设（如图 5-43 所示）。

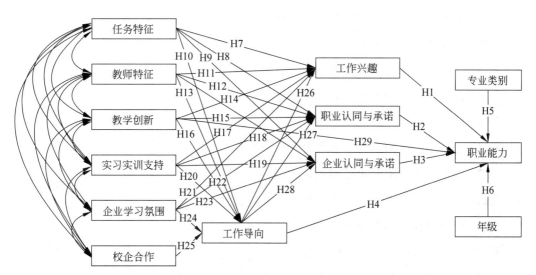

图 5-43 动机、活动和环境对职业能力影响机制的假设模型图

H1：工作兴趣正向影响职业能力。

H2：职业认同与承诺正向影响职业能力。

H3：企业认同与承诺正向影响职业能力。

H4：工作导向正向影响职业能力。

H5：具象类专业学生的职业能力成绩显著高于抽象类专业。

H6：应届生的职业能力成绩显著高于高年级在校生。

H7：任务特征正向影响工作兴趣。

H8：任务特征正向影响职业认同与承诺。

H9：任务特征正向影响企业认同与承诺。

H10：任务特征正向影响工作导向。

H11：教师支持正向影响工作兴趣。

H12：教师支持正向影响职业认同与承诺。

H13：教师支持正向影响工作导向。

H14：教学创新正向影响工作兴趣。

H15：教学创新正向影响职业认同与承诺。

H16：教学创新正向影响工作导向。

H17：实习实训支持正向影响工作兴趣。

H18：实习实训支持正向影响职业认同与承诺。

H19：实习实训支持正向影响企业认同与承诺。

H20：实习实训支持正向影响工作导向。

H21：企业学习氛围正向影响工作兴趣。

H22：企业学习氛围正向影响职业认同与承诺。

H23：企业学习氛围正向影响企业认同与承诺。

H24：企业学习氛围正向影响工作导向。

H25：校企合作正向影响工作导向。

H26：工作导向正向影响工作兴趣。

H27：工作导向正向影响职业认同与承诺。

H28：工作导向正向影响企业认同与承诺。

H29：教学创新负向影响职业能力。

自变量全部通过同一问卷收集，多个两两变量的相关性在0.7~0.8，存在共线性，有必要检验多重共线性问题。严重的多重共线性将导致参数估计偏差问题。对模型中所有类型为连续变量的自变量进行多重共线性检验，结果显示，各变量的方差膨胀因子VIF均小于2.4，则不存在严重的多重共线性问题。

单水平路径分析的初始模型拟合指数不理想，教师支持、教学创新对工作兴趣的路径系数不显著；教学创新对职业认同与承诺的路径系数不显著；实习实训支持对企业认同与承诺的路径系数不显著；教师支持对工作导向的路径系数不显著；工作导向对职业认同与承诺的路径系数不显著。上述相关假设不成立，删除系数不显著的路径后，修正模型拟合指数基本满足要求（x^2/df=5.94，RMSEA＝0.068，CFI＝0.95，TLI＝0.94，SRMR＝0.028），所有路径系数均显著。

使用偏差校正百分位Bootstrap法（抽样次数为5000）检验企业认同与承诺和工作兴趣在工作导向影响职业能力中的中介效应，结果显示：总间接效应Effect＝0.069，SE＝0.014，$p<0.001$，95%CI[0.048,0.093]；企业认同与承诺的中介效应Effect＝0.013，SE＝0.005，$p<0.05$，95%CI[0.006,0.024]；95%的置信区间不包含0，中介效应显著，占总效应9%；工作兴趣的中介效应Effect＝0.056，SE＝0.012，$p<0.001$，95%CI[0.037,0.078]；95%的置信区间不包含0，中介效应显著，占总效应40%，说明工作导向对职业能力的间接影响主要是通过影响工作兴趣，工作导向通过影响企业认同与承诺间接影响职业能力的效应明显小于通过影响工作兴趣间接影响职业能力的效应。

如果删除工作导向影响企业认同与承诺的路径，虽然修正模型卡方与原模型卡方差异显著，信息指数AIC、BIC值有所增大，但是模型拟合指数的变化非常小（x^2/df=6.17，RMSEA＝0.069，CFI＝0.95，TLI＝0.94，SRMR＝0.029），出于简化模型的考虑，删除工作导向影响企业认同与承诺的路径，此时工作兴趣的中介效应Effect=0.059，SE＝0.012，$p<0.001$，95%CI[0.039,0.081]；95%的置信区间不包含0，中介效应显著，占总效应35.5%，工作兴趣在工作导向影响职业能力的过程中起到部分中介的作用。

用同样的方法检验工作导向在任务特征影响工作兴趣中的中介效应，结果显示，工作导向的中介效应Effect＝0.102，SE＝0.018，$p<0.001$，95%CI[0.073,0.133]；95%的置信区间不包含0，中介效应显著，占总效应23.1%，工作导向在任务特征影响工作兴趣的过程中起到部分中介作用。

多水平分析结果中，教学创新对职业能力具有负向预测性，在单水平的路径分析中路径系数也是负值，这里进一步检验工作导向在教学创新影响职业能力中的中介效应 Effect＝0.016, SE＝0.007, $p<0.05$, 95%CI[0.007,0.030]；95% 的置信区间不包含 0，中介效应显著，然而，教学创新影响职业能力的直接效应 Effect＝－0.070, SE＝0.007, $p<0.05$, 95%CI[–0.128,–0.017]；间接效应和直接效应异号说明存在"遮掩效应"（suppressing effects）[①]，以工作导向为中介的间接效应占直接效应比例的绝对值为 22.9%，说明教学创新对职业能力的影响以直接效应为主，即教学创新对职业能力具有负向影响。最终数据分析结果详见图 5-44。

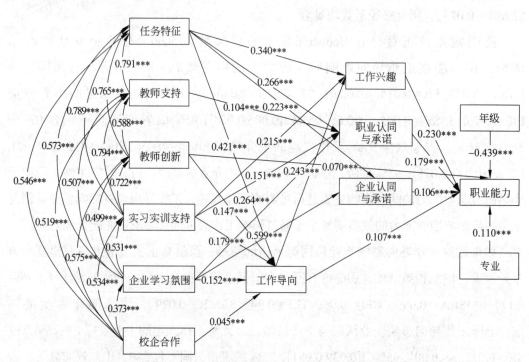

图 5-44 动机、活动和环境对职业能力影响机制的单水平路径分析结果（$N=1103$）

说明：职业能力为极差化结果，职业认同与承诺、企业认同与承诺、工作兴趣进行了标准化处理，下同。

单水平路径分析的结果显示，工作兴趣对职业能力具有显著的正向作用（$\beta=0.242$,

[①] 温忠麟，叶宝娟. 中介效应分析：方法和模型发展 [J]. 心理科学进展，2014. 22(5): 731-745.

$t=6.873$, $p<0.001$），职业认同与承诺对职业能力具有显著的正向作用（$\beta=0.188$，$t=5.836$, $p<0.001$），企业认同与承诺对职业能力具有显著的正向作用（$\beta=0.106$，$t=3.352$, $p<0.01$），工作导向对职业能力具有显著的正向作用（$\beta=0.107$, $t=2.776$, $p<0.01$），教学创新对职业能力具有显著的负向作用（$\beta=-0.070$, $t=-2.132$, $p<0.05$），学习内容抽象的专业比具象的专业的职业能力低，（$\beta=-0.439$, $t=-20.556$, $p<0.001$），应届生比高年级在校生的职业能力高，（$\beta=0.110$, $t=5.154$, $p<0.001$）。

其他相关变量与工作兴趣、职业认同与承诺、企业认同与承诺、工作导向都具有正向作用。具体来看，任务特征对工作兴趣具有显著的正向作用（$\beta=0.340$, $t=7.954$, $p<0.001$），实习实训支持对工作兴趣具有显著的正向作用（$\beta=0.215$, $t=5.541$, $p<0.001$），工作导向对工作兴趣具有显著的正向作用（$\beta=0.243$, $t=6.512$, $p<0.001$）；任务特征对职业认同与承诺具有显著的正向作用（$\beta=0.266$ $t=6.302$, $p<0.001$），实习实训支持对职业认同与承诺具有显著的正向作用（$\beta=0.151$, $t=3.660$, $p<0.001$），教师支持对职业认同与承诺具有显著的正向作用（$\beta=0.104$, $t=2.731$, $p<0.001$），企业学习氛围对职业认同与承诺具有显著的正向作用（$\beta=0.264$, $t=9.440$, $p<0.001$）；任务特征对企业认同与承诺具有显著的正向作用（$\beta=0.223$, $t=8.570$, $p<0.001$），企业学习氛围对企业认同与承诺具有显著的正向作用（$\beta=0.599$, $t=26.202$, $p<0.001$）；任务特征对工作导向具有显著的正向作用（$\beta=0.421$, $t=10.289$, $p<0.001$），实习实训支持对工作导向具有显著的正向作用（$\beta=0.179$ $t=5.351$, $p<0.001$），教学创新对工作导向具有显著的正向作用（$\beta=0.147$, $t=4.401$, $p<0.001$），企业学习氛围对工作导向具有显著的正向作用（$\beta=0.152$, $t=6.633$, $p<0.001$），校企合作对工作导向具有显著的正向作用（$\beta=0.045$, $t=2.055$, $p<0.05$）。

多水平分析的结果显示，当综合考虑学生个体和学校之间的能力差异时，教学创新在个体层面的影响是负面的，在学校层面也是负值，虽然不显著，但是如果有足够多的学校样本，这个值很大概率也是负的。这个结果与人们的一般认知相悖。路径分析的结果进一步解释了教学创新对职业能力的影响机制。以行为频次衡量的"教学创新"对职业能力具有负向作用，但是对工作导向具有一定正向作用，尽管作用值不大，说明目前职业院校的"教学创新"整体上质量不高,对学生个体的职业能力发展并没有发挥预期作用。

四、研究发现与建议

（一）研究发现

1. 职业院校学生职业能力发展尚不全面

职校学生的职业能力总体上近正态分布，大部分学生集中在中等能力水平，达到企业用人的基本要求。本次测评计算机专业学生成绩偏低，原因可能是其实习企业以小微企业为主，而出题专家多来自大型制造企业，试题内容更多反映大企业的要求。此外，计算机类专业抽象度高、符号化的学习内容对职校学生难度大，这也提示教师在专业教学中应充分考虑学生认知特点，尽量把抽象的教学内容具体化。测评结果显示，职校学生职业能力发展不全面。学生在要求较低的功能性能力方面表现较好，但在要求更高的过程性能力和设计能力方面表现较弱。能力变异系数与能力水平显著负相关，说明职业能力发展的全面性与能力水平的提升相辅相成。

2. 职业动机是职业能力发展的关键因素

研究发现，"职业认同与承诺"是影响学生职业动机和职业能力发展的重要因素，而工作道德对职业能力几乎没有影响，即一般工作道德的重要性正逐渐被新的规范所取代[1]。在考虑多种因素综合影响的情况下，职业动机能显著正向预测职业能力发展水平，表明激发和培养学生的职业动机有助于其职业能力发展。职校学生职业动机来源多样，既包括外在因素刺激产生的动机，如功利性的绩效导向，也包括自身发展的内在基本需求，如对工作本身的兴趣。职业认同与承诺和绩效导向对职业能力发展影响最大，职业认同与承诺体现了对特定职业身份和角色的内在接受程度，绩效导向体现了对外在回报的倾向性，说明能有效促进学生职业能力发展的动机内外交互，既包含个人发展诉求，又伴随一定功利色彩。职业认同与承诺与学生对自身职业生涯的积极建构有关[2]，关系

---

[1] Jäger, C.Die kulturelle Einbettung des europäischen Marktes [A].Haller M, Hoffmann-Nowotny HJ, et al. Kultur und Gesellschaft [C].Frankfurt am Main：Campus. 1989.556-574.

[2] Heinz W R. Arbeit, Beruf und Lebenslauf：Eine Einführung in die berufliche Sozialisation [M]. München:Juventa-Verlag. 1995.105.

到学生职业道德和工匠精神的养成,对职业教育具有非同寻常的意义。企业认同与承诺和工作兴趣也与职业能力显著正相关,并能正向预测职业能力,但是影响程度不及职业认同与承诺和绩效导向。

3. 教学相关变量对学生职业能力的双重影响

职业能力在不同学校类型、专业、年级以及所在班级是否参加教学改革项目间存在显著差异。技师学院学生职业能力测评结果表现较好,与该类学校专业课教师在教师职业能力测评的测评结果类似[1],说明教师的职业能力对学生职业能力发展具有"传递性"。入学前教育背景为普高和中职的高职院校学生的职业(认知)能力没有显著差异,说明中职在促进(职业)认知能力发展方面不比普高差,同样可以有效提高学生的认知能力和综合素养。参评中职学校参加了行动导向教学改革项目,其学生职业能力发展较好,甚至有学生达到过程性能力和设计能力水平,说明行动导向教学能够更好地促进习惯具象思维[2]的学生的发展。教学过程设计对职业能力发展影响复杂。在综合考虑其他因素的情况下,以"教师采用多样化的学习材料、媒介和方法开展教学的频次"统计的"教学创新"对学生职业能力有负面影响,这是一个令人惊讶的发现,说明浮于表面的、形式化的"教学改革"无法真正促进学生学习质量的提升。

4. 实习相关变量对职业能力水平影响较大

除实习企业类型以外,职业能力在实习与否、不同实习时长和寻找实习的不同途径间都存在显著差异。总体上讲,学生实习时长超过 6 个月、采用正式途径获得实习岗位,其职业能力发展较好。学生实习经历差异较大,有些学生尽管多次参加实习但专业工作能力并不强,说明实习效果有待提升。与职业能力呈显著正相关的实习因素包括实习实训支持、任务特征、工作导向和企业实习氛围等。对实习实训的支持反映企业指导教师对学生的帮助,任务特征和工作导向反映实习实训过程中工作(学习)任务的特点和工作逻辑完整化程度,企业实习氛围反映实习企业促进职业学习的条件和资源,用这些因

---

[1] 张志新,赵志群,等.我国职校教师职业能力的大尺度诊断及其启示——对全国五大行政区36所职校的研究[J].中国电化教育,2021(12):55-64.

[2] 陆璟.思维的痕迹:基于 log 数据的 PISA 问题解决能力研究[M].上海:上海教育出版社,2020:159-168.

素可以评价实习的"软硬件"配备。数据分析发现，规范的实习组织和在"软硬件"兼具的企业实习有助于学生职业能力发展。

（二）建议

有效的教育改革会触及深层次的制度因素，这需要借助科学的方法和工具去诊断和发现。COMET职业能力测评可以了解影响学生职业能力发展的学校、企业、社会和个人方面的因素，不仅可以评价学生的综合职业能力，还可以为相关部门制定政策提供实证依据，为职业院校改革人才培养模式提供针对性的解决方案。

1. 职业教育推动素质教育：守护职业教育的类型特色

职业教育在促进学生认知能力发展方面的功效并不比普通教育差，本次调查这一发现对解决我国职业教育的一些难点问题具有重要启发。目前，"职普比大体相当"政策在实施过程中遇到很多不解甚至阻力，一些家长不愿意送孩子去职校，说明职业教育促进全面发展的育人功能尚未被大众认可。

事实上，职业教育也是一种重要的"基础教育"，它通过弥补学习者在某些领域才能的不足（如学术能力）而促进其他方面的发展，恰恰是关注人的发展。正如凯兴斯泰纳（G. Kerschensteiner）所讲的："职业能够唤醒青少年的兴趣，是通往真正教育的大门"，因此"最理想的教育机构非职业学校莫属"[1]。教育界和全社会都应全面认识"基础教育"的丰富内涵，区分知识导向的"普通基础教育"和工作导向的"职业基础教育"，意识到职校学生与传统"好学生"的差异只是智力类型方面的差异，而不是智力水平的差异。按照多元智力理论[2]，职校学生具有特殊智力倾向，如果采用（语数外之外的）其他方式促进其智力发展，则有可能更好地适应其群体性特征。瑞士和德国等职业教育发达国家通过弱化理论学习降低学习难度，但采用行动导向的综合化教学方式，仍然高效地培养了职校学生这一特殊群体系统化解决问题的能力，并促进其创新能力的发展。职业院校应努力为学生提供高质量的"基于工作学习"（WBL）机会，这一原则同样适用于职

---

[1] Kerschensteiner G. Berufserziehung im Jugendalter [A].Wehle, G. Georg Kerschensteiner. Berufsbildung und Berufsschule [C]. Paderborn：Schöningh, 1922：130-147.

[2] 加德纳. 多元智能新视野 [M]. 北京：人民大学出版社，2008：8-19.

业本科教育。职业教育的核心学习内容是工作，涉及工作的对象、工具、方法和要求等工作要素，其学习内容更为丰富，教学组织也更为复杂。工学结合、理论实践一体化，是职业院校最重要的教学特征。应开展基于工作的学习而不是基于知识的学习，遵循能力发展逻辑而不是学科逻辑，按照工作过程系统化原则而不是学科系统化开展教学，培养学生的工作认知能力和行动能力而不是数理认知能力，这是职业院校的立校之本。当全社会都能考虑学生的认知特征、兴趣爱好、发展潜能与社会需求相匹配时，就有可能理性选择合适的升学或就业途径，从而实现职业教育与普通教育的协调发展。

2. 工作道德和职业认同与承诺此消彼长：优化职业院校的德育路径

本研究发现，职业认同与承诺通过职业动机，成为影响职业能力发展的重要因素，而一般工作道德却做不到，这对职业教育的德育具有重要启发。职业认同与承诺是个体对职业身份的情感联系，工作道德是人对工作绩效相关任务要求的无条件服从。职业素养不是操作技能和行为规范（工作道德）的简单整合，它受个体对职业角色和身份认同的影响。调查发现，由于职校专业设置、学习内容和实习企业工作安排等原因，多数学生尚无法在职业认同感与工作道德、职业承诺与组织承诺之间做出明确区分[①]。

目前职业院校德育工作主要还是通过显性课程方式对工作道德进行知识灌输，较少考虑职业角色体验，缺乏强有力的实践[②]。学生对职业角色和身份认识与认同不足，影响了职业素养的提高。布朗凯茨（H. Blankertz）指出："学生必须接受一个特定的职业角色，并且认同这个角色，否则就不可能获得职业能力。"[③] 职业学习过程是职业能力和职业认同感的共同发展过程，职业认同与承诺的形成需要反思性工作经验的积累，这只能在职业共同体中通过"合法的边缘性参与"[④]实现。按照"反思的实践者"认识理

---

① 赵志群，杨琳. 对我国职业院校学生职业道德发展状况的诊断研究[J]. 职教通讯，2011(21)：23-29.

② 蔡泽寰，詹杏芳. 新时代高职德育的价值维度和发展方向[J]. 职业技术教育，2020，41(4)：23-28.

③ Blankertz H. Einführung in die Thematik des Symposiums[J]. Zeitschrift für Pädagogik, 1983, 18：139-142.

④ J. 莱夫，E. 温格. 情境学习：合法的边缘性参与[M]. 王文静，译. 上海：华东师范大学出版社，2004.

论，要想有效促进职业素养的提高，必须创造机会，让学生通过"与独特而不确定的情境中的反思性对话"，运用经验中形成的隐性知识促进解决复杂问题能力的提高[①]。职业学习过程是"职业社会化"的重要环节，技工院校学生能力测评成绩较好的调查结果，说明了职业认同和企业认同的重要性。年轻人选定并接受一个职业，根据自身实际、职业风险和机遇做出理智安排，通过朴实而有效的学习可确保自己的行动空间；通过基于工作学习（包括各种岗位学习），在掌握技能的同时可实现对工作规范、职业伦理和价值观的内化。学生通过工学结合、校企合作等多场所的刻意或偶发性学习，对个人的理想和发展取向进行综合建构，实现个性特征、能力和职业生涯的协调发展，这是普通教育无法取代的。精益求精、一丝不苟的职业素养和工匠精神，只能在实际工作过程中得到弘扬，这也反映了我国当今社会职业道德"社会本位"和"个人本位"相结合的发展趋势。

3. 教学对职业能力影响复杂：加强教师的教学能力建设

本次调查发现，浮于表面的"教学改革"无法真正改善学习效果，对职业能力甚至有负向预测作用。相关田野调查也发现，教师在教学技能大赛中展示的能力难以落实在教学实践中，"改革"后的教学存在"课程组织简单流程化""课堂互动教师中心取向"和"小组合作质量低"等"形似神不似"的问题[②]。这说明，毕业于非师范院校的教师由于缺乏基本教学技能训练，应付日常教学已很吃力，更难胜任深层次教育教学改革的要求。

职业教育发展对师资队伍提出了更高要求。由于职业教育的"跨界"特征和教师培养机制的不完善，我国职业教育师资队伍始终存在结构性问题，院校毕业直接入职的教师实践能力弱，具有企业背景的教师教学能力弱；面对技术和社会的快速发展，他们又都缺乏足够的现代教育理念和教育技术。我们在关注"双师型"教师队伍建设的同时，还要着力提高教师的教学能力和从教动机。应重视制度改革的内部动力，促进教学制度的理性变迁[③]。针对职校学生这一特殊群体，教师对教学规律的把握具有重要的意义。

---

① Schön D. The Reflective Practitioner: How Professional Think in Action [M]. London: Basic Book, 1983: 16-34.
② 何兴国. 职校工作过程导向课程实施研究 [M]. 北京：清华大学出版社，2021：142-149.
③ 斯科特. 制度与组织——思想观念与物质利益 [M]. 姚伟等，译. 北京：中国人民大学出版社，2010：129-133.

当前针对职业教育教师的培训种类繁多但良莠不齐，各种项目和竞赛等活动让教师应接不暇，导致很多教学改革流于形式。建议职业院校提高教师的从教动机，一是增强教师的职业认同和承诺，这是能力发展的基础；二是关心不同教师的需求，有针对性地提供培训和项目支持，支持其理性地开展教学创新和实践，不盲目跟风进行"运动式"改革；三是打造良好的工作氛围，为教师提供一定的思考和调整空间，降低其职业倦怠并增强其发展信心。

4. 实习是发展职业能力的重要环节：完善校企深度合作方式

调查发现，企业实习对职业教育人才培养质量具有重要的甚至决定性的影响。目前学生实习存在不少问题，如优质实习企业资源稀缺、实习质量控制薄弱等[①]。在实习过程中，普遍存在着学生发展诉求与企业生产管理的矛盾，如实习生想多动手实践与企业担心学生"干坏活"之间的矛盾，实习生需要指导与师傅注重生产效率的矛盾，以及实习生渴望得到培养与自身跳槽意愿的矛盾等[②]。

建议从系统组织、过程控制和结果评价三方面提升实习质量。职业院校应为学生实习奠定更为扎实的基础。一是加强学生基本功训练，使企业放心让学生参与生产实践。二是在学校教学中注重完整工作过程，让学生养成收集信息、做计划和预判的习惯，使其进入实习后有自我判断能力，从而避免各种风险。学校还应为学生提供实习信息、职业规划和法律法规等方面的指导，避免学生选择专业不对口的实习岗位等情况的发生。学校应评估企业实习岗位设置、提供实习动机等方面的情况，就实习的组织形式和内容设计与企业开诚布公地交流，将学校人才培养目标与企业实际生产要求相结合，兼顾实习的教育价值和经济价值。实习企业应优化组织架构，让师徒因工作任务而结合在一起，形成"命运共同体"和同事型的师徒关系，从而为实习生提供有效的心理和社会支持。学校与企业应共同选拔企业指导师傅，对其业绩和品行提出要求，保证其有能力对学生提供指导，帮助其克服实习期的不适应。校企双方还应建立沟通和结果评价制度，实现信息共享。

---

① 祝成林.如何促进高职教育实习形成较高的质量——基于"学校—企业—学生"的实证研究[J].中国高教研究，2021(1)：103-108.

② 薛鹏飞.职校学生在企业实习中是如何发展的——以 D 汽修店为例[D].北京：北京师范大学，2021：61-65.

附件：正式问卷的量表

量表	维度	项目
职业动机	职业认同与承诺	我"适合"我的专业
		我的专业值得我奋斗一生
		我以我的专业为荣
		我打算未来一直从事本专业
		我喜欢和别人谈论我的专业
		我有责任从事本专业相关工作
		即使我更擅长其他领域，我仍然会从事本专业的工作
		我关心工作内容与我的专业有何联系
	企业认同与承诺	在这个企业实习，我感到满意
		我愿意为了实习企业更努力地工作
		实习企业对我而言有重要意义
		实习企业是我能选的最好的工作单位
		我愿意推荐我的朋友去实习企业工作
		我很"适合"在实习企业工作
		我关注实习企业未来的发展前景
		即使以后有机会去其他企业，我也想继续留在实习企业
		实习企业让我有家的感觉
	工作兴趣	我会考虑如何改进工作，以便更好地完成工作
		我关心我的工作如何能创造价值
		我力求高效地完成工作
		我愿意为工作承担相应的责任
		我会以饱满的情绪投入工作中
		我会留意工作时周边发生的一切情况
	绩效导向	我很在意工作福利能否达到预期
		我很在意职位晋升能否达到预期
		工资越高，我工作越起劲

续表

量表	维度	项目
工作道德	—	我在工作中完全听从上级领导安排
	—	即使不理解上级指令，我也会严格执行
	—	我保证完成上级交代的任务
实习实训支持	—	我在完成实习实训任务的过程中，可以得到实训老师或企业师傅的反馈和支持
	—	实训老师或企业师傅向我示范如何处理具体的专业问题。
	—	为了让我掌握工作的方式方法，实训老师或企业师傅向我解释，要这样做而不那样做的理由
	—	实训老师或企业师傅告诉我解决专业问题的思路
教师支持	—	老师关心我的问题
	—	老师留意我的感受
	—	老师表现出对我个人的关心
	—	老师非常了解企业的实际情况
	—	老师掌握本专业在企业的发展动态
教学创新	—	老师利用最新的专业资源
	—	老师提供多种多样的学习材料（例如工作页、案例、专业网站、实物等）
	—	老师使用多种多样的教学媒介（例如APP、专业软件、微信小程序、互联网等）
	—	老师采用多种多样的教学方法（例如项目教学、案例分析、角色扮演等）
	—	老师采用多种标准综合评价学生的能力
课堂互动	—	我和其他同学合作完成课堂任务
	—	同学们在课堂上讨论不同的想法
	—	课堂讨论时我会发表自己的看法
	—	我从其他同学那里学到很多
	—	课堂上，我能自己确定学习的进度
	—	学生可以和老师商量如何安排教学
差异化教学	—	老师根据学生的反馈及时调整教学内容
	—	当大部分学生学习都有困难时，老师会改变教学计划
	—	老师对遇到困难的学生提供个性化指导
工作导向	—	实习实训使我了解不同班组（或车间、项目组、部门）的工作
	—	实习实训使我了解从设计或生产到销售或售后，完整的生产服务流程
	—	实习实训让我不仅学会本专业的内容，还学会其他跨学科的内容
	—	实习实训使我了解工作需满足的专业及社会要求
	—	实习实训使我了解企业的组织结构

续表

量表	维度	项目
任务特征	自主性	我能决定如何展示工作成果
		我能决定完成工作任务的具体方法和步骤
		我能决定工作任务的具体目标
		我能协调完成工作任务的进度安排
		我能决定完成工作任务的合作伙伴
		我能自己确定工作任务要遵循的规章制度或协议
	综合性	专业所学帮助我完成实习实训的工作任务
		工作任务的内容之间的联系很复杂
		任务完成的结果应当实现不同的目标
	专业性	在完成任务的过程中,我必须考虑工作任务受多种因素的影响
		在完成任务的过程中,我必须考虑各方的需要
		在完成任务的过程中,我必须应对很多变化
		在完成任务的过程中,我必须考虑平衡各方的关系
		我必须搜集并处理很多与工作任务相关的重要信息
企业实习氛围	—	实习期间我能获得足够的学习资源(例如设备、文件资料)
	—	我有机会和同事交流工作的问题或经验
	—	工作时间实习单位允许我自主学习
	—	实习期间,我有机会做不同的工作,并且用到多种知识和技能
学校实践氛围	—	学校鼓励学生参与社会实践活动
	—	学校能为学生参与社会实践活动提供支持
	—	学校能直接为学生参加社会实践活动提供机会
	—	学校鼓励学生参加社团等学生组织
	—	参与社会实践或参加社团活动是学生评优评奖的重要内容
校企合作氛围	—	学校在企业界口碑很好
	—	企业重视与我们学校的合作
	—	学校对合作企业的工作很满意
	—	学校和企业在实习实训中合作密切
	—	学校课程包含了企业工作实践的内容
	—	学校课程建立在企业工作实践的基础上
	—	学校课程帮助我解决工作实践的问题
	—	我能将专业所学用于企业工作实践

第六章 职业技能等级证书考核评价指南（建议稿）

1. 范围

本指南依据国务院颁布的《国家职业教育改革实施方案》和教育部等四部门印发的《关于在院校实施"学历证书＋若干职业技能等级证书"制度试点方案》编制，确定职业技能等级证书考核评价的内容、方法和要求，对考核评价的组织实施提供一般性指导。

本指南适用于但不限于1+X证书制度试点工作中实施的职业技能等级证书所对应的职业技能等级考核评价。

2. 术语和定义

2.1 职业技能

个体完成某个职业岗位或职业岗位群工作任务的能力，包括职业认知技能和操作技能。

2.2 职业技能等级标准

对个体职业技能要求达成度的规定，包括职业素养、专业知识和技术技能等方面的综合要求，一般分为初级、中级和高级，是开展职业技能培训和职业技能等级考核评价的基本依据。

2.3 职业技能评价

对职业技能的测试或测量，即社会组织根据职业技能等级标准，采用一定工具对特定人群进行的测量、描述和评价，包括职业技能考试和职业能力测评两种基本方式。

2.4 技能评价的有效性

包括信度和效度，即职业技能评价方法在多大程度上满足教育与心理测量中信度和效度的相关要求。

2.5 技能评价的情境性

考生完成源于真实工作的案例型任务，通过对其工作行为、工作过程和工作成果的观察以及相关解释，评价考生的工作能力和态度。

2.6 技能评价试题

来源于职业岗位的典型工作任务，是通过对从业者实际工作内容、过程、方法和结果的提炼概括形成的具有普遍性、稳定性和持续性的工作项目。试题包括仿真模拟、客观题、真实性测试和COMET能力测评等多种类型。

3. 总则

3.1 工作目标

依据职业标准和职业技能等级标准，借鉴国内外先进评价理念和方法，对接科技发展趋势、市场需求，选择和开发科学的职业技能等级证书考核评价方法和技术，推进1+X证书制度试点工作，深化复合型技术技能人才培养培训和评价模式改革，畅通技术技能人才成长通道，拓展就业创业本领，促进学习者灵活、高质量就业。

3.2 考核评价原则

3.2.1 科学性原则

职业技能等级证书考核评价应依据职业技能等级标准，结合职业岗位或职业岗位群工作任务，按照技能评价和教育测量的客观规律确定考核评价方法和实施要求。

3.2.2 规范性原则

职业技能等级证书考核评价应依据本指南所规定的框架、方法和要求严格实施，考核程序规范，组织严密，具有一致性并可追溯。

3.2.3 有效性原则

职业技能等级证书考核评价应满足教育与心理测量中信度和效度的基本要求。

3.2.4 适应性原则

职业技能等级证书考核评价的组织实施应关注各地及行业企业的经济、技术和社会发展水平，注意不同地域之间可能存在的差异，在不违反以上原则的情况下处理具体问题。

4. 技能考核的基本规范

4.1 考核目标

通过职业技能等级证书考核，对相关企业从业人员及在校学生的专业知识、职业技能和职业素养等方面进行综合评价，以判断考生在本行业从业的适宜程度及发展潜力，可作为相关用人单位聘用、晋升的参考依据。

4.2 考核对象及报名条件

在校学生主要包括全国中等职业学校、高等职业院校、普通高等院校对口专业的学生，涵盖专业可参考国家相应的专业目录和各职业技能等级标准。

4.2.1 初级申报条件

具备下列条件之一者，可申报初级证书考核：①相关专业中等职业学校在校生，高中及以上学历并经过初级职业技能培训者；②具有相关岗位 1 年以上工作经验，能完成技能等级标准确定的工作任务者。

4.2.2 中级申报条件

具备下列条件之一者，可申报中级证书考核：①相关专业高等职业院校本专科在校生，专科及以上学历并经过中级职业技能培训者；②具有相关岗位 2 年以上工作经验，能完成技能等级标准确定的工作任务者。

4.2.3 高级申报条件

具备下列条件之一者，可申报高级证书考核：①相关专业高等院校本科在校生、本科及以上学历，达到中级职业技能要求，并经过高级职业技能培训者；②具有相关岗位 3 年以上工作经验，能完成技能等级标准确定的工作任务者。

5. 考核方式及评分

考核包括理论考试和实践考试两部分，建议实践考试部分设置情境性口试。理论考试和实践考试两部分成绩在总成绩中的权重由各评价组织自行决定，但是实践考试部分的权重应不低于 60%。两部分考试总成绩及格，且实践考试及格者，则考试通过。

5.1 理论考试

理论考试题目可设多种类型，包括传统的题目类型和新型的情境性试题。鼓励采用情境性试题，鼓励采用先进技术手段，如人工智能组卷等提高试题质量。

5.1.1 传统理论考试

采用闭卷考试，包括主观题和客观题，可设选择题、问答题和判断题等多种类型。鼓励采用信息技术手段提高考试的质量和效率。

5.1.2 新型理论考试

采用解决实践性问题或设计方案规划的情境性试题。

（1）解决实践性问题（设计与对话型）：针对来自企业生产实践的综合性任务，考生视专业不同在2~4小时内完成技术系统分析或功能分析，制定解决问题的方案。例如，机电设备维护与保养，考生分析设备功能缺陷和产生原因，制定维修方案，确定工作步骤。

（2）方案规划（目的理性型）：针对来自企业的实际工作任务，考生在规定时间（最多4小时）内，完成生产或服务计划的制订。例如，设计营销方案，并从专业、经济、社会和生态文明发展等多角度对方案作出解释。

5.2 实践考试

以技能标准为参照，采用现场考核、典型作业、模拟操作等形式，考评员通过观察，对考生的工作过程和工作结果进行评价。

5.2.1 操作技能考试

（1）技能展示：考生现场展示操作技能，并进行必要的解释。

（2）工作过程观察：考评员对考生完成任务的过程和结果进行观察，并评分。

（3）文件审核及口试：基于考生的工作成果和过程性文件进行评价，在此过程中通过口头提问了解背景信息（非正式口试）。

5.2.2 综合实践考试

适合中、高级别技能等级证书的考核评价。鼓励初级技能等级证书考核评价参照执行。

针对真实的综合性工作任务，考生制定解决方案，详细说明理由，并将计划付诸实施，在实施过程中控制质量，对相关事宜做文档记录，考试过程中可使用网络资源和参考资料。

考试由2~3名考评员组成的考试委员会集体评分。考生展示工作结果，说明计划实施情况，（必要时）说明偏离计划的理由，对工作结果和完成过程进行自我评估。考试委员会根据综合职业能力指标对解决方案、工作过程和工作结果进行集体评分。

可采用伴随型口试评估考生对实际问题的思考。伴随型口试可在实践操作过程中进行，也可以在实践结束后进行。考试委员会需要根据任务提前准备口试提纲。

建议综合实践考试时长按照专业不同设置为2~8小时。其中制定方案不少于2小时，任务实施不少于1小时，伴随型口试约10分钟。

5.3 说明

鼓励在技能考核和评分中采用虚拟仿真、语音分析、大数据智能采集等先进技术，但不主张完全采用仿真情境中的操作代替实践操作。

6. 相关人员配置

进行职业技能等级证书考核评价工作时，应为每个考点配备考核小组，包括考核管理负责人、考务管理人员、监考人员、考评员和技术维护人员等，其工作应满足以下要求。

6.1 考核管理负责人

（1）熟悉职业技能等级标准及认证考核方案，掌握考核管理制度及考试流程；

（2）选派相关人员参加评价组织开展的业务培训，组建考核管理团队，建立考评员及监考教师档案，对考评员进行管理；

（3）做好考试宣传工作，及时上报考核数据信息；

（4）根据评价组织机构的认证要求，制订考核计划，布置相关考场，保证认证考核工作顺利开展；

（5）及时妥善处理考试过程中的突发事件。

6.2 考务管理人员

（1）掌握职业技能等级认证工作的流程及考核管理制度；

（2）在考核管理负责人领导下，从事考核站点日常考务的管理工作；

（3）考前根据评价组织要求做好报名信息汇总及上报工作；

（4）负责认证考核的具体安排和各项准备工作；

（5）及时上报考试中出现的问题，并提出建设性意见。

6.3 理论考试监考人员

（1）核查考生证件，监督考生考试，制止违反考试纪律的行为，确保考试公正、顺利地进行。

（2）严格遵守考核纪律，负责对违纪人员视情节分别做出劝告、警告、终止考核等处理意见，并做好相应记录及上报。

6.4 实践考试考评员

实践考试应根据具体情况，组成由若干考评员组成的考试委员会，考评员应是本领域专家，具备多年企业实践经验，并且：

（1）熟悉职业技能等级标准及考核的内容、方法、要求及评分规则，严格按照流程进行考核评价；

（2）公平、公正地履行考评职责，不因个人好恶或考生的外表、习惯等非评价因素影响考核评价结果；

（3）认真执行考场规定，有效控制面试场面，维护考场纪律，合理回应考生现场提出的问题并处理突发事件；

（4）应回避有利害关系的考生（如本校学生）。

7. 场地及设备要求

职业技能等级证书的考核站点需配备相应的条件，如相应的设施设备、机房和考核的工器具和软件等，具体类型、数量和要求由技能评价组织确定。

资料来源：教育部职业技术教育中心研究所.职业技能等级证书考核评价指南.2021

附录一 研学旅行策划与管理职业技能等级考核指导方案（中级）

第一部分：理论考核

1. 考试目标

通过研学旅行策划与管理（EEPM）职业技能等级证书（中级）理论考证，主要考查相关专业方向考生的研学旅行基础理论，其中包括安全管理、实施辅导和策划管理能力以及总体知识结构等，用以判断考生在本行业从业的适宜程度及发展潜力。

2. 考试对象

已拿到研学EEPM（初级）证书的全国中等职业学校和高等职业学校、普通高等院校的研学EEPM证书标准对口专业的学生。理论考核不分专业方向，所涵盖专业可参考国家《普通高等学校本科专业目录（2020年版）》《普通高等学校高等职业教育（专科）专业目录（2015年）》《中等职业学校专业目录（2010年修订）》《研学旅行策划与管理职业技能等级标准2.0版》。

3. 考试形式与时间

（1）考试方式：闭卷。

（2）考试形式：上机操作。

（3）考试时间：与实操考试分开/同步进行，60分钟。

4. 考试内容

根据行业要求与院校专业设置，研学旅行策划与管理（EEPM）职业技能等级证书（中级）理论考核不分方向。主要涉及《研学旅行策划与管理职业技能等级标准2.0版》中"研学旅行策划与管理职业技能等级要求（中级）"、《研学旅行实操手册》相关的基础理论。研学旅行策划与管理（EEPM）职业技能等级证书（中级）考核的理论部分考查安全管理、实施辅导、策划管理的基础素质与潜在能力，其中涵盖了对于课程设计思维与运用方法论能力的考查。

理论考核的主体部分是研学旅行策划与管理职业技能等级要求（中级）。考核对明确责任、应急处理、安全保障、合作体验、开放探究、评价激励、学情分析、资源挖掘、开发设计标准条款的理解，并能在研学旅行活动开展中灵活运用。

考试难度：按照21学时的学习内容出具理论考题。

考题类型包含单选题（15题）、判断题（9题）、多选题（36道），总试题数量为60题。基于高效性的考虑只设置客观题题型。

5. 评分标准

理论卷面总分为100分，取实际得分×20%计入理论、实操综合成绩，合格标准为理论、实操综合成绩60分。评分方式为双盲评分，考生提交考卷后，由机器自动对比标准答案进行打分。

第二部分：实操考核

一、考核内容

根据行业要求与院校专业设置，研学旅行策划与管理职业技能等级要求（中级）划分为安全管理、实施辅导、策划管理三个不同的领域，设定专业化的考核题目，模拟真实研学旅行活动场景，使考核内容与该行业需求紧密接轨，完成对于基本素养、专业度与综合能力的考查。

二、考核目标

进一步深化职业教育改革、提高人才培养质量、拓展就业本领。通过研学旅行策划与管理职业技能等级要求（中级）考核，主要考查考生在本专业方向上运用标准内容进行复杂课程的实施能力，是否能够完整地完成1天以上的课程设计任务，是否能够做好责任分工、专业自如地进行安全管理，以达到知行合一的根本目的。

三、课程设计

1. 考试目标

通过研学旅行策划与管理职业技能等级要求（中级）考证，主要考查研学旅行相关专业方向考生参照标准考核要求，进行主题课程设计的能力。

2. 考试对象

已拿到研学 EEPM（初级）证书的全国中等职业学校和全国高等职业学校、普通高等院校的研学 EEPM 证书标准对口专业的学生。

3. 考试形式与时间

（1）考试形式：情景模拟，面向中小学生做课程设计，不允许带稿、教具等，教具由考点统一准备。

（2）考试时间：120分钟。

4. 考试内容

考题类型：以自然（气象类场馆）、地理（航海类场馆）、科技（航天类场馆），人文（民族文化类场馆）、历史（中医类场馆）、体验（病毒类场馆）6个主题研学旅行活动课程为范围，考生通过抽签选择1个主题进行1个单元课程设计。

考试难度：按照60学时的学习内容出考题。

具体形式：随机生成一个真实情景，结合对应教具和视频内容，在规定时间内，围绕抽中的主题，按照提供的框架，对照评分标准，选择合适的形式，组织合适的内容，完成2天1晚活动设计和其中1个单元的课程（不能选择吃住行环节）设计任务。要求围绕指定的真实情景、对应教具、视频内容和对应主题，对照评分标准进行课程设计。

5. 评分标准

总分为 100 分，其中任务 1 满分为 18 分，任务 2 满分为 82 分，取实际总得分 × 80% 计入理论、实操综合成绩，合格标准为理论、实操综合成绩 60 分。评分方式为统一评分，培训评价组织安排考评员对考生的表现情况，参照以下任务 1、任务 2 模板和评分标准（试行版）进行评分。

考试任务一：2 天 1 晚研学活动设计。

2 天 1 晚研学活动设计模板

活动名称							
活动亮点							
核心目标							
授课对象							
学生费用		元 / 人					
费用明细	包　含						
	不包含						
活动流程	日　期	时间段	地点	课程安排	内容简介	学时	涉及学科
	第 1 天						
	第 2 天						

附录一　研学旅行策划与管理职业技能等级考核指导方案（中级）

课程设计评分表

序号	评价要素	完全不符合（0分）	基本不符合（1分）	基本符合（2分）	完全符合（3分）
1	标题简洁、新颖、生动、吸引人				
2	亮点具体、独特、吸引人				
3	核心目标定义具象、可观察、可衡量且可操作性强，能体现社会责任感、实践能力和创新精神提升				
4	费用合理，符合公益属性				
5	活动时间安排合理，内容符合域情、校情、生情				
6	体现了主题—目标—内容—实施之间的关系				
	小　计				
	合　计				

考试任务二：为以上2天1晚活动选择1个单元进行课程设计。

单元课程设计模板

单元			主题	
课程名称			类型	
研学目标				
重点				
难点				
安全隐患				
适宜季节		活动时长		单位
授课对象	（ ）小学4~6年级 （ ）初一-初二 （ ）高一-高二	扩展对象	（ ）小学1~3年级 （ ）亲子 （ ）学前 （ ）高中生	授课师生比

续表

授课地点	省份		城市		区县		详细地址		
教具自检清单	序号		教具名称		单位	数量	备注		
	1								
	2								
	3								
活动流程提要（关键点、流程）	情景导入		所需教具						
			详细内容						
	确认主题								
	制定方案								
	体验探究	关键步骤	实施过程		所需教具		研究方法		时长/分钟
		第一步							
		第二步							
		其他							
	展示交流	所需教具							
		详细内容							
	评价表反思	所需教具			评价等级				
		评价标准	努力达成		合格		较好		优秀
		反思总结							
	拓展延伸								

附录一　研学旅行策划与管理职业技能等级考核指导方案（中级）

课程设计评分表

维度	序号	评价要素	完全不符合（0分）	基本不符合（1分）	基本符合（2分）	完全符合（3分）
专业水平	1	课程方案体现了目标、内容、实施、教具、情景等活动要素以及这些要素之间的关系				
	2	全面考虑了（显性和隐性的）工作过程中的知识。即：既体现了教材知识也反映了工作经验				
	3	方案的专业技术体现了"实用性"原则				
课程目标与内容	4	主题鲜明，名称简洁、新颖、生动、吸引人				
	5	所设计的（学习任务的）学习目标合理，目标定义具象、可观察、可衡量且可操作性强，能体现社会责任感、实践能力和创新精神提升				
	6	内容体现开放性、自主性、综合性、生成性、体验性、生活性、探究性等特点				
教与学的方式方法	7	完成学习任务或使用所选教具的方法在教学上合理				
	8	考虑了域情、校情、生情，符合学生的实际水平				
	9	形式丰富多样，合理考虑了体验式和探究式形式				
教学过程的组织	10	合理利用了实践场所场地和设备条件				
	11	教学过程设计有利于师生采用多种教学资源				
教学质量控制	12	实施了（或有利于实施）教学质量保证措施，采用的研学资源有助于实现学习目标				
	13	考虑学生个体的生涯发展与社会需要相结合的问题				

续表

维度	序号	评价要素	完全不符合（0分）	基本不符合（1分）	基本符合（2分）	完全符合（3分）
教学效率效果	14	教学活动在时间投入上合适；从设备、材料、吃住行、研学场所等角度考虑了教学的经济性、可行性				
	15	评价指标能有效检测目标达成度，评价方式与方法合理，易于操作，并促进学生对学习过程的反思				
可接受度	16	考虑了相关人员的安全与健康保护问题				
	17	考虑了学校、部门、教师和学生的需求以及与其潜在的冲突；考虑了环境保护				
社会人文背景	18	考虑了社会环境、职业道德或法律、民族等因素影响				
创造性	19	形成了一个既有新意同时又有价值的课程方案				
	20	课程方案充分利用了测试题目所提供的"设计空间"				
小计						
（按换算前60分=换算后82分进行）换算后小计						
最终得分						
换算后得分高于72分或低于40分请在此处补充说明						

6. 参考书目

《研学旅行实操手册》《研学旅行策划与管理职业技能等级标准2.0版》

附录二 光伏电站运维职业技能（初级）考核实操考试样题

说明：本题目为光伏电站运维职业技能（初级）考核的新型实操考试样题，考试时间为 2.5 小时。

一、情境描述

光伏电站运行值班是光伏电站运维的重要工作之一。站长要求作为光伏电站运行值班员的你，完成光伏电站线路连接、调试与运行，以及监控系统调试，并利用监控软件对电站的设备运行状态进行连续的监视，对在监盘过程中发现的问题进行详细记录，并及时对值班长汇报。

值班长根据你的汇报结果，要求你作为光伏电站运维工程师对光伏电站进行一次全面巡检，将光伏电站详细检查的结果记录在《巡检记录表》上，同时分析故障原因并排除故障，恢复电站运行、监控平台运行数据显示正确，并及时向站长汇报。

二、任务要求

子任务一：光伏电站线路连接

按附图 1 所示，在光伏电站运维实训考核系统上完成以下工作任务。

注：严禁带电操作，操作前汇流箱、配电箱、市电开关均处于断电状态。

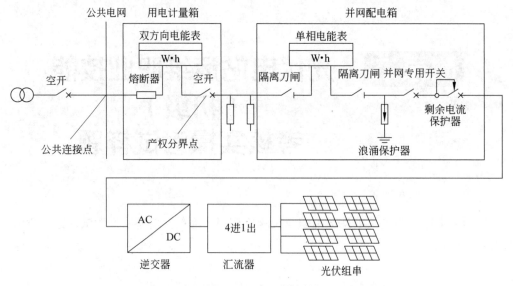

附图1 光伏系统原理图

具体要求如下。

➤ 完成光伏并网发电系统线路连接。

➤ 按附图1所示，完成光伏组件连接，并制作4根光伏组串汇集线。

➤ 完成逆变器进、出线及通讯线的连接和布线。

➤ 完成并网箱进、出线及通讯线的连接和布线。

➤ 工艺符合下列要求：设备接线牢固无虚接，走线合理、美观；应选择正确的线缆规格和颜色，组串正极使用红色光伏专用电缆，组串负极使用黑色光伏专用电缆，零线（N线）使用蓝色 BV1×2.5mm² 线缆，火线（L线）使用黄色 BV1×2.5mm² 线缆，RS485 通讯端子（A/B）分别使用红、蓝色 RS485 通讯线缆。

➤ 冷压端子的使用：每根导线的两端都必须使用冷压端子；使用冷压端子时，不得出现露铜。

➤ 某个接线端子需要接入多根导线时，不允许2根及以上导线接入一个冷压端子，每根导线均必须使用一个冷压端子。

➤ 号码管的使用：号码管标识正面朝外易于查看。要求号码管能遮住U型冷压端子的压线钳压痕或遮住管型冷压端子的塑料套管。

附录二 光伏电站运维职业技能（初级）考核实操考试样题

- MC4 连接器制作要求：剥线长度应符合工艺要求，保证端子后不外露线芯即可。MC4 插头金属插头使用专用压线钳压紧，金属插头必须与线缆压接紧固；MC4 插头紧固螺母必须使用专用扳手拧紧；插头与插头接插时必须安装到位。

子任务二：光伏电站调试与运行

在任务一的线路连接完成的基础上，在设备上完成以下操作。

- 逐级上电，完成光伏阵列、逆变器、汇流箱的上电调试，正确使用测量工具，测量并记录各项调试数据。
- 完成调试后，使光伏电站能够正常并网运行，正确使用测量工具，测量并记录各项运行数据。
- 表格填写完整、书写规范、记录准确，详见附表1。

附表1 光伏电站调试和运行记录表

考生姓名：　　　工位号：　　　考核站点编号：

	组串回路开路电压测量			
光伏阵列上电调试	回路编号	开路电压（V）		
	PV1			
	PV2			
	PV3			
	PV4			
逆变器上电调试	逆变器直流侧输入电压测量			
	回路编号	开路电压（V）		
	NB01			
	逆变器交流侧输入电压测量			
	电网电压（V）	频率（Hz）		
并网箱上电调试	并网箱电压测量			
	输入侧电压（V）	输出侧电压（V）		
	并网专用断路器失压跳闸及检有压合闸功能是否正常			□是 □否
光伏阵列测量数据	光伏组串工作电压、电流测量			
	PV1 直流工作电压（V）	PV1 直流工作电流（V）		
	PV2 直流工作电压（V）	PV2 直流工作电流（V）		
	PV3 直流工作电压（V）	PV3 直流工作电流（V）		
	PV4 直流工作电压（V）	PV4 直流工作电流（V）		

续表

逆变器运行数据	逆变器运行数据			
	直流输入电压（V）		直流输入电流（A）	
	交流输出电压（V）		交流输出电流（A）	
	交流输出功率（W）		电网频率（Hz）	
	逆变器防孤岛功能是否正常			□是 □否

子任务三：光伏电站运维监控系统调试

在任务二的基础上，完成以下操作。

➢ 在并网逆变器上完成通讯从机地址配置（注：从机地址与考试工位号保存一致，如9号工位从机地址即为09），如附图2所示。

➢ 使用串口调试工具，完成电表通讯调试，并记录通讯调试数据到附表2且将通讯调试软件界面截图保存至桌面"通讯调试"文件夹，截图命名为01-电表。

➢ 使用学生端监控软件，完成电表、逆变器运行数据采集，并记录运行数据到附表2且监控软件"设备监控"界面的电表、逆变器运行数据截图保存至计算机桌面"监控界面"文件夹，分别将截图命名为1-电表、2-逆变器"。

➢ 表格填写完整、书写规范、记录准确。

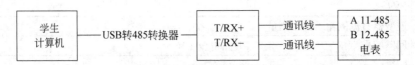

附图2 电表通讯调试连接示意图

附表2 电表通讯调试记录表

考生姓名：　　　　工位号：　　　　考核站点编号：

序号	调试项目	结　果
1	电表号	
2	COM端口编号	
3	校验位	
4	发送地址码	
5	有无反馈编码	

说明：将通讯调试软件界面截图保存至桌面"通讯调试"文件夹，截图命名为01-电表。

子任务四:光伏电站运行值班

对电站的设备运行状态进行连续的监视,对在监盘过程中发现的问题进行详细记录,如附表3所示填写《光伏电站运行值班记录表》,并及时对值班长汇报。

运行监盘的监视范围及内容如下。
- 设备运行状态是否在线。
- 逆变器的电气运行参数是否正常,有无告警等。
- 并网箱的电气运行参数是否正常,如电压、频率等。

注:不包含汇流箱巡检。

附表3 光伏电站运行值班监盘记录表

考生姓名: 工位号: 考核站点编号:

逆变器运行信息			
运行状态	□正常 □离线	设备温度(℃)	
总发电量(kW·h)		当日发电量(kW·h)	
输出功率(W)		输出电压(V)	
输出电流(A)		电网频率(Hz)	
输入电压(V)		输入电流(A)	
电表运行信息			
运行状态	□正常 □离线	电表号	
正向有功总(kW·h)		反向有功总(kW·h)	
正向无功总(kW·h)		反向无功总(kW·h)	
电压(V)		电流(A)	
瞬时有功功率(W)		瞬时无功功率(W)	
瞬时总是在功率(W)		总功率因数	

电站整体运行情况简述:

子任务五：光伏电站巡检与排故

值班长根据你的汇报结果，要求你作为光伏电站运维工程师对光伏电站进行一次全面巡检，将光伏电站详细检查的结果记录在《光伏电站巡检记录表》上，同时分析故障原因并排除故障，恢复电站运行、监控平台运行数据显示正确，并及时向站长汇报。

具体要求如下：

➢ 完成光伏电站巡检，完成《光伏电站巡检记录表》填写，如附表4所示。

附表4 光伏电站巡检记录表

考生姓名：　　　　工位号：　　　　考核站点编号：

序号	巡检项目		巡检结果
第一部分：光伏方阵巡检			
1	组件有无破损或明显变形		
2	组件间MC4联接器有无松动、虚接		
3	光伏组串联接线有无松动、虚接		
4	光伏电缆有无破皮、断线		
第二部分：并网逆变器巡检			
1	外观是否完好，有无锈蚀、变形、掉漆等		
2	安装是否牢固、可靠，		
3	电气连接是否牢固、无松动		
4	逆变器是否正常工作、有无告警		
5	逆变器运行参数		
	直流输入电压	直流输入电流	
	交流输出电压	交流输出电流	
	交流输出功率	电网频率	
第三部分：并网配电箱巡检			
1	外观是否完好，有无锈蚀、变形、掉漆等		
2	安装是否牢固、可靠，		
3	电气连接是否牢固、无松动		
4	光伏专用断路器是否跳闸		
5	交流防雷器是否失效		

附录二　光伏电站运维职业技能（初级）考核实操考试样题

> 使用合适的工具进行故障点排查，找出故障原因，在界面上正确选择原因，点击"只提交一次"按钮，排查正确的故障，提交后系统会将故障复位，排查错误的故障将保持故障状态。

> 提交所有故障后，记录故障原因和电站运行数据且将监控软件"设备监控"界面的电表、逆变器运行数据截图保存至计算机桌面"监控界面2"文件夹，分别将截图命名为1-电表、2-逆变器"。

> 表格填写完整、书写规范、记录准确。

附录三 在线学习服务职业技能等级证书（中级）考试大纲

第一章 考试总则

为规范在线学习服务职业技能等级证书（以下简称证书）考试管理，根据《在线学习服务职业技能等级证书考核方案（试行）》（教育部职业技能等级证书信息管理服务平台备案），制定本大纲。

本大纲是证书中级考试的命题依据，供考生备考时参考。

第二章 考试目标

证书中级考试主要考查在线学习服务领域的下列知识、技能和素养。
（1）具有先进的在线学习服务和管理理念、良好的法律意识和职业道德。
（2）具有阅读理解、语言表达、逻辑推理、数字化工具运用等基本能力。
（3）具有在线学习督导、测评和数字化服务能力。

第三章 考试要求

1. 具有先进的在线学习服务和管理理念、良好的法律意识和职业道德

了解国家主要的教育法律法规，如《中华人民共和国教育法》《中华人民共和国义

务教育法》《中华人民共和国教师法》《中华人民共和国未成年人保护法》《中华人民共和国预防未成年人犯罪法》《学生伤害事故处理办法》等。熟悉国家有关教育法律法规所规范的教师教育行为。

了解《中华人民共和国国民经济和社会发展第十四个五年规划和2035年远景目标纲要》《国家中长期教育改革和发展规划纲要》等相关内容。

了解学习者权利保护相关内容，如《在线学习中的个人数据和隐私保护：面向学生、教师和家长的指导手册》等。

了解在线学习服务中/基层管理理念，能够领导团队为在线学习者提供良好的服务。

理解正确的教育观、学生观和教师观，尊重法律及社会接受的行为准则、爱国守法、爱岗敬业、真心关爱学习者。

2. 具有阅读理解、语言表达、逻辑推理、数字化工具运用等基本能力

（1）阅读理解基本能力

阅读理解属于感受能力，包括听、读、观察和理解。一个人对语言文字的感受能力，与之在生活中理解他人的能力是一致的。中级考试要求考生既能理解相关阅读材料中重要概念的含义、重要语句的含意、重要图表的信息，也能帮助或辅导他人进行正确的阅读理解。

例如：辅导一线服务人员收集、整理、分析和归纳在线学习者对某课程的评价、留言或其他反馈。

（2）语言表达基本能力

语言表达能力包括口头表达和书面表达，两者都具有艺术特征，没有定势，但有规律可循。中级考试要求考生能根据需要充分表达自己的思想和观点，具有良好的布局谋篇，安排行文结构的能力。且语言表达准确、鲜明、生动，能够运用多种修辞手法增强表达效果。

例如：为某企业新年度员工培训撰写一份具有说服力的《×××在线学习解决方案》。

（3）逻辑推理基本能力

逻辑推理在广义上被定义为"评估信息的过程"。要想做出正确的决定，首先要掌握充分的信息，而要想掌握充分的信息，就必须提出正确的问题。通常来说，擅长逻辑推理的人，往往也比较善于提出问题，搜集相关信息，并用"正确的"方式对这些信息进行评估。中级考试要求考生了解一定的逻辑知识，熟悉分析、综合、概括的一般方法。

掌握比较、演绎、归纳的基本方法，准确判断、分析各种事物之间的关系。准确而有条理地进行推理和论证。

例如：在举办某在线学习活动之前，进行模拟推演，避免问题或减少风险。

（4）数字化工具运用基本能力

数字化工具包括通用型、知名教培机构专用型和小众型。中级考试要求考生熟悉通用型数字化学习平台（工具），掌握在线学习服务的方法和流程。

例如：能够运用"腾讯会议"组织跨城跨省或跨国的在线学习活动。

3. 具有在线学习督导、测评和数智化服务能力

（1）教学督导能力

教学督导能力包括在线学习质量督导、在线学习进度督导、在线教学效果督导等职业技能。

中级考试要求考生掌握以下督导能力：

- 能采用定性测评和定量测评，核查、评价学习需求分析的工作质量；
- 能收集、整理、统计、分析、总结、归纳海量学习需求，通过学情数据分析，提升在线学习服务质量；
- 能根据学情数据分析结论，利用数智化工具或科学方法，增强学习路径规划技能；
- 能以学习目标和关键成果为依据，遵照在线学习质量督导手册，为优化在线学习服务流程、提升在线学习服务体验提供建议；
- 能使用数智化教辅方法，帮助学习者直面学习挑战、克服学习困难，完成学习任务但不以学习质量为代价；
- 能督促并辅导学习者按照科学合理的进度展开学习，能监督和指导在线学习服务人员有效管理学习者学习进度；
- 能辅助主讲老师监控学习过程，并提供反馈；
- 能解决阻碍教学进度的技术问题（数字化平台/工具）以及其他非技术问题；
- 能综合运用目标管理、时间管理、压力管理和危机管理方法，提前避免可被管理的教学进度迟滞因素；
- 能区分"在线学习质量"和"在线教学效果"之间的差异，根据在线教学督导规

范，各有侧重地完成在线教学督导任务，保障在线学习服务质量，提升在线学习服务体验；

➢ 能使用信息技术和数智化技能，监督和指导教学、教辅人员在学习活动过程中，对学习者的学习效果进行形成性评估，并在学习活动结束后，对学习者的学习效果进行终结性评估；

➢ 能根据评估结果，判断在线学习服务目标的完成情况，及时发现教学问题，及时调整服务项目与安排；

➢ 能包容不同意见，懂得情商教育，鼓励学习者积极参与满足学习目标与自身特点的学习活动；

➢ 能诊断学习困境，准确分析、评估在线学习活动实施情况，帮助主讲老师或学习者跨越教学障碍，确保良好的教学效果；

➢ 能设计具有高效度和高信度的学习效果评价方法和评价标准；

➢ 能指导和辅助初级人才执行在线学习服务数智化教学辅导计划，通过教学督导实现口碑传播和业务增长。

（2）数智化服务能力

数智化服务能力包括数字化教学辅导规划、实施和管理能力。

中级考试要求考生掌握以下数智化服务能力：

➢ 能理解数智化教学辅导（挖掘机会→触发感知→引起好奇→主动问询→诱导行动→获得品牌知名度→深度种草→众媒养成→口碑建设）对在线学习服务运营的重要作用；

➢ 能运用在线学习服务数智化教学辅导方法，建立在线学习服务团队的工作导向，帮助团队成员培养数智化教学辅导思维；

➢ 能采用定量研究和定性研究两种策略，理解学习者在不同情况下表现出的学习需求、选择倾向及好恶，并找到影响学习者购买决策的核心因素；

➢ 能分析数据，找到目标客户，洞察竞争形势，制定出色的数智化教学辅导战略；

➢ 能根据战略，制定出简洁实用、条理清晰、信息充分、易于阅读且具有说服力的"在线学习服务数智化教学辅导计划"（至少应包括目标、摘要、对商机的评估、战

略举措概述、财务指标、预算/预测和结论);
- 能组织实施"在线学习服务数智化教学辅导计划",形成从了解、认可到转化的完整服务闭环,有效提升用户转化率;
- 能按照实施步骤,分析学习者行为数据,找出并串联关键节点,带领在线学习服务团队执行数智化教学辅导任务,实现目标;
- 能使用互动演讲技巧清晰阐述数智化教学辅导计划,获取团队的认可和配合;
- 能有针对性地向各利益相关者介绍关联性强的信息,争取到计划实施所需的资源、帮助以及其他支持;
- 能按照管理规范,监控数智化教学辅导实施进展,并解决相关问题;
- 能运用预案管理方法预测障碍,提前准备多种方案以应对可能出现的挑战;
- 能运用组织管理技能来规划、安排及协调在线学习服务数智化教学辅导活动,以便在规定时间内实现目标;
- 能识别和界定实际业务问题,明确 SMART 目标(具体、可衡量、行动导向、可实现、时限性);
- 能运用甘特图、流程图(PERT 图、关键路径图等)、工作分解结构(WBS)等多种工具制定进度表,管理在线学习服务数智化教学辅导过程中的具体活动或工作任务,并建立对进度表进行更新和修改的控制及沟通体系;
- 能组建或培养高绩效服务营销团队,善于预见人员问题,并加以解决;
- 能运用风险管理方法,实施在线学习服务数智化教学辅导风险稽核,采取行动避免或降低已被发现的风险,预测尚未出现的风险并为之制订应急计划;
- 能操作在线学习服务数智化教学辅导控制系统,监督服务质量,提升服务绩效;
- 能使用复盘工具或方法,评估质量、收益和成本方面的执行情况和经验教训,能制订并落实下一步改进计划。

(3)质量测评能力

质量测评能力包括学习质量、教学和服务质量测评能力。

中级考试要求考生掌握以下质量测评能力:
- 能制订和执行测评计划,对学习者的学习成果和学习效果进行形成性评估和终结性评估，判断学习目标的完成情况；
- 能采用在线观察、交流、调查和测试等方法，评估学习者在学习方面的表现、发展和进步，以及对数字化学习平台（工具）的适应性；
- 能运用在线沟通技巧，向学习者、教师和相关人员及时反馈学习者的学习质量测评结论、共同帮助学习者复盘改进；
- 能采用定性和定量测试，评估在线教学课程内容是否适宜，学习者是否满意等；
- 能通过学习者评价分析，评估在线教师是否具备专业学科知识和在线教学能力，能评估数字化测验的信度和效度；
- 能运用尼尔森启发式评估等方法，测评数字化学习平台（工具）的可用性和易用性；
- 能采用定性和定量测试，对在线学习服务团队的绩效表现进行评估；
- 能辅导或帮助在线学习服务团队提高服务质量和工作绩效，以测评促成长；
- 能与在线学习服务团队成员共同设定或改进绩效目标，比较绩效目标与实际结果的差异，分析成因并找到解决办法。

第四章　试卷结构

证书初级考试由"客观题"和"情境试题"两部分构成。

客观题为闭卷考试，满分 30 分，限时 60 分钟，提交后不可更改，得分权重为 20%，考试成绩评定以参考答案或正确答案为主要依据，将由考试系统自动对答卷进行批改。

情境试题为开卷考试，满分 120 分，限时 30 分钟（上传文件或照片），提交后可更改一次，得分权重为 80%，考试成绩评定以测评指标或解题空间为主要依据，将由评分员对答卷进行评分和评论。

$$证书总评 = 客观题成绩 \times 0.2 + 情境题成绩 \times 0.8$$

证书总评 ≥70 分，通过，领取电子证书。

证书总评 <70 分，不通过，考生可参考评分员的评论对情境试题进行修改，重新

提交后等待新的评分。若通过，可领取电子证书；若仍不通过，则需参加下期考试，或放弃认证。

示例1：小明的客观题成绩为20分，情境题成绩为90分，那么小明本次认证考试的最终得分为76分（20×0.2+90×0.8），已通过，可领取电子证书。

示例2：小虎的客观题成绩为10分，情境题成绩为50分，那么小虎本次认证考试的最终得分为42分（10×0.2+50×0.8），未通过，小虎可重新提交情境题，若能拿到85分以上的成绩，最终得分达到或超过70分，方可通过（10×0.2+X+0.8≥70，X≥85）。

考生须注意，重新提交"情境题"的机会只有一次，而且评分员不会因为"重新提交"而网开一面。考生只有对"不合格项"进行逐一整改，达到要求，才能赢得评分员的认可。

附件1：客观题题型示例（样题）

一、单项选择题

在线教学中的学习需求分析为什么很重要？（　　）

A. 因为需求是学习的唯一动力

B. 因为需求是永不改变的内驱动力

C. 因为不了解需求就难以有的放矢地制订教学计划和方案

D. 因为不了解需求就难以因地制宜地制定教学制度和规范

【正确答案】C

【解析】在线学习需求分析是高效开展在线教学活动的前提。在线学习开始前，教学组织者基于对学生的现有学习情况、知识基础和学习期望等有所了解，才能有的放矢地制订教学计划和方案。A、B项描述过于绝对，可排除；D项描述中的教学制度和规范通常是针对教学教务工作人员，而非学习者。

二、多项选择题

学习者特征包括哪些方面？（　　）

A. 学习者的认知成熟度和文化背景

B. 学习者的性别

C. 学习者的动机水平

D. 学习者的归因类型

E. 学习者的焦虑水平

F. 学习者的学习风格

【正确答案】ABCDEF

【解析】学习者特征包括七个方面：学习者的认知成熟度、文化背景、性别、动机水平、归因类型、焦虑水平、学习风格。

三、判断题

访谈，作为一种数据收集方法，可以避免主观因素干扰，实现批量调查目的。（   ）

【正确答案】错

【解析】访谈是为了深入了解学习者主观认识。问卷可以实现批量调查目的。

四、填空题

（   ）是不定期进行的，旨在促进教与学的进步。（总结性评价还是形成性评价？）

【正确答案】形成性评价

【解析】形成性评价是不定期进行的，旨在促进教与学的进步，通常用于在一段学习时间结束后对学习者的知识、技能、能力发展等方面进行评判。

附件2：情境性职业能力测评试题（真题）

一、题目名称

在线学习活动的督导和测评

二、情境描述

胡小强与芦大河是某院某系大学二年级学生，两人同住一间宿舍，常常与其他五位同学一起打球、一起吃饭、一起玩剧本杀。七个人关系好得像一家人，因此被同学们笑称为"葫芦"兄弟。葫芦兄弟们最近正忙着帮图书馆操办"共读一小时"活动。

活动持续一个月，他们管这个月叫"读书月"，当月每天有且只有一个小时"在线共读"时间。图书馆对这个月度系列活动的要求如下：

> 每天一个小时的在线共读，应给参与者带去有意义、有效率、有收获的阅读体验，

不能变成在线闲聊，或者在线八卦；
- 遵循自愿共读原则，参与者有"来"或"不来"的权利，也有随时"退出"的权利；
- 每天每小时在线共读总人数限 8~12 人，不少于 8 人，不多于 12 人；
- 每次共读后，葫芦兄弟应邀请参与者对活动进行评价，并鼓励每位参与者写下当天的"读后感"；
- 葫芦兄弟应及时收集、整理、分析读者评价和读后感，每天复盘，持续改进。当月活动全部结束时，要对比第一天和最后一天的活动视频，有无不同，有何不同。

三、任务要求

（1）假设图书馆指派你为"活动督导"，负责监督"读书月"月度系列活动，暨"共读一小时"在线学习系列活动的质量、进度和效果。

① 在活动筹备期，作为"活动督导"的你，收到一封来自葫芦兄弟的《读书月"共读一小时"在线学习活动策划案》，你认为这份策划案中应至少包括哪些核心要素？请画出思维导图，或列出提纲；

② 你很满意该方案，如何确保方案落地？如何监控和评估活动进度，以及在线学习者的阅读质量和效果？请画出《活动流程图》《活动进度图/表》，请编制面向在线学习者的《共读自测》《调查问卷》《回访问卷》；

③ 你不满意该方案，如何提出有说服力的不同观点，并通过沟通使人信服？请写出至少 5 个关键词，并说明原因。比如，关键词 1 "真诚且尊重他人：因为不真诚、不尊重他人的对话是无法赢得他人信任的，更谈不上有说服力"；

④ 葫芦兄弟否定了你的观点，你因此与他们发生争执，有位老师跟你们说："人与人之间，难免产生沟通难题，但冲突并不总是坏事，对立的观点时常能激发出新的灵感或想法，有利于更好地解决问题。"你同意这位老师的说法吗？为什么？你曾经克服过哪些不可避免的争议吗？说说你的故事。

（2）假设葫芦兄弟计划在读书月活动中，每天组织在线学习者共同阅读一本书。然而问题来了，他们拟定书单时，七个人拟出了七份各有特色的书单（就像动画片里的七个葫芦娃全都身怀绝技，却又各不相同），让你决定用哪份。

①你会婉拒他们的请求吗？为什么？

②你婉拒后，他们仍然迟迟定不下书单，活动被拖延了，眼看就要取消，你会挽救吗？为什么？

③你当时没有拒绝他们，但不管你决定用哪份，都会打击另外六人的工作积极性，你有没有既不伤害团队凝聚力，又能快速敲定书单的办法？是什么办法？

（3）假设葫芦兄弟临时有事，不能组织活动了。图书馆重新召集了七位来自不同院系的同学，他们有男有女，互不认识，毫无默契。

①第一天的在线共读开始后十多分钟都没人管，大家在等待过程中闲聊起来，有人事后向图书馆反馈了这个情况，图书馆让你查验一下情况是否属实？问题因何而起？请简要写出查验步骤及内容。

②当你在查验情况时，七位同学互相推诿，你会如何处理此事？为什么？请向图书馆提交一份简短的《客诉调查报告》。

③最后一天活动结束时，你发现第30天的"最后一小时"与第1天的"第一小时"相比，并没有什么不同，就好像只是一件事日复一日地重复了30次而已，你希望它有变化吗？为什么？

（4）假设图书馆邀请你担当下一年读书月活动的总策划。

①下一年，读者参与在线共读活动之前需进行阅读能力测评，如何划分级别？划分几个级别？各级别之间有何差异？怎样确保测评效度和信度？请画出示意图，并对图示进行必要的解释。

②同一级别的读者还需兴趣相投，那么如何进一步细分？比如按文种分类、按科目分类、按用途分类、按内容分类等。请告诉智能助教（机器人），它应该以什么样的规则，让哪些人进入同一个虚拟书房能很快发生化学反应（通过你对规则的设计，让智能匹配的陌生人一见如故）？

③不仅同一小组的人与人之间要碰撞出火花，而且要让30天里的每一个小组之间都产生关联，请充分发挥你的想象力，画出故事板，讲出你的故事。

四、参考资料

回答上述问题时,考生可以参考附录三,或者使用任何常见资料,如最新的法律法规、配套的教学用书、延展的参考资料、网络资源和个人笔记等。

附件3:情境试题解题指南

一、解题思路

这道题,建议你不要独自坐在桌椅上去想,请约上同学去图书馆坐坐、走走、看看、想想、聊聊(出馆再聊)、试试!

二、任务分解

根据试题中的任务要求,你需要提交以下原创内容:

1. 关于读书

(1)《读书月"共读一小时"在线学习活动策划案》的思维导图或提纲;

(2)《活动流程图》《活动进度图/表》《共读自测》《调查问卷》《回访问卷》;

(3)写出5个关键词,并说明原因;

(4)对冲突的认知和理解。

2. 对待问题

(1)对待问题的态度和解决问题的方式方法1;

(2)对待问题的态度和解决问题的方式方法2;

(3)对待问题的态度和解决问题的方式方法3。

3. 处理客诉

(1)客诉的查验步骤及内容;

(2)《客诉调查报告》;

(3)对"低水平重复"的看法。

4. 其他

(1)测评示意图及其解释;

(2)对智能推荐原理的理解(数智化服务能力),绘制或阐述规则;

（3）讲故事的能力。

注：确保内容的原创性既是考生的诚信体现，也是考试的基本原则。经智能系统检测，试题内容查重率超过30%，将视为抄袭，相关试题作废。考生只有一次重新提交的机会，若查重率再次超标，则取消考试资格。

三、任务关联

如果某些任务之间有逻辑关系，请注意合理性。

四、任务实施建议

请参加中级考试的考生尝试自己想办法解决各项任务中的问题。

这些任务没有标准的解决方案，就像是让一百位导演拍抗日剧，会有一百部各不相同的抗日故事。希望你能在这些任务中彰显自己的个性，以及解决问题的能力。

五、提交建议

请登录"在线学习服务职业技能等级证书"考试平台，或者按照培训评价组织指定的方式进行提交。

熟悉计算机操作和软件应用的考生可提交电子文件；不擅长或不喜欢计算机操作的考生可用纸笔答题，拍照后上传。

附件4：情境试题评分标准

评分员根据COMET职业能力测评方法，对你提交的答卷按项进行评分。完全不符为0分，基本不符合为1分，基本符合为2分，完全符合为3分，共计40个评分项。

一、直观性

编号	测评指标	完全不符	基本不符	基本符合	完全符合
1	面向在线学习者编制文件时，表述准确、简明扼要、条理清晰，而且易于对方理解				
2	面向组织内部编制文件资料时，结构分明、思路清晰				
3	绘制图表类解决方案时，直观形象、寓意准确				
4	各项子任务的解决方案与专业规范或技术标准相符合				
5	各项子任务的解决方案相互关联、相互支撑、相互促进				

二、功能性

编号	测评指标	完全不符	基本不符	基本符合	完全符合
6	能够运用数字化工具，满足情境中的学习需求				
7	任一子任务解决方案中拟订出切实可行的行动计划，能帮助学习者优化学习体验				
8	任一子任务解决方案中拟订出切实可行的行动计划，能帮助学习者提高学习效率				
9	任一子任务解决方案中拟订出切实可行的行动计划，能帮助学习者提升学习质量				
10	任一子任务解决方案中拟订出切实可行的行动计划，能帮助学习者克服学习困难				

三、使用价值导向

编号	测评指标	完全不符	基本不符	基本符合	完全符合
11	使用相关解决方案后，各项子任务所述问题，得到有效解决的可能性很大				
12	使用相关解决方案后，能使学习者受益				
13	使用相关解决方案后，能凝聚团队力量				
14	使用相关解决方案后，能让组织内外合作伙伴统一认识，便于协同				
15	使用相关解决方案后，能有效杜绝或避免违法违纪违规行为				

四、经济性

编号	测评指标	完全不符	基本不符	基本符合	完全符合
16	相关子任务解决方案的成本是合理的、可控的				
17	涉及成本的子任务解决方案描述了支出（包括持续性支出）与收益（包括持续性收益）之间的关系，并说明了缘由				
18	涉及成本和收益的子任务解决方案，在经济性计算或预测方面，基本合理				
19	有经济价值的子任务解决方案，并未恶意损害任何利益相关方的正当权益				
20	有经济价值的子任务解决方案，有利于营造合作共赢的良好氛围				

五、工作过程导向

编号	测评指标	完全不符	基本不符	基本符合	完全符合
21	有逻辑关系的子任务解决方案或相关内容，符合在线学习服务流程				
22	相关子任务解决方案或内容，是以实际工作流程为导向，而非生搬硬套书本上的理论知识				
23	相关子任务解决方案或内容，充分考虑了上游和下游的服务流程				
24	相关子任务解决方案或内容，反映出典型工作流程中典型岗位所应具备的核心能力				
25	相关子任务解决方案或内容，反映并考虑到超出本职业工作范围的要素				

六、社会接受度

编号	测评指标	完全不符	基本不符	基本符合	完全符合
26	所有解决方案或内容，没有任何反社会、反人类、反国家、反民族倾向				
27	所有解决方案或内容，没有任何歧视性、污蔑性、恶俗性表述				
28	所有解决方案或内容，没有任何欺诈性方案或计划				
29	所有解决方案或内容，不侵犯数据安全、网络安全和个人信息安全				
30	相关解决方案或内容，有利于创造或维护良好的社会环境				

七、前瞻性

编号	测评指标	完全不符	基本不符	基本符合	完全符合
31	相关解决方案或内容中，呈现出长期价值，有远见，而非只盯着短期利益				
32	相关解决方案或内容中，呈现出大局观，有格局，而非只顾着个人利益				
33	相关解决方案或内容中，呈现出系统力，有实力，而非"假""大""空"				
34	相关解决方案或内容中，呈现出执行力，有韧性，而非三分钟热情				
35	相关解决方案或内容中，呈现出反思力，有改进，而非低水平重复				

八、创造性

编号	测评指标	完全不符	基本不符	基本符合	完全符合
36	相关解决方案或内容中，呈现出创新意识				
37	相关解决方案或内容中，呈现出产品创新、服务创新、业务流程创新或商业模式创新				
38	相关解决方案或内容中，呈现出高效创新、持续性创新或颠覆性创新				
39	相关解决方案或内容中，以目标为导向，慎重筹划及展现了可能有用的、新奇的创意				
40	相关解决方案或内容中的创新及创造力，能有效解决特定问题，或满足特定需求				

附件5：测评结果呈现

一、呈现给每位考生的测评结果

测试完成后，每位考生不但可以得到一个能力总分和自己所处的能力级别，而且可以得到一份描述其职业能力特点的轮廓图（见附图1）。轮廓图不仅展示了三个能力级别，而且包含了八项能力指标，显示了能力模型的多维特征。这可以使考生清楚地了解自己的优点和缺陷，从而明确未来的努力方向。

二、呈现给院校的测评结果

通过测评，院校可以了解本校在所有参加测评的职业院校中的人才培养水平（见附图2），了解本校学生的职业能力总体状况（见附图3）等。

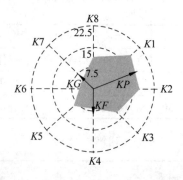

$P\Sigma$: 34.5

K1 直观性和展示　　　　KF 功能性能力
K2 功能性　　　　　　　KP 过程性能力
K3 使用价值导向　　　　KG 设计能力
K4 经济性
K5 企业流程和工作过程导向
K6 社会接受度
K7 环保性
K8 创造性

附图1　某考生的职业能力轮廓图

附录三 在线学习服务职业技能等级证书（中级）考试大纲

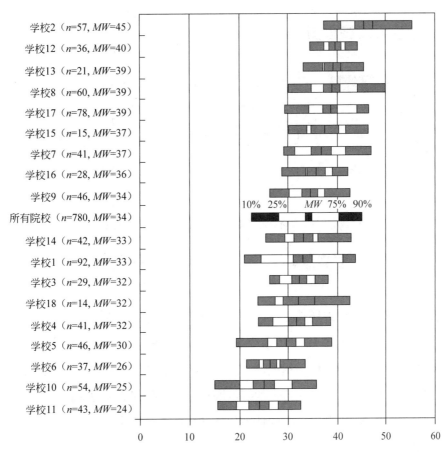

附图2 参加测评各院校学生能力水平的百分比分布图

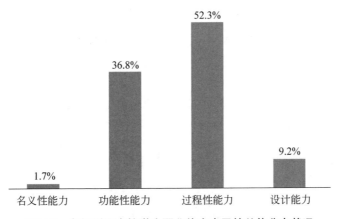

附图3 参加测评本校学生职业能力水平的总体分布状况

附件6：考生考试旅程图

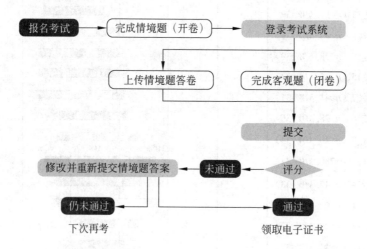

说明：这里试题评分指标既是评分者的评分依据，也是考生的答题参考。类似实际工作中的"验收标准和具体要求"（客户或上级验收工作成果的重要依据）。

在线学习服务极具开放性、模糊性、复杂性、多变性和不确定性，这让标准化测试题目（具有完全"正确"或唯一答案的测试题目）的实际价值变得非常有限，甚至失去意义。取而代之的，既是贴近现实的情境化任务，也是在具体情境或工作行动中对考生能力进行间接的评价。